내일을 어떻게 살 것인가

내일을 어떻게 살 것인가

흔들리는
내 인생을 위한
첫 『논어』
인문학

제갈건 지음

공자는 춘추시대에 살았던 노나라 사람이다. 그에게는 많은 제자가 있었는데, 공자가 세상을 뜨자 제자들은 스승의 족적을 세상에 남겨두고 싶었다. 그렇게 『논어(論語)』라는 책이 탄생했다. **논어에서 '논(論)'은 토론한다는 뜻이며, '어(語)'는 묻고 답한다는 뜻이다.**

『논어』의 내용은 크게 여섯 가지로 구분할 수 있다.

첫째, 공자의 말이다. 『논어』를 읽다 보면 자왈(子曰)로 시작하는 대목이 자주 눈에 띈다. 이는 모두 공자가 한 말이다.

둘째, 공자와 제자들의 대화다. 공자 당시의 교육은 스승과 제자가 서로 묻고 답하는 형식으로 이뤄지는 경우가 많았다. 『논어』에 등장하는 공자와 제자들의 대화는 모두 제자들이 정리해놓은 강의록인 셈이다.

셋째, 공자와 당시 사람들의 대화다. 여기서 당시 사람들이란 제후(諸侯)와 신하(臣下)는 물론이거니와, 세상을 피해 몸을 숨기고 조용히 살았던 은사(隱士)에 이르기까지 다양한 이들을 말한다.

넷째, 제자들의 말이다. 『순자(荀子)』「권학(勸學)」편에는 '청취지어 람이청어람(靑取之於藍而靑於藍) 빙수위지이한어수(冰水爲之而寒於 水)'란 표현이 나온다. '푸른색은 쪽빛에서 취했지만 쪽빛보다 더 푸 르고, 얼음은 물이 이루어진 것이지만 물보다 더 차다'는 뜻이다. 예 로부터 동양에서는 '가르침과 배움이 서로를 진보시킨다'는 '교학 상장(敎學相長)'의 정신을 강조했다. 그러므로 엄밀히 말하면 『논어』 의 주인공은 공자만이 아니다. 자신이 배운 쪽빛 가르침을 더 푸르게 발전시키고 싶었던 한 사람 한 사람의 제자들 역시 모두 『논어』의 주 인공이다.

다섯째, 제자들끼리의 대화다. 같은 부모 밑에서 나고 자란 형제들도 제각각 입맛이 다르듯 제자들도 마찬가지다. 같은 정신을 배웠어도 그것을 삶에서 펼치는 방법은 모두 조금씩 달랐다. 자연스레 제자들 끼리도 토론이 필요했고 그 대화도 『논어』의 일부분을 차지하게 되 었다.

여섯째, 제자들과 당시 사람들의 대화다. 스승이 제자를 졸졸 따라다 니며 하나부터 열까지 모두 챙겨줄 수는 없다. 때가 되면 스승은 제 자를 놓아주어야 하고, 제자는 자신이 배운 가르침을 응용해서 독립 할 수 있어야 한다. 『논어』에 실린 제자들과 당시 사람들의 대화에는 제자들이 어떻게 공자의 가르침을 확장해 나갔는지 잘 드러나 있다. 제자들의 입을 통해 공자의 목소리를 들을 수 있다는 점에서 제자들 과 당시 사람들의 대화 역시도 뜻깊다.

『논어』는 학이(學而)에서 요왈(堯曰)까지 총 20편으로 나뉘어져 있다. 『논어』20편을 한 글자로 줄이면 인(仁)이 된다. 인이란 '함께 어우러져 살고자 하는 마음'이다. 그러므로 **『논어』는 공자와 공자의 제자들, 그리고 다른 사람들이 어떻게 한 시대를 함께 어우러져 잘 살고자 했는지 치열하게 고민한 흔적이다.**

공자와 공자의 제자들과 그 당시의 사람들은 이미 오래전에 세상을 떠났다. 이제 『논어』를 읽는 우리에게 남겨진 숙제는 이들의 정신을 이어받아 어떻게 이 시대를 함께 어우러져 잘 살아갈지를 진중하게 성찰하는 일이다. 『논어』는 나 혼자 성공하는 방법을 제시하지 않는다. 남들보다 잘 먹고 잘사는 방법을 알고 싶다면 차라리 『논어』 말고 다른 책을 읽는 편이 낫다.

세상엔 공자 같은 사람도 있고, 공자의 제자들 같은 사람도 있고, 『논어』에 등장하는 '다른 사람들'과 비슷한 생각을 가지고 살아가는 사람도 있다. 중요한 점은 이들 모두가 함께 어우러져 살아가는 세상이 아름다운 세상이라는 것이다. 『논어』가 오늘날에 이르기까지 꾸준히 읽히는 이유도 마찬가지다. 더불어 사는 세상에 나와 너, 그리고 우리는 어떻게 이바지할 것인가를 생각하며 읽을 때 『논어』에 담긴 가치들은 진정 빛을 발할 수 있을 것이다.

세상을 큰 안목으로 바라보는
지혜를 찾아

누구나 철학자가 될 수 있다

어렵다. 고리타분하다. 철학이라고 하면 가장 먼저 떠오르는 생각이다. 적어도 나는 그랬다. 하지만 알고 보면 철학은 쉽고 재미있다. 모든 철학은 우리의 삶을 고민하는 일이다. 예컨대 작가는 글을 통해 세상을 해석한다. 과학자는 자연을 통해 세상을 해석한다. 수학자는 숫자를 통해서 세상을 해석한다. 그리고 철학자는 삶을 통해서 세상을 해석한다. 세상에 삶을 살지 않는 사람은 없다. 그래서 누구나 철학을 할 수 있고, 또 누구나 철학자가 될 수 있다.

누구는 철학을 이성과 논리로 접근해야 한다고 말한다. 또 누구는 철학을 감성과 비유로 다가가야 한다고 말한다. 모두 맞는 말이다. 왜냐하면 철학은 언제나 우리의 실생활과 긴밀하게 연결되어 있기 때문이다. 세상을 살다 보면 이성과 논리가 필요한 순간도 있고, 감성과 비유가 필요한 순간도 있다. 철학은 이 모든 삶의 순간을 다만 진지한 자세로 고민하는 일이다.

　진지하다는 말은 매사 진심이라는 뜻이다. 무슨 일을 하든 진심으로 하는 사람은 아름답다. 반대로 진심이 결여된 사람은 아름답지 못하다. 한순간도 진심을 잃지 않고자 최선을 다해 노력했던 사람들을 우리는 성인(聖人)이라고 부른다. 예수는 사랑에 대한 진심으로 십자가에 못 박혔다. 소크라테스는 지혜에 대한 진심으로 독약을 마셨고, 부처는 자비에 대한 진심으로 왕좌를 버렸다. 공자는 인간다움에 대한 진심 때문에 배우고 또 배웠다.

　언제부턴가 '배움'은 하기 싫고 짜증 나는 무언가가 되었다. 하지만 배움이란 사람이라면 자신의 의지와 상관없이 살아가면서 자연스레 일어나는 일이다. 실제로 모든 사람은 죽는 그 순간까지 끊임없이 배운다. 어차피 배워야 한다면 우리는 잘 배워야 한다. 그리고 잘 배우려면 좋은 스승을 만나야 한다. 나는 이십 대 후반에 처음 공자라는 스승을 만났다. 물론 그전에도 공자라는 사람이 여기저기서 선생 노릇을 하고 있다는 사실은 알았다. 그래서 그 선생을 나도 안다며 거들기도 하였다. 주위들은 그 선생의 말을 빌려 유식한 체를 하기도 했다. 돌이켜 보면 부끄러운 일이다.

　누군가의 스승이 되려면 단순히 지식을 전달함에 그쳐서는 안 된다. 참스승은 언제나 마음을 전달한다. 또 누군가의 제자가 되려면 단순히 스승의 마음을 받기만 해서는 안 된다. 참제자는 언제나 스승의 마음을 실천한다. 나는 공자의 마음을 배웠다. 또 그것을 실천하고자 노력하며 산다. 그래서 공자는 내 스승이며, 나는 공자의 제자다. **공자와 사제지간이 되고 난 이래 내 삶에는 한 가지 큰 변화가 생겼다. 지금껏 살아온 어느 순간보다도 더 나 스스로를 사람답다고 느끼게 되었다.**

공자 철학의 핵심 개념 세 가지

더하기 빼기를 알아야 수학 문제를 풀 수 있듯, 철학을 하기 위해선 반드시 알아야 할 개념들이 있다. 공자 철학의 경우엔 세 가지다.

그 첫 번째 개념은 인(仁)이다. 인이란 '세상은 나 혼자 사는 게 아니라는 사실을 아는 것'이다. 다른 말로 하면 '세상은 늘 더불어 사는 곳임을 기억하는 것'이다. 인(仁)은 곧 두(二) 사람(人)이다. 수학에서 '1+1'은 2가 되지만, 철학에서는 '1+1'이 '사람'이 된다.

공자는 누구보다도 사람을 좋아했다. 그래서 사람들과 함께 배웠고, 사람들을 통해서 배웠으며, 사람들을 위해서 배웠다. 공자의 관점에서 '1+1'은 무한대다. 사람과 사람이 만나면 무한한 가능성이 열린다는 게 공자의 지론이었다.

두 번째 개념은 예(禮)와 악(樂)이다. 예란 '세상에 나도 주인공 그리고 너도 주인공의 마음으로 죄는 것'이고, 악이란 '세상에 나도 주인공 그리고 너도 주인공의 마음으로 푸는 것'이다. 열심히 배우는 게 예라면, 열심히 노는 것은 악이다. 누구나 한 번쯤 '놀 땐 놀고 배울 땐 배우라'는 말을 들어보았을 것이다. 하지만 공자는 놀면서도 배우고, 배우면서도 놀 수 있다면 얼마나 좋을까를 고민했다. 그래서 예로 죄면서도 동시에 악으로 풀고, 악으로 푸는 와중에도 예로 죔이 있어야 한다고 주장했다.

공자 철학의 두 번째 개념에서 가장 중요한 건 '세상에 나도 주인공 그리고 너도 주인공'의 마음이다. '나도 주인공 너도 주인공'의 마음으로 죄면 세상은 정갈하면서도 불만이 없다. '나도 주인공 너도 주인공'의 마음으로 풀면 세상은 즐거우면서도 방탕하지 않다. 우리 사회도 마찬가지다. 도덕이나 윤리로 죄기만 하는 사회는 질서 정연하지만 정감이 가지 않는다. 반대로 문화나 예술로 풀기만 하는 사회는 신명이 나긴 하지만 문란하다는 느낌을 지울 수 없다.

세 번째 개념은 충(忠)과 서(恕)다. 충이란 중용[中]의 마음[心]이다. 중이란 '치우침도 의존함도 넘치지도 모자람도 없는 상태'를 의미한다. 이를 한문으로는 '불편불의무과불급(不偏不倚無過不及)'이라고 한다. 용이란 이러한 중의 마음을 '유지할 수 있는 힘', 즉 일종의 항상성(homeostasis)이다. 그러므로 중용의 마음인 충이란 '치우침도 의존함도 넘침도 모자람도 없는 상태를 늘 유지할 수 있는 힘을 가진 마음'이다.

서란 '같은[如] 마음[心]'이다. 공자는 서를 '자기가 하고자 하지 않는 바를 남에게 강요하지 않는 것'이라고 하였다. 즉 서란 '당신과 같은 마음'인 셈이다. 서는 본래 '용서하다'는 뜻이다. 우리는 일상에서 용서하라는 말을 자주 하거나 또 듣는다. 지금 이 순간에도 내 마음속에는 용서하지 못한 사람이 수두룩하다. 반대로 나 역시 다른 누군가에게는 용서받지 못한 사람일 수 있다. 그런데 동양에서 용서란 결코 '미운 사람을 미워하지 않고자 노력하는 일'이 아니다. 미운 사람을 미워하지 않고자 노력하는 일은 암 같은 스트레스성 질병에 걸리는 지름길이다.

동양에서 용서란 '자기가 원치 않았지만 당할 수밖에 없었던 일을 적어도 남에게는 베풀지 않는 것'이다. 이런 일이 가능하려면 먼저 내 마음에 '분노로 치우침[不偏]', '과거에 의존함[不倚]', '과한 복수심[過]', '부족한 정의감[不及]'이 없어야 한다. 이런 것들이 없는 상태와 그 상태를 잘 유지하는 게 충인 셈이다. 그래서 예악과 마찬가지로, 충서는 늘 함께 붙어 다니는 개념이다.

『논어』에는 인과 예악, 그리고 충서 외에도 효제(孝悌), 신의(信義), 공경(恭敬), 지덕(知德) 등 많은 철학적 개념이 등장한다. 이러한 개념들도 인과 예악, 충서의 개념만 정확하게 이해한다면 하나도 어려울 게 없다.

험난한 세상을 헤쳐나간 공자의 마음

동양 철학의 목적은 '세상을 큰 안목으로 바라볼 수 있는 지혜의 형성'에 있다. 일찍이 공자에게는 인과 예악, 그리고 충서라는 세 가지 큰 안목이 있었다. 이 책은 다음의 세 가지 안목을 중점적으로 소개한다. 공자의 안목이 깨달음에 목마른 이들에게, 또 보이지 않는 미래를 향해 힘차게 항해하는 젊은 세대에게 위로와 격려가 되고 용기와 희망이 될 수 있기를 바란다.

덧붙여 말하자면 이 책의 집필 목적은 『논어』나 공자 철학에 관한 지식을 전달하기 위함이 아니다. 이 책은 '남'과 '나', '세상'을 대했던 공자의 마음은 어떠했는가를 살펴보는 데 뜻을 두고 있다. 물론 이미 세상을 떠난 지 오래된 공자의 마음을 정확하게 알 길은 없다. 하지만 공자의 마음이 아름다웠다는 것만큼은 틀림없는 사실이다. 그 마음에 담긴 아름다움을 느낄 수 있는 사람은 장차 남과 나, 그리고 세상의 아름다움에 이바지하게 되리라 믿는다.

새로운 시작을 앞두고

제갈 건

차례

제3부 우리

제4부 세상

제
1
부

나

나를 나답게 만드는
마음

제경공齊景公 문정어공자問政於孔子 공자대왈孔子對曰.

"군군신신부부자자君君臣臣父父子子."

공왈公曰.

"선재善哉. 신여군불군신불신부불父信如君不君臣不臣父不

父子不子 수유속雖有粟 오득이식저吾得而食諸."

– 「안연顏淵」편 제11장

제나라 경공이 공자에게 정치를 묻자 공자께서 대답하셨다.

"임금은 임금답고 신하는 신하다우며,

아버지는 아버지답고 아들은 아들다운 것입니다."

경공이 말했다.

"좋구나! 진실로 만약 임금이 임금답지 못하고 신하가 신하답지 못하며,

아버지가 아버지답지 못하고 아들이 아들답지 못하다면

비록 곡식이 있더라도 내가 그것을 먹을 수 있겠는가?"

과연 그것은 나다운가

'공자' 하면 떠오르는 대표적인 철학적 개념이 있다. 다름 아닌 정명(正名)이다. **'군군신신부부자자(君君臣臣父父子子)'**. 세간에는 정명사상, 정명론, 정명정신 등으로도 많이 알려져 있다. 모두 같은 말이다. 임금은 임금답게, 신하는 신하답게, 아버지는 아버지답게, 아들은 아들답게. 얼핏 당연한 말처럼 들리지만, 임금이나 신하의 개념이 사라진 오늘날에는 조금 어색하게 느껴지기도 한다.

나는 『논어』 「안연」편의 이 대목에서 '답다'라는 표현에 주목하고 싶다. 우리는 일상에서 종종 '답다'라는 접미사를 사용한다. 예컨대 인간적인 사람에게는 '사람답다' 하고, 존경할 만한 스승에게는 '선생님답다' 한다. 그리고 마음에 감동을 불러일으키는 무언가를 보거나 들으면 '아름답다'는 말이 절로 튀어나온다.

순우리말인 '아름답다'의 원래 의미는 '나답다'이다. 공자는 정명을 논하며 임금과 신하, 아버지와 아들을 예시로 들었다. 하지만 공자가 정명을 통해 진짜로 말하고 싶었던 것은 임금과 신하, 아버지와 아들뿐 아니라 이 세상 모든 나들의 '나다움'이었는지도 모르겠다.

공자는 왜 나다움을 강조했을까? 인간이 꼭 나다워야 할 필요가 있을까? 나다움은 강요하거나 강요받을 수 있는 것인가? 여러 가지 물음이 떠오른다. 결혼을 하고 얼마 지나지 않았을 때였다. 나는 대학원생이었고 당연히 벌이는 변변치 않았다. 아내는 외벌이로 어렵사리 살림을 꾸리면서도 시종일관 산 입에 거미줄이야 치겠느냐며 내가 가는 길을 응원해주었다. 물론 주위에선 걱정 어린 시선이 많았다. 부모님조차 예외는 아니었다. 하루는 장인어른이 내게 물었다. "제갈 서방, 학교 수업이 매일 있나? 수업이 없는 날에는 자네도 집 가까운 데서 알바라도 뛰는 게 어떻겠나?" 장인어른의 목소리에서 남편 공부를 뒷바라지하는 딸에 대한 아버지의 연민이 오롯이 느껴졌다.

하지만 나는 그렇게 하겠노라고 대답할 수 없었다. 장인어른의 말씀이 나를 나답지 않게 만드는 것이었기 때문이다. 명색이 학문에 뜻을 품은 내게 작은 짬이라도 생긴다면 그 시간에 알바를 하는 대신 치열하게 공부에 전념하는 게 더 나답다는 생각을 지울 수 없었다.

어렸을 적 나는 굴착기 운전기사가 되고 싶었다. 동그란 것만 있으면 무엇이든 양손으로 잡고 돌리며 놀았다. 하지만 어머니는 내가 판사나 검사 같은 법조인이 되기를 바랐다. 태어나 처음으로 가졌던 나의 꿈과 어머니의 기대 간 괴리는 혼란만을 가중시켰다. 결국 나는 어느 것도 되지 못했다.

대학원에서 석박사 공부를 하며 공부 자체보다 더 나를 힘들게 만들었던 건, 과연 학위에 연연하는 현재의 내 모습이 나다운가에 관한 것이었다. 교수들과 선배들은 공부가 정말 좋아서 하는 사람이 세상에 몇이나 있겠느냐며 이리된 것도 운명이니 순응하라고 조언했다. 그러나 나는 그럴 수 없었다. 학기 말이면 어김없이 쏟아져 나오는 과제물과 학위를 받기 위해 써야 하는 논문이 싫었던 건 아니다.

이 역시 철저하게 나다움의 문제였다. 사회적으로 대우받지 못하는 건 견딜 수 있었지만, 나답지 못한 것은 상상하기 어려웠다. 말씀은 안 하시지만 이제 어머니는 내가 교수자가 되어 연구에 매진하고 강단에 서기를 바라는 것 같다. 그리고 내게는 과연 그것이 나다운가에 대한 의문이 든다.

처음부터 잘하는 사람은 없다

고대 그리스의 현인들은 '아름다운 것은 어렵다'라고 하였다. 이를 우리식으로 풀면 '나다운 것은 어렵다'가 된다. 그렇다. 나다운 것은 어렵고, 나답기 위해서는 끊임없는 노력과 성찰이 필요하다. 가장 중요한 것은 진실로 나다운 순간을 마음껏 느껴보는 것이다. 사람들은 대개 익숙하거나 잘하거나 혹은 좋아하는 것에 심취했을 때 나다움을 느낀다. 반면에 미숙하거나 잘 못하거나 또는 싫어하는 것들 앞에서는 나다움이 사라지기 쉽다. 예컨대 공을 갖고 노는 게 익숙한 아이에게 펜을 쥐어주면 그 아이는 나다움을 느끼기 어렵고, 게임을 잘하는 아이에게 악기를 건네주면 나다움을 느끼기 어렵다.

문제는 이 세상엔 모든 것을 잘하는 사람도 또 아무것도 못하는 사람도 없다는 사실이다. 더욱이 처음부터 잘하는 사람은 누구도 없다. 공자가 말하는 임금과 신하, 아버지와 아들도 다 마찬가지다. 이들 역시 장차 '되는' 것이지 처음부터 '였던' 것은 아니다. 심지어 공자마저도 후대에 성인(聖人)이 되었을 따름이지 날 때부터 성인이었던 것은 아니다. 그렇기에 나다운 것은 어렵지만 동시에 희망적이다. 익숙하거나 잘하거나 좋아하는 것이 없다고 해서 나다워지기를 포기하는 건 어리석은 일이다. 잘하는 것을 좋아하게 되거나, 좋아하는 것을 잘하게 되어 차차로 그에 익숙해지면 될 따름이다.

종종 우리는 남보다 낫길, 나아가 모든 것에 뛰어나길, 그래서 완벽하길 바라기도 한다. 사람이 어떻게 그럴 수 있어? 반문하면서도 실제로 그래 보이는 사람이 있는 까닭에 헛된 욕심을 버리지 못한다. 무한경쟁을 조장하는 사회 풍조에서 이런 경향은 더욱 심해진다. 하지만 **스스로 완벽할 수 있다는 생각은 오만이며, 누군가를 완벽하게 여김은 착각이다.** 사람들은 보이는 것만을 믿지는 않는다. 그러나 보이는 것을 먼저 믿게 되는 것은 사실이다. 보여지는 것이 좋거나 마음에 들 때, 비로소 사람들은 보이지 않는 것까지도 보고자 한다. 유념할 점은 아름다워 보이는 사람이 꼭 아름다운 것은 아니듯, 나다워 보이는 사람이 꼭 나다운 것은 아닐 수도 있다는 사실이다. 나다움은 어디까지나 인간 내면의 차원이기 때문이다.

이 책을 읽는 독자들이 너무 많은 것을 잘하거나 좋아하지 않기를 바란다. 그리고 그 많은 것에 다 익숙해지고자 노력하지 않았으면 좋겠다. 사실 사람은 무엇 하나만 똑 부러지게 잘하면 그만이다. 우리는 대개 그런 사람을 가리켜 성공했다고 말한다. 속담에도 '우물을 파려면 한 우물을 파라'고 하지 않았던가. **어쩌면 더 많은 것을 좋아하**

고, 잘하고, 그것들에 익숙해지고자 할수록 나다움으로부터 점점 멀어지는지도 모른다.

임금이면서 누군가의 아들일 수는 있다. 또 아버지면서 누군가의 신하일 수는 있다. 하지만 임금 노릇과 아들 노릇을 동시에 잘하기는 어렵다. 아버지와 신하 노릇 역시 동시에 잘하기는 어렵다. 결국 공자의 정명은 한 인간의 '노릇'이며 '구실'이다. 곤룡포만 입었다고 다 임금이 될 수는 없다. 임금 노릇을 제대로 하고 임금 구실을 참되게 하는 것이 진짜 임금이다. 사람으로 살아가며 사람 노릇과 사람 구실을 하는 것, 그것이 참된 인간이다.

나의 보다 나은 것 한 가지를 위한 노력

나는 공자의 정명을 학교에서 이론으로 배웠다. 그러나 세상은 배운 대로 흘러가지 않았다. 아직도 나다운 나를 찾아 방황하는 내 삶이 이를 방증한다. 이 기회를 빌어 공자의 정명사상에 담긴 실천적 함의를 제시하고 싶다. 누구에게나 '보다 나은 것'이 있다. 키가 큰 축에 속하든, 그림에 소질이 있든, 청소를 꼼꼼하게 하든, 하다못해 커피를 맛있게 타거나 소맥을 잘 말기까지도. 어떤 사람이든 그나마 나은 것이 한 가지도 없을 리 만무하다. 공자의 정명, 그 실천의 시작은 바로 이 '보다 나은 것 한 가지'에 온전히 집중해보는 것이다.

그런데 또 반대로 보다 나은 것 한 가지를 찾기란 생각보다 어려운 일이다. 많은 사람이, 내게는 보다 나은 것이 꽤 많다고 자신하기 때문이다. 나만 보더라도 그렇다. 글을 쓰고 있노라면 내게 있어 보다 나은 것이 문체같다. 서예를 할 적에는 나의 보다 나은 것이 꼭 필체 같다. 노래방에 가면 보다 나은 것이 가창력 같고, 권투를 할 땐 보다 나은 것이 주먹 같다. 하지만 정말 나다움을 위한 보다 나은 것은 하나로 족하다.

다행히 나는 근래 나의 보다 나은 것 한 가지를 발견한 듯하다. 그것은 다름 아닌 착한 마음 한 조각이다. 보다 나은 것이 꼭 눈에 보이는 것일 필요는 없지 않은가? 누군가는 피식 웃을 수도 있다. 또 누군가는 과연 이 처절한 현대사회에서 착한 마음으로 살아남을 수 있겠냐는 물음을 던질 수도 있다. 그런데 이 착한 마음 한 조각은 내 인생 전반을 통한 고심의 결정체다. 나는 앞으로 나의 보다 나은 것 한 가지를 그야말로 치열하게 제련하고자 한다.

『논어』는 생존과 처세의 기술에 대하여 이야기하지 않는다. 『논어』는 늘 실존의 방법을 제시한다. 그래서 나는 추천한다. 당신도 당신의 '보다 나은 마음' 한 가지를 찾기 바란다. 친절한 마음, 희망찬 마음, 용기 있는 마음, 공감하는 마음 등 무엇이든 괜찮다. 그 마음으로 건물 계단을 청소하시는 아주머께 '수고하십니다' 한마디 건넬 수 있다면, 분리수거에 여념이 없는 아파트 경비원 아저씨께 잠시 짬을 내어 빵 한 조각, 음료 한 잔 건넬 수 있다면 그로 족하다. 그 '보다 나은 마음' 한 조각은 당신을 당신답게 만드리라 확신한다.

임금이 임금답지 못하고, 신하가 신하답지 못하며, 아버지가 아버지답지 못하고, 아들이 아들답지 못하다면 비록 곡식이 있더라도 그것이 목구멍으로 넘어가겠느냐는 경공의 말은 의미심장하다. 철학자 밀(John Stuart Mill)은 배부른 돼지의 삶보다는 배고픈 소크라테스의 삶을 추구했다고 알려져 있다. 예수 역시 사람은 빵만으로 살지 않는다고 하였다. 성인과 철학자의 진술에는 진리 추구를 위한 모종의 노력이 담겨 있다. 사람이 사람답지 않으면, 또 사람이 사람 구실과 사람 노릇에 대하여 고심하지 않으면, 설령 곡식이 풍족해 그 사람이 배불리 먹더라도 그 곡식은 목구멍으로 넘어가지 않은 것과 같다.

우리네 삶도 마찬가지다. 어떤 사람이 보다 나은 것 한 가지를 찾기 위한 노력을 멈춘다면, 그래서 나답기를, 아름답기를 포기한다면 그 순간부터 천수를 누리더라도 그는 한시도 살지 않은 것과 같다. 여러분이 보다 나은 마음 한 가지를 꼭 찾게 되기를, 그래서 곡식뿐 아니라 삶, 그 자체를 음미할 수 있게 되기를 바란다. 나 역시 언젠가 주변 사람들이 나의 보다 나은 마음 한 가지를 인정해주리라는 믿음을 가지고 살 것이다. 그리고 그 열쇠는 정명의 올바른 이해에 달려 있을 것이다.

나로 태어나 나답기 위해 노력하는 것들은 모두, 정녕 아름답다.

배우고 익히는 기쁨과 즐거움

자왈子曰.

"학이시습지學而時習之 불역열호不亦說乎!

유붕자원방래有朋自遠方來 불역락호不亦樂乎!

인부지이불온人不知而不慍 불역군자호不亦君子乎!"

－「학이學而」편 제1장

공자께서 말씀하셨다.

"배워서 때에 그것을 익히니 또한 기쁘지 아니한가!

벗이 먼 지방에서도 오니 또한 즐겁지 아니한가!

남이 알아주지 않더라도 화가 나지 않으니 또한 군자답지 아니한가!"

<u>인생에 진짜 필요한 건 지식이나 지혜가 아니다</u>

우리 어머니의 목표는 아들을 서울대학에 입학시키는 것이었다.

교육열 과잉, 입시 위주의 공부, 대학만능주의 등이 팽배하던 시절이었다. 이 책을 읽고 있는 사람들도 아마 나와 비슷한 시절을 보내지 않았을까 싶다. 그러한 환경 탓이었을까. '학습'이라는 말을 들으면 아직도 내 머릿속에는 자연스럽게 누군가 책상에 앉아 공부하는 실루엣이 연상된다. 그리고 나처럼 많은 이가 학습과 공부의 진의를 모르는 듯하다.

『나선비구경(那先比丘經)』이라는 불가 서적이 있다. 이 책에는 '나선'이라는 승려와 '미란타'라는 왕의 대화가 수록되어 있다. 하루는 미란타 왕이 승려 나선에게 지식과 지혜 그리고 깨달음의 차이에 관하여 물었다. 먼저 지식에 대하여 묻자 나선은 다음과 같이 대답했다. "지식이란 닿기도 하고 닿지 못하기도 하는데, 배운 것엔 닿지만 배우지 않은 것엔 닿지 않습니다." 왕이 다시 지혜를 물었다. 그러자 나선은 "지혜란 마치 사람이 촛불을 들고 컴컴한 방에 들어간 것과 같아서 촛불이 살아 있을 땐 방이 밝아지지만 촛불이 꺼지면 방은 다시 어두워집니다." 왕은 마지막으로 깨달음에 대하여 물었다. 나선이 대답했다. "깨달음이란, 밤에 촛불 아래서 글씨를 쓰면, 촛불이 꺼져 방이 다시 어두워지더라도 그 쓰인 글씨는 계속 남아 있는 것과 같습니다."

전형적인 불가의 선문답이다. 다행히 그 뜻을 헤아리기가 비교적 쉬운 편이다. 나선의 비유를 통해 누구나 대강이나마 지식과 지혜와 깨달음의 차이를 분별할 수 있다. 나선의 말처럼 지식이란 내가 배워서 아는 것 앞에서는 유효하다. 하지만 내가 배울 수 없었거나 모르는 것

앞에서는 무용지물이다. 문제는 어떠한 인간도 세상의 모든 지식을 습득할 수는 없다는 사실이다. 결국 지식의 한계란 너무나 명확하다.

지혜는 그래도 지식에 비해 조금 나은 편이다. 지혜로운 인간이란, 곧 삶에서 순발력을 발휘할 수 있는 사람이다. 살아가다 보면 어두운 방에 갇힌 것처럼 한 치 앞을 볼 수 없어 몹시 위태로운 순간을 맞닥 뜨릴 때가 있다. 지혜로운 사람은 설령 넘어지더라도 촛불이 있기에 뭔가를 붙들고 다시 일어날 희망이 있다. 문제는 지혜란 대개 경험을 통해서 생긴다는 것이다. 물론 넘어지지 않는 삶에 무슨 재미가 있겠 냐마는 기왕이면 덜 넘어지는 것이 좋다.

이런 까닭에 많은 이가 깨달음을 목말라한다. **지혜가 삶에서 순발력을 발휘할 수 있는 능력이라면, 깨달음은 되도록 순발력이 필요한 상황이 오지 않게끔 삶을 운용하는 능력이다.** 깨달음은 고귀하며 또 어렵다. 공자는 배우고 때에 익히니 기쁘다고 하였다. 예컨대 학교에서 구구단을 배운 아이가 마트에 가서 물건을 계산할 때 구구단을 활용할 수 있다면 그 아이는 기쁠 것이다. 이는 지식이 주는 기쁨이다. 다만 세상에는 구구단만으로 해결할 수 없는 계산들이 숱하게 많다. 마찬가지로 어느 할머니가 울음을 그치지 않는 손주에게 이미 마른 지 오래된 젖을 물려 울음을 그치게 했다면 그 할머니는 기쁠 것이다. 이는 지혜가 주는 기쁨이다. 그러나 아이들이 우는 까닭이 꼭 젖이 필요하기 때문만은 아니다. 어떤 아이는 가려워서 울고 또 어떤 아이는 기저귀가 축축해서 운다.

삶의 이치를 깨달은 사람은 구구단만으로는 세상 모든 문제를 해결할 수 없다는 사실을 알고 기뻐한다. 어떠한 이유에서든 아이는 우는 것이 자연스럽다는 것을 알고 기뻐한다. 이것이 바로 깨달음이 주는 기쁨이다. 그래서 깨달은 이들의 말과 행동에는 늘 여유가 있다. 몰라도 슬퍼하지 않고 아이가 울더라도 당황하지 않는다. 나는 공자가 말하는 학습, 즉 공자의 배움과 익힘을 깨달음의 차원에서 바라보아야 한다고 생각한다.

'공자천주(孔子穿珠)'란 고사성어가 있다. 하루는 공자가 미로처럼 복잡하게 구멍이 뚫린 구슬을 하나 얻게 되었다. 공자는 구슬을 꿰어보고자 실을 꼬고 구부리는 등 갖은 노력을 기울였지만 도무지 꿸 수 없었다. 이때 길을 가던 어느 아낙이 그 모습을 보고 말했다. "구멍 한쪽 끝에 꿀을 바른 다음, 개미 허리에 실을 묶어 반대편 구멍으로 들여보내세요. 그러면 개미가 알아서 구슬을 꿰어줄 거예요." 아낙의 조언대로 구슬을 꿴 공자는 그 어느 때보다도 기뻐했다.

공자는 인류의 성인이기 이전에 당대의 지식인이었다. 많은 이가 입을 모아 공자는 지혜로운 사람이라며 칭송하였다. 하지만 공자를 가장 기쁘게 했던 것은 이름 모를 촌동네 아낙으로부터 얻은 깨달음이었다. **평생을 배웠으나 모르는 것이 당연하고, 많은 경험을 했으나 언제든 대처할 수 없는 상황이 생길 수 있다는 깨달음.** 공자에게 있어 '학(學)', 즉 배움이란 바로 이 깨달음이 아니었을까. 그리고 '시습(時習)', 즉 때에 익힘이란 때때로 이 깨달음을 곱씹고 되뇌는 것이 아니었을까.

가까운 벗을 만드는 가장 쉬운 방법

세상에 친구가 없는 사람도 있을까? 아침내 열심히 합주곡을 선사한 매미들에게 시끄러워 못 살겠다는 야유 대신 박수를 보낼 수 있다면 나와 매미는 이미 친구다. 길을 걷다 우연히 발에 챈 돌멩이에게 '어이쿠 미안하다' 한마디를 건넬 수 있다면 역시 돌멩이와 나는 친구다.

공자는 먼 지방에서 벗이 오니 즐겁다고 하였다. 먼 지방이라고 하면 물리적인 거리를 떠올리기 쉽지만, 공자가 말한 바가 비단 물리적 거리만은 아니었을 것이다. 사는 게 바빠서, 일이 고돼서, 까맣게 잊고 지냈던 벗을 만났을 때 반가운 건 그만큼 마음의 거리가 좁혀졌기 때문이다. 어쩌면 물리적인 거리보다 더 중요한 게 마음의 거리, 기억 속의 거리다. 그리고 그 거리는 벗 사이에만 존재하는 게 아니다.

인생을 살아가다 보면 여러 순간이 찾아온다. 기쁘고 즐거운 순간도 있지만 화가 나고 슬픈 순간도 분명 있다. 그럴 때면 우리는 각자 어떤 존재를 떠올리곤 한다. 예컨대 누군가는 기쁜 순간에 하늘을 우러러보며 신께 감사를 드린다. 누군가는 화나는 순간에 자신도 과거에 누군가를 화나게 했음을 회상하며 마음을 누그러뜨린다. 즐거운 순간에 누군가는 시원한 폭포수를 생각하기도 하고, 슬픈 순간에는 이미 돌아가신 가족을 떠올리기도 한다. 그러니까 이들 모두가 나의 벗이다. 사람뿐 아니라 천지간에 모두가 벗이다.

즐거운 사람은 벗이 많은 사람이다. 모든 벗이 다 가까이 있을 수 없고, 모든 벗이 다 멀리서 찾아오는 것은 아니지만, 반대로 어제까지 멀게 느껴졌던 벗이 오늘은 한없게 가까이 다가올 수도 있다. 분명한 사실은 되도록 많은 벗이 가까이 있어 삶의 귀하고 소중한 순간을 함께 나눌 수 있는 사람은 인생이 즐겁다는 것이다. 일부러 벗을 찾아다닐 필요는 없다. 다만 벗들이 나를 찾아오지 못하도록 막지는 말자. **관계는 벽을 낮추는 데서부터 시작된다.** 당장 오늘부터라도 내 기억 속에 잊힌 벗들을 기억해볼 수 있기를, 나아가 새로운 벗을 다양하게 사귈 수 있기를 바란다. 여러분 삶의 어떠한 순간에, 이 책의 한 구절이라도 벗이 되어 멀리서나마 여러분을 찾아갈 수 있다면 내게 그보다 더 즐거운 일은 없을 것이다.

인정을 구걸하지 않는 호방함

『논어』를 공부할 때 나를 가장 큰 충격에 빠뜨렸던 것은, 공자가 처음부터 성인은 아니었다는 사실이다. 그도 그럴 것이 당시 내 머릿속의 공자는 태어날 때부터 남다른 누군가였고, 하늘의 선택을 받은 어떤 사람이었다. 마치 알에서 태어났다는, 우리 신화 속의 김알지나 박혁거세처럼 말이다. 하지만 공자는 철저하게 후대에 성인으로 추앙된 인물이다. 물론 공자는 당대의 대석학이자 예(禮)와 고전에 통달한 전문가였지만 그렇다고 모든 사람이 공자를 인정했던 것은 아니었다. 오히려 생전의 공자에게는 지금과 같은 성인의 위상과 명성은 없었다고 보는 것이 정설이다. 혹자는 유세를 위해 떠돌아다니던 시절의 공자를 일컬어 그 초췌한 모습이 마치 '상가지구(喪家之狗)', 즉 상갓집 개를 닮았다며 조롱하기도 하였다.

자신을 가리켜 상갓집 개라고 부르는 이들이 있다는 사실을 공자가 몰랐을 리 없다. 하루는 제자인 자공(子貢)이 속상한 마음에 공자에게 이러한 이야기를 털어놓자 공자는 그저 허허 웃으며 '아마 맞는 말일 테지' 하고 수긍하기까지 한다. 스스로를 상갓집 개라고 인정할 적에 공자가 느꼈을 마음은 아직도 쉽사리 공감되질 않는다.

공자는 남들이 자신을 알아주지 않더라도 화가 나지 않음이 군자의 덕목이라고 하였다. 공자는 남들이 나를 인정해주기를 바라는 것, 그 마음 자체가 큰 욕심이라는 사실을 이미 깨닫고 있었는지도 모른다. 어쩌면 공자는 자신을 인정해주지 않는 세상 사람들보다 자신과 함께 많은 시간을 보내며 마음으로 교류했음에도 불구하고 '상갓집 개'라는 한마디에 세상을 향해 분노를 내비치는 제자 자공에게 더 서운했을지도 모른다. 누구에게는 무척 모욕적으로 들렸을 말을 한바탕 웃음으로 승화시킬 수 있었던 공자의 내공은 무엇이었을까?

공자는 누구보다도 스스로 자신을 인정할 줄 알았던 사람이었던 것 같다. 남들의 인정을 바라는 것은 욕심이지만, 내가 나의 인정을 바라는 것은 당연하다. 스스로 자신을 인정하지 못하는 사람은 그 누구로부터도 인정받을 수 없다. 설령 세상 모두가 그를 인정하는 것처럼 보이더라도, 나 자신이 빠진 인정은 무용한 것이다. 나아가 공자는 다음과 같은 말을 남겼다. **'불환인지불기지(不患人之不己知) 환부지**

인야(患不知人也)'. '남이 자신을 알아주지 못함을 걱정하지 말고 내가 남을 알아주지 못할까를 걱정해야 된다'는 뜻이다. 비슷한 내용은 「헌문」편에도 있다. **'불환인지불기지(不患人之不己知) 환기불능야(患己不能也)'**. '남이 나를 알아주지 않음을 걱정하는 대신, 내 능력이 부족함을 걱정해야 한다'는 뜻이다. 이는 아마 분노하는 자공에게 해주고 싶었던 공자의 한마디였을 것이다.

작가는 대개 자신의 철학이 가장 잘 드러나는 내용을 책의 첫 장에 담는다. 그리고 편집자는 스스로 생각하기에 작가의 정신이 가장 오롯이 담겨 있다고 여겨지는 대목을 책의 첫머리에 위치시킨다. 『논어』는 공자 사후에 제자들에 의해 편집된 책이다. 그렇다면 『논어』의 첫 편인 「학이」에는 제자들이 공자를 가장 대표한다고 여겼던 공자의 정신과 태도를 수록했을 가능성이 높다. 깨달음으로서의 학(學)과 그 깨달음 연마하기를 게을리하지 않는 시습(時習). 때때로 멀리 느껴지더라도 많은 존재와 벗하는 일의 즐거움. 그리고 설령 남들로부터 인정받지 못하더라도 서운해하지 않는 군자다움과 스스로 자신을 인정하는 자존. 오히려 내가 남을 인정하지 못할까 걱정하는 호방함은 공자의 인생에 대한 한 문장 집약일 것이다.

후회와 반성,
회개의 눈물을 흘리며

자공왈子貢曰.

"군자지과야君子之過也 여일월지식언如日月之食焉

과야過也 인개견지人皆見之 경야更也 인개앙지人皆仰之."

- 「자장子張」편 제21장

자공이 말했다.

"군자의 잘못은 해와 달에 일식과 월식이 있는 것과 같아서

허물이 있으면 사람들이 모두 보게 되고

고쳤을 때는 사람들이 모두 우러러본다."

해와 달 같은 사람, 대인군자

우리는 일상에서 종종 '소인배'라는 표현을 사용한다. 소인배와 소인(小人)은 같은 말이다. 소인의 반대말은 군자(君子)다. 동양에서 군

자란 곧 대인(大人)을 의미한다. 우리가 사서(四書) 가운데 하나로 잘 알고 있는 『대학(大學)』 역시 '대인지학(大人之學)'의 줄임말이다. 대인지학을 우리말로 풀면 '큰 사람의 배움'이라는 뜻이다.

소인에 대한 규정은 사람마다 다를 수 있다. 누구는 소심한 사람을 보고 소인이라 하고, 누구는 자기중심적인 사람을 일컬어 소인이라 한다. 또 누구는 구두쇠를 일러 소인이라 평하기도 한다. 분명한 사실은 이 세상에 소인이 되고 싶은 사람은 없다는 것이다. 우리는 모두 스스로 대인이나 군자가 되고 싶고, 또 기왕이면 남들로부터도 대인군자라 평가받기를 원한다. 대인군자가 되기 위해서는 먼저 대인과 군자란 정확하게 어떤 사람인지 알고 있어야 한다. 그래야 대인군자로 거듭나기 위한 올바른 노력을 기울일 수 있다.

공자의 제자인 자공은 대인과 군자를 '해와 달 같은 사람'이라고 말했다. 그리고 대인과 군자의 잘못을 일식과 월식에 비유했다. 달이 태양을 가리는 현상을 일식이라 하고, 지구가 달을 가리는 것을 월식이라 한다. 그렇다면 해와 달 같은 사람은 어떤 사람일까?

첫째, 해와 달은 늘 한결같다. 공휴일이라고 해가 뜨지 않는 법은 없고 휴무라 해서 달이 쉬는 법은 없다.

둘째, 해와 달은 모두 다른 존재를 비춰준다. 태양은 스스로 발광하고 달은 태양 빛을 받아 빛나지만 해와 달이 세상에 빛을 전하는 것만은 틀림없다. 예컨대 어떤 사람은 스스로 깨달아 다른 사람들을 감화시키기도 하지만, 또 어떤 사람은 훌륭한 누군가를 거울로 삼거나 힘써 배운 것을 통해 세상에 선한 영향력을 행사하기도 한다.

셋째, 해와 달은 세상 어디서든 보인다. 우리나라에서 땅을 파기 시작해 끝까지 내려가면 아르헨티나가 나온다고 한다. 지구상에서 아르헨티나와 우리나라는 정반대로 위치한 셈이다. 아르헨티나에서 해와 달이 뜨고 지는 시간과 우리나라에서 해와 달이 뜨고 지는 시간은 다를 수 있다. 하지만 아르헨티나에서 보는 해와 달, 그리고 우리나라에서 보는 해와 달이 서로 다른 해와 달이라고는 말할 수 없다. 이처럼 해와 달은 세상 모두를 훤히 비춰주기도 하지만 저 자신이 온 세상에 훤히 드러나 있기도 하다. 말하자면 해와 달에게는 사생활이 없는 셈이다.

넷째, 해와 달은 반드시 고개를 들어야만 보인다. 해와 달을 볼 때는 그냥 보는 것이 아니라 늘 우러러보아야 한다.

대인과 군자는 바로 이런 사람이다. 그 마음을 참되고 선하고 아름답게 쓰고자 한결같이 노력하며, 스스로도 빛을 발하지만 그 빛에 홀로 취해 있는 것이 아니라 다른 존재도 비춰주는 사람. 자신의 감정에 솔직하고 행실에 거짓이 없어 주변 사람들에게 탁하고 찝찝한 느낌 대신 청명하고 투명한 기운을 전하는 사람. 그런 사람이 바로 대인과 군자이며 이런 사람은 자연스레 모두가 우러러보게 된다. 하지만 대인과 군자도 어디까지나 사람이다. 당연히 대인과 군자 역시 실수하며 또 잘못한다.

군자에게 필요한 절대적 믿음

짧은 인생을 살며 나처럼 실수와 잘못을 많이 저지른 사람도 드물 것이다. 온몸에 문신이 있고 10년간 알코올 중독자로 살았던 경험이 있다는 사실만으로도 나는 소인임이 틀림없다. 호기롭게 떠났던 싱가포르 유학에 실패하고 한국에 돌아와 매일 같이 술에 절어 살던 시절이 있었다. 어머니는 하루가 다르게 야위어가는 나를 보며 매일같이 뜯어말렸다. 하지만 아무리 말해도 듣지를 않자 나름 대책을 생각해 냈다. 무조건 많이 먹이기로 한 것이다. 빈속에 마신 술은 더 빨리 취하게 마련이라며 곯아떨어진 나를 깨워 삼시 세끼를 꼬박 차리는가 하면, 일주일에 한두 번은 꼭 보양식을 먹였다. 잔치가 벌어지거나 가족 행사가 있을 때면 어김없이 나를 데리고 갔다. 다양한 음식이 마련된 뷔페에서 양껏 먹고 기운을 차리란 뜻이었다.

양치를 두세 번씩 했음에도 입에서는 여전히 술 냄새가 진동했다. 나는 그 상태로 뷔페에 가서 또 술을 마셨다. 하루는 가족 행사에 참석했는데 고모들 가운데 한 명이 그런 내 몰골을 보게 되었다. 탈색을 하도 해서 거의 잿빛으로 바랜 머리카락, 마치 총알이 관통한 듯 양쪽 귀에 뻥 뚫린 피어싱, 젓가락질할 때마다 소매 밖으로 드러나는 팔의 문신. 아마 어머니와 같은 테이블에 앉아 있지 않았다면 고모는 내가 누구인지 궁금한 마음조차 들지 않았을지도 모른다. 고모가 뉘집 자식이냐고 묻자 어머니는 내 새끼라고 대답했다. 이어 고모의 입에서 터져 나온 말을 나는 아직도 잊지 않고 있다. "우리 집안에는 저런 종자가 없는데." 어머니는 할 말을 잃었고 나도 말없이 술잔을 들었다. 하얀 식탁보 위로 물 같은 것이 뚝뚝 떨어져 고개를 돌려보니 어머니가 하염없이 울고 있었다.

어머니는 그날부터 나를 떠올리며 하늘에 이렇게 빌었다. "하늘님, 지금은 저 아이가 산산이 조각난 유리처럼 보입니다. 그리고 모두가, 심지어 피를 나눈 혈육마저도 저 아이로부터 아무런 희망을 찾지 못합니다. 하지만 나는 믿습니다. 하늘께서 저 부서진 아이를 조각조각 맞추시어 세상에 단 하나뿐인 유리로 만드실 것을, 그래서 저 아이가 둘도 없이 아름다운 빛을 발하게 될 것을, 나는 믿습니다." 나는 어떤 종교나 신앙, 혹은 기도의 위력을 말하려는 게 아니다. 내가 말하고 싶은 바는 그 절망적인 순간에도 어머니는 자식인 나를 군자로 믿어 의심하지 않았다는 것이다. 어머니에겐 내 빛바랜 머리도, 피어싱과 문신도, 또 볼품없이 말라비틀어진 몸의 골격마저도 해와 달이 가끔 저지르곤 하는 실수와 잘못, 즉 일식과 월식에 다름없었다.

세상에서 가장 불행한 사람은 세상에 나를 믿어주는 이가 단 한 명도 없는 사람이다. 그런 사람은 자연스레 세상 누구도 믿지 못하게 되고 심지어 자기 자신도 믿지 못하게 된다. 이런 사람은 결단코 군자가 될 수 없다. 반대로 이 세상에 단 한 명이라도 진정으로 그를 믿어주는 사람이 있다면 그 사람에게는 군자로 거듭날 무한한 가능성이 열린다.

세상 누구도 실수와 잘못으로부터 자유로울 순 없다

『대학』「성의장(誠意章)」에는 다음과 같은 증자의 말이 수록되어 있다. '**십목소시(十目所視) 십수소지(十手所指)**'. '열 사람의 눈이 나를 바라봄은 열 개의 손가락이 나를 가리킴과 같다'란 뜻이다. 군자의 잘못도 마찬가지다. 세상 모든 이가 해와 달을 볼 수 있듯, 군자 역시 많은 사람에게 노출되어 있다. 노파심에 첨언하자면, 군자란 항상 인간관계 속에서 그 진가를 발휘한다. 그러므로 저 홀로 은자(隱者)는 있을 수 있지만, 저 홀로 군자란 있을 수 없다. 군자와 은자를 혼동하지 않길 바란다.

해와 달이 실수하면 온 세상이 그것을 알아차리듯 군자가 잘못하면 즉시 열 손가락이 군자를 가리킨다. 어제까지만 해도 군자로 칭송받던 사람이 차마 이 손가락의 무게를 견디지 못해 오늘부터 소인을 자처하기도 한다. 그러나 찬란했던 어제와 어두운 내일, 그 갈림길인 오늘에서 군자는 자신의 실수와 잘못을 뉘우치고 반성한다. 그리고 마치 일식과 월식이 언제 있었냐는 듯 다시금 정상 운행하는 해와 달처럼 군자 역시 자신의 실수와 잘못을 고친다.

『논어』에는 그 표현만을 조금씩 달리하여 거듭 등장하는 내용이 몇 가지 있다. 그 가운데 대표적인 것이 실수와 잘못 그리고 개선에 관한 것이다. 『논어』의 「학이」와 「자한」편에는 '**과즉물탄개(過則勿憚改)**'라 하여 '잘못했다면 고치기를 꺼리지 말라'라는 대목이 수록되어 있다. 『논어』「위령공」편에는 '**과이불개시위과의(過而不改是謂過**

矣)'라 하여 '잘못을 하고도 고치지 않는 것, 그것을 일러 잘못이라고 한다'라는 내용이 등장한다. 『논어』에서 표현만을 달리하여 자주 등장하는 대목은 그만큼 공자가 살아생전에 강조했던 것이라고 보아도 무방하다. 그렇다. 공자는 다른 무엇보다도 실수와 잘못을 저질렀을 때, 그것을 적극적으로 또 능동적으로 고치고자 하는 인간의 의지를 강조하였다.

나 역시 천주교 신자로서 성당 바닥에 꿇어앉아 누구보다 서럽게 울어보기도 했다. 하지만 그렇게 운다고 해서 그것을 회개라고 말하기에는 뭔가 부족한 감이 없지 않다. 눈물에는 많은 의미가 담길 수 있기 때문이다. 누군가 일요일 날 교회에서 예배를 드리며 지난 한 주간 저지른 실수와 잘못을 뉘우치며 울었다면, 그가 흘린 눈물은 뉘우침의 눈물이지만 회개의 눈물은 아니다. 또 누군가 뉘우침의 눈물을 흘리며 그렇다면 장차 나는 어떻게 같은 실수를 반복하지 않을 것인가를 잠시나마 고민했다면, 그가 흘린 눈물은 뉘우침의 눈물이자 반성의 눈물이지만 역시 회개의 눈물은 아니다. 역시 누군가가 뉘우침과 반성의 눈물을 흘린 뒤에 지난주에 저질렀던 실수와 잘못을 반복하지 않고자 절실히 노력한다면, 그리고 조금이나마 그 노력을 실천에 옮긴다면 그가 흘린 눈물은 회개의 눈물이 된다.

공자는 무릇 인간이라면 누구나 실수와 잘못으로부터 자유로울 수 없다는 사실을 잘 알고 있었다. 그런 까닭에 회개를 강조하였다. 회개란 말 그대로 충분히 뉘우치고 그다음엔 고친다는 뜻이다. 문득 언젠가 들은 한 신부님의 말씀이 기억난다. 물이 담긴 컵에 각종 이물질이 들어가면 어떤 사람은 기를 쓰고 그것을 퍼내고자 노력한다. 그런데 어떤 사람은 이물질이 모두 사라질 때까지 깨끗한 새 물을 붓고 또 붓는다. 어떤 방법을 선택할지는 여러분들의 자유다. 다만 우리네 삶이 우리를 담은 컵이고 컵에 쌓인 이물질이 우리의 여러 가지 실수와 잘못들이라면, 아마 공자와 자공은 이물질을 퍼내는 대신 새 물을 붓지 않았겠는가 싶을 따름이다. 이물질이 없었으면 좋겠는 마음은 뉘우침이다. **이물질을 어떻게 없앨지 고민하는 것은 반성이다. 그리고 이물질을 없애기 위해 이물질을 퍼내는 것은 소극적인 회개며, 새 물을 붓는 것은 적극적인 회개다.**

근래 어머니는 하늘이 어머니의 간절한 부르짖음을 외면하지 않은 것 같다며 좋아하신다. 인간 구실이나 똑바로 할 수 있을까, 늘 전전긍긍했던 막내가 술도 끊고 장가도 가고 자식도 낳았으니 그저 감사할 따름이라는 것이다. 하지만 나는 아직도 열심히 내 삶에 새 물을 붓고 또 붓는 중이다. 그리고 이 작업은 내가 숨을 거두는 그 순간까지도 계속될 예정이다.

마지막으로 『대학』「성의장」에 등장하는 '무자기(毋自欺)'라는 말을 소개하고 싶다. '스스로를 속이지 말라'란 뜻이다. 내게는 아직도, 내 삶 곳곳을 둥둥 떠다니는 이물질이 무척 많이도 눈에 띈다.

생각을 실천으로 옮기는
가장 빠른 길

자왈子曰.

"오상종일불식吾嘗終日不食 종야불침이사終夜不寢以思

무익無益 불여학야不如學也."

-「위령공衛靈公」편 제30장

공자께서 말씀하셨다.

"내가 일찍이 온종일 먹지도 않고 밤새 자지도 않으면서

생각해 보았건만 유익함이 없으니 배우는 것만 못하다."

과연 나에게 무엇이 남을 것인가

돌이켜 보면 어렸을 때부터 나는 생각이 많았다. 대개 나는 누구이고 왜 태어났는가 등에 관한 것이었다. 실제로 많은 아이가 이런 형이상학적 생각을 한다. 형이상학이란 쉽게 말해 '존재자를 존재하게

44

끔 하는 근본 원리'다. 동서를 막론하고 고대인들은 대개 이 원리를 자연에서 찾았다. 고대 그리스의 철학자 탈레스는 만물의 근원을 물이라고 했다. 헤라클레이토스는 만물의 본질이 불이라고 했고, 엠페도클레스는 만물이 물, 불, 공기, 흙의 결합이라고 주장했다. 반면에 동양인들은 자연 현상, 그 자체보다는 인간의 내면에 주목했다. 예컨대 공자는 인(仁)을, 맹자는 의(義)를, 노자는 무위(無爲)를, 묵자는 겸애(兼愛)를 강조했다. 그리고 이러한 인간 내면의 가치들을 우주까지 확장시켰다. 이처럼 서구의 철학은 큰 데서 작은 데로 수렴하는 경향이 있고, 동양의 철학은 작은 데서 큰 데로 확장해 나간다는 인상을 준다.

모든 인간은 저마다 생각을 한다. 철학의 시작도 결국엔 생각이다. 하루는 이런 고민을 해보았다. 그렇다면 나는 살면서 언제 처음으로 철학이라고 부를만한 생각을 하게 됐던 것일까. 나는 열아홉 살에 육군에 자원입대했다. 입대를 서둘렀던 이유는 딱 하나였다. 군 생활을 하며 나보다 어린 사람에게 혼이 나고 싶지는 않았다. 주변에서 겁도 많이 줬다. 당장 친형부터 나를 볼 때마다 재촉했다. 되도록 빨리 군대에 가라고. "너는 성질이 고약해서 괜히 군대에 늦게 갔다가 네가 죽든지 남을 죽이든지 할까 봐 걱정이다."

형의 말처럼 군 생활은 녹록지 않았다. 나보다 나이 많은 사람이 혼을 내면 기분이 덜 나쁠 것이란 생각은 큰 오산이었다. 납득하기 어려운 일로 혼이 나는 경우도 다반사였다. 결국 나는 군 생활을 중도에 그만두게 됐다. 국군수도병원의 의무관은 차트에 이렇게 기록했다. '이 병사에게는 적응장애, 충동장애 및 기분장애가 있음.' 나는 남은 군 생활을 집 근처 구청에서 하게 되었다. 이등병에서 일등병으로 채 진급을 하기도 전이었다. 처음에는 좋았다. 나를 혼내는 사람이 없어서 홀가분했다. 구청 업무가 늘 바쁘진 않았기 때문에 짬짬이 만화책을 보거나 컴퓨터를 마음껏 쓸 수도 있었다.

구청에서 사회복무요원으로 근무를 하고 있노라면 나를 찾아오는 친구들이 있었다. 대개 군에서 휴가를 막 나왔거나 휴가를 마치고 복귀하는 친구들이었다. 그들은 깨끗하게 다림질이 된 군복을 멋지게 차려입고 있었다. 군화는 내 얼굴이 비칠 정도로 빛이 났다. 나는 내심 그들이 부러웠다. '나는 도대체 무엇이 저들보다 부족하기에 저들과 같지 못했던가.' 친구들이 손을 흔들고 멀어져 간 자리엔 내가 쏟아낸 박탈감만이 오도카니 남아 있었다. 하지만 아무리 생각에 생각을 거듭해도 나의 문제가 무엇인지 뾰족한 이유를 알 수 없었다.

사회복무를 절반 정도 마쳤을 때였다. 하루는 이런 생각이 들었다. '이제 곧 친구들은 제대할 텐데, 그러면 그들에게는 군 복무를 잘 이행했다는 명예가 남을 것이다. 하지만 나는 이미 불명예스럽게 된 몸. 사회복무를 마치면 과연 나에겐 무엇이 남을 것인가?' 나도 모르게 온몸에 소름이 쫙 끼쳤다. 뭔가를 배워야겠다는 생각이 스스로 든 건 그때가 처음이었다. 나는 제도권 공부를 손에서 놓은 지 이미 한참이었다. 그리고 솔직히 국영수 따위를 배우고 싶다는 생각은 들지도 않았다. 그날 저녁 근무를 마친 나는 동네를 오가며 자주 보았던 서예 학원에 등록했다. 왜 하필 서예를 배우기로 한 것인지는 나도 잘 모르겠다. 세상을 살다 보면 그냥 '그렇게 되도록 되어진 것'들이 있다. 장자는 이를 '연어연(然於然)'이라고 했다.

배경지식을 개념화하라

어렸을 때의 나는 공부를 좋아했던 것 같지는 않다. 그러나 책 읽는 것은 좋아했다. 그러다 보니 또래에 비해 배경지식은 많았다. 사실 배경지식이란 예쁘게 만들어진 말이다. 배경지식의 다른 표현은 '잘 기억나지 않지만 어디선가 보거나 들은 적이 있다'는 것이다. 배경지식이 많은 사람에게는 특징이 있다. 그것은 자신이 뭔가를 '많이 안다'고 착각한다는 것이다. 물론 '보거나 들은 적이 있는 것'과 '아는 것'은 분명히 다르다. 공자는 「위정」편에서 **온고이지신(溫故而知新) 가이위사의(可以爲師矣)'**라 하였다. '옛것을 파악하여 새롭게 다시 알아야 스승이 될 수 있다'는 뜻이다. 스승의 능력은 자신이 아는 것을 잘 설명함에 달려 있다. 누군가에게 설명할 수 없다면 그것은 앎이 아니다. 그리고 설명하기 위해서는 배경지식의 단계에 머물러 있는 나의 생각들을 새롭게 개념화할 수 있어야 한다. 이것이 바로 공자가 말하는 '온고지신(溫故知新)'이다.

지금에 이르러 생각해 보면 그때부터 나는 온고지신의 작업에 착

수했던 것 같다. 예컨대 구청 직원들과 점심을 먹을 때 누군가 진시황 이야기를 꺼내면 나는 자리로 돌아와 중국의 역사서를 읽기 시작했다. 물론 이전에도 진시황에 대하여 들어본 적은 있었다. 하지만 그가 중국 역사상 최초로 통일 국가를 건설했다는 사실 말고는 아는 바가 없었다. 누군가 도스토옙스키를 말하면 도서관으로 달려가 도스토옙스키의 소설을 빠짐없이 빌려 읽었다. 그다음에는 러시아사를 읽었다. 니체를 말하면 니체의 전집을 읽고 독일사를 읽었다. 도요토미 히데요시를 말하면 그의 일대기를 다룬 소설을 읽고 일본사를 읽었다. 심지어『삼국지(연의)』도 이때 다시 읽었다. 내가 제갈씨라고 하면 으레 제갈량을 묻는 사람이 많았다. 하지만 당시의 내게는 먼 조상 격인 제갈량에 대해 딱히 설명할 재간이 없었다. 그때까지도 나는 제갈량이 누군지도 제대로 알지 못했던 것이다. 그리고 근무를 마치면 서예 학원에 가서 붓글씨를 썼다.

그렇게 반년 정도가 지나고 수능 시험을 봤다. 경기대학교 서예학과에 지원했고 결과는 합격이었다. 경기대학교 서예학과는, 지금은 전국 유일의 서예학과가 되었다. 그리고 그때부터 내 삶에 많은 변화가 생겼다. 경기대학교 서예학과에 들어가지 못했다면 지금 내가 하고 있는 박사 공부를 할 기회조차 없었을 것이다. 그랬다면 나는 어디선가 얕은 배경지식만을 뽐내며 애써 스스로를 위로하며 살고 있을지도 모를 일이다.

배우면 알게 되고, 알면 길이 열린다

공자는 자신이 하루 종일 먹지도 않고, 심지어 잠도 자지 않았던 적이 있다고 말한다. 생각을 하느라 그랬던 것이다. 동양의 철인(哲人)들 중에는 이처럼 생각을 하느라 밥도 잠도 걸렀던 인물이 또 있다. 바로 왕수인이다. 그는 일찍이 앎과 실천은 하나라는 '지행합일설(知行合一說)'을 주창했다. 왕수인은 왕양명으로도 잘 알려저 있다. 또한 그는 심학(心學)을 독창적으로 발전시켰다. 심학이란 '마음을 닦는 학문'이라는 뜻이다.

양명은 처음에 앞선 시대의 철학자인 주자의 학설을 공부했다. 그가 배운 주자의 학설은 풀 한 포기, 나무 한 그루에도 그것들의 이치가 깃들어 있다는 것이다. 그 이치를 끝까지 캐묻는 것을 주자는 격물(格物)이라고 하였다. 다시 말해 격물이란 '사물의 이치를 자세히 연구한다'는 뜻이다. 왕양명은 격물을 위해 꼬박 일주일 동안이나 마당의 대나무를 뚫어져라 바라보았다. 아마 양명은 공자처럼 밥도 잠도 걸렀을 가능성이 높다. 일주일째 되던 날, 양명은 결국 큰 병에 걸리고 말았다. 만일 양명이 일주일간 대나무를 바라보는 대신 다른 방법을 택했다면 어땠을까? 예컨대 대나무에 대해 잘 아는 사람을 수소문해 직접 물을 수도 있지 않았을까? 만일 그렇게 했다면 적어도 양명은 조금이나마 대나무를 배울 수 있었을 것이다. 큰 병에 걸려 시름시름 앓는 일만은 피할 수도 있었을 것이다.

세상에는 나처럼 오랫동안 고민해도, 또 공자처럼 밥도 잠도 거르며 생각에 생각을 거듭해도, 또 양명처럼 일주일간 뭔가를 계속 쳐다만 보더라도 배우지 않으면 알 수 없는 것들이 있다. 그래서 공자는 생각만 하는 것이 배우는 것만 못하다고 하였다. 또 공자는「위정」편에서 '**학이불사즉망**(學而不思則罔) **사이불학즉태**(思而不學則殆)'라 하였다. '배우기만 하고 생각하지 않으면 답답하고, 생각만 하고 배우지 않으면 위태롭다'란 뜻이다. 생각과 배움은 모두 중요하다. 하지만 뭔가를 알고자 한다면 단연코 생각만 하기보다는, 배우는 것이 더 낫다. 앞서 말한 양명의 지행합일설 역시 같은 맥락이다. 앎과 실천이 하나라는 말은 '아는 사람은 반드시 실천을 하고, 실천하는 사람은 반드시 알고 있음'을 의미한다.

공자의 손자인 자사가 쓴 것으로 알려진 책이 있으니 바로『중용(中庸)』이다.『중용』에는 다음과 같은 대목이 등장한다. '**박학지**(博學之) **심문지**(審問之) **신사지**(愼思之) **명변지**(明辨之) **독행지**(篤行之)'가 바로 그것이다. '널리 배우고, 자세히 묻고, 신중히 생각하고, 분명히 판단하고, 진심으로 행하라'는 뜻이다. 먼저 폭넓은 배움이 있어야 비로소 자세한 물음을 던질 수 있다. 자세한 물음을 던진 이후라야 진중하게 생각할 수 있다. 진중하게 생각해야 정확한 판단을 내릴 수 있다. 그리고 판단을 내린 다음에라야 무엇을 실천할지 결정하고 그 실천에 마음을 담을 수 있다.

사회복무를 하던 중 생각이 한계에 다다랐다. 그래서 일단 서예를 배웠고, 널리 세계의 역사를 배웠다. 그렇게 대학에 진학하자 전공

수업과 교양 수업 모두에서 자세히 물을 수 있었다. 내가 무엇을 알고 무엇을 모르는지 신중하게 생각할 수 있었기 때문이다. 졸업을 할 때쯤이 되자 더 배워야겠다는 판단이 섰다. 대학원에서 철학을 공부하기로 마음먹었다. 동기들이 철학 전공으로 박사과정에 진학할 때, 나는 전공을 바꿔 석사 공부를 다시 했다. 바꾼 전공은 사회복지였다. 사회복지는 명실상부한 실천 학문이다. 그리고 지금 나는 중독학으로 박사 공부를 하고 있다. 중독학을 선택한 까닭은 가장 내 마음을 오롯이 담아 실천할 수 있는 분야가 중독이라는 판단에서였다. 먹어봐야 맛을 안다고, 내가 중독자로 살아보았기 때문이다.

생각을 실천에 옮기는 가장 빠른 길은 배움이다. 배우면 알게 되고, 그 아는 것을 바탕으로 이제까지와는 전혀 다른 생각의 길이 열린다. 다른 사람들과 묻고 답할 수 있게 되고, 남의 생각과 배움도 살필 수 있게 된다. 그로써 다시 새롭게 된 생각을 실천에 옮기니, 그것이 곧 새로운 배움이 된다. 이렇듯 우리의 삶은 생각과 배움의 연속이다. 배움과 생각은 자동차의 앞바퀴, 뒷바퀴와 같아서 둘 중 하나라도 빠지면 삶은 굴러가지 않는다. 또 생각과 배움의 공통점은 끝이 없다는 것이다. 그래서 끝없이 생각하려면 끊임없이 배워야 하고, 끝없이 배우려면 끊임없이 생각해야 한다.

남과 나를 비교하는
진짜 정신병

자공방인子貢方人 자왈子曰.

"사야賜也 현호재賢乎哉. 부아즉불가夫我則不暇."

-「헌문憲問」편 제31장

자공이 사람들을 비교하니 공자께서 말씀하셨다.

"사는 훌륭하구나. 나는 그럴 겨를이 없더라."

알코올 중독으로부터 헤어나지 못했던 날들

어떤 아들이 아버지와 함께 성당에 기도를 하러 갔다. 가서 보니, 많은 사람이 열심히 기도하는 대신 꾸벅꾸벅 졸고 있었다. 그러자 아들은 아버지에게 말했다. "아버지, 저 사람들은 저렇게 졸기만 할 거면 도대체 왜 성당에 왔을까요? 기왕 잘 거면 집에서 편하게 자지." 아마 그 아들은 기도하러 와서 졸고 있는 사람들이 못마땅했던 모양이다. 그러자 아버지가 말했다. "아들아, 나는 차라리 네가 잠들었으면 좋겠다." 언젠가 한 신부님으로부터 들은 이야기다. 아버지는 왜 아들에게 '차라리 네가 잠들었으면 좋겠다'고 했을까. 아들은 기도하러 와서 졸고 있는 사람들이 불만스러웠다. 하지만 아버지는 다른 사람들과 스스로를 비교하고, 남들을 비난하기까지 하는 아들이 더 불만스러웠다. 그래서 아버지는 그럴 거면 차라리 너도 조는 것이 더 낫겠다며 아들을 타일렀다.

　우리도 살면서 종종 아들과 같은 우를 범한다. 나 역시 예외는 아니다. 10년에 걸쳐 중독되었던 술을 끊자 과거의 나를 돌아볼 수 있는 마음의 여유가 생겼다. 우선 내가 중독자였음을 인정하게 되었다. 대개 중독자들은 자신이 중독자라는 사실을 인정하지 못한다. 그들은 늘 언제든지 마음만 먹으면 끊을 수 있다고 말한다. 다만 아직 끊지 않았을 따름이라며 부인한다. 하지만 안 한다는 것의 다른 말은 결국 못 한다는 것이다. 그러지 말고 당신이 중독되었다는 사실을 인정하라며 거듭 충고하면 중독자들은 대개 화를 낸다. 교만한 사람들의 특징이다. 그래서 중독은 항상 교만과 긴밀하게 상호 작용한다.

　다음으로 나는 왜 오랜 기간 술을 끊을 수 없었던가 진지하게 고민해보았다. 아직도 많은 사람이 중독을 개인의 의지 차원에서 이해하는 것 같다. 예컨대 누군가 중독에 빠졌다고 하면 의지가 나약해서 그렇다는 생각부터 드는 게 사실이다. 하지만 중독은 명실상부한 정신질환이다. 다행히 내게는 중독을 정신병으로 인지할 수 있는 부모가 있었다. 그래서 나는 특히 알코올 중독에 관련된 거의 모든 치료를 받았다고 해도 과언이 아니다. 효과가 좋다는 약은 물론이거니와 정도가 심할 땐 한두 달씩 폐쇄 병동에 입원도 했다.

어떤 질병은 가만히 놔두어도 저절로 낫는다. 또 의학의 발달로 많은 질병을 효과적으로 다룰 수 있게 되었다. 대개 10년 정도 공을 들이면 아무리 심각한 질병도 어느 정도는 호전된다. 다만 중독은 조금 다르다. 술도, 담배도, 도박도, 마약도, 게임도 다 마찬가지다. 어떤 중독이 됐든, 또 어떤 치료를 받든지 간에 '일단 끊어야' 한다. 그렇지 않으면 점점 악화될 뿐이다. 나 역시 그랬다. 10년간 치료를 받겠다며 전국을 떠돌았지만 병세는 더 나빠졌다. 술을 입에 대지 않고 나서야 비로소 조금씩 나아졌다.

그저 이야기하고 들어주는 것만으로도

'익명의 알코올 중독자들'이라는 자조(自助) 모임이 있다. 자조란 '스스로 돕는다'는 뜻이다. 쉽게 말해 '익명의 알코올 중독자들'은 알코올 중독자들이 모여 자신의 이야기를 하거나 또 남의 이야기를 듣는, 일종의 소통 공간이다. 모임의 목적은 이러한 소통을 통해 중독에서 벗어날 수 있게끔 서로가 서로에게 도움을 주는 것이다. 말 그대로 모든 정보는 익명이다. 또한 누가 가라고 해서 가는 게 아니라 제 발로 찾아오는 것이 원칙이다. 일단 자발적으로 이런 데를 가는 일 자체가 낫고 싶다는 간절한 의지의 투영이다. 이야기를 하고 말고는 철저히 자유다. 듣고만 싶은 사람은 다른 사람의 이야기를 듣기만 해도 무방하다. 분명한 것은 때로는 남의 이야기를 듣거나, 나의 이야기를 하는 것만으로도 치유가 된다는 것이다.

하루는 우리 대학과 자매결연을 맺은 미국대학 교수의 강연을 듣게 되었다. 그 교수는 인디언이었고, 전공은 중독과 트라우마를 사회적인 맥락에서 연구하는 것이었다. 강연이 끝나고 학생들에게 궁금한 점을 질문하는 시간이 주어졌다. 나는 손을 들고 그분에게 물었다. 우리나라는 삼십육 년간 일제의 강점을 겪으며 차마 말로는 다 서술하기도 어려운 수모와 치욕을 겪었다. 나는 아직도 우리 국민 대다수가 일제 강점의 트라우마로부터 자유롭지 않다고 생각한다. 그리고 현재 우리나라는 점차 마약 등 중독 문제가 고조되는 중이다. 우리 국민들의 트라우마와 우리나라의 중독 현상 간의 상관관계를 당신이 규명해주었으면 한다는 것이 내 질문의 요지였다. 나는 교수로부터 정확한 답변을 듣고 싶었기 때문에 일제가 우리나라에 저지른 만행을 되도록 많은 예시와 함께 자세하게 폭로했다. 내 이야기를 듣는 내내 교수는 무척 침통한 표정을 짓고 있었다. 오죽하면 그 교수의 주변에도 일제에 피해를 당한 사람이 있나 싶을 정도였다.

꽤 길었던 내 질문을 가만히 들은 인디언 교수가 이윽고 입을 열었다. "비록 내가 트라우마와 중독을 연구하는 학자긴 합니다만, 당신의 질문에 뾰족한 해답을 내놓는 것은 능력 밖의 일인 것 같네요. 다만 우리 인디언들도 과거에 당신들이 겪은 것과 비슷한 참사를 당했습니다. 분명한 사실은 때로는 내 이야기를 그저 하는 것만으로도, 또 누군가 내 이야기를 그저 들어주는 것만으로도 치유가 될 수 있다는 것입니다. 당신들과 또 우리 인디언들의 치유를 빕니다." 나는 그 순간 잠시나마 내 안에서 치유가 일어나는 것을 느낄 수 있었다.

'익명의 알코올 중독자들'은 스스로 찾아오고 또 스스로 듣거나 말하거나 하니 자조 모임이라 부르기에 손색이 없다. '익명의 알코올 중독자들'만 있는 것은 아니다. '익명의 약물 중독자들', '익명의 도박 중독자들', '익명의 성(性) 중독자들' 등 다양한 중독으로 고통받는 사람들의 자조 모임이 지금도 전국적으로 운영되고 있다. 나도 꽤 오랜 기간 이 자조 모임을 다녔다. 내 주된 문제는 알코올 중독이었기 때문에 주로 '익명의 알코올 중독자들' 모임에 나갔다. 나는 다른 중독자들의 이야기를 듣는 편이었지만, 때로는 내 이야기를 털어놓기도 하였다.

술을 끊은 지 이미 오 년이 지났지만, 나는 아직도 가끔 이 모임에 나간다. 사회복지사의 자격으로 참관을 하거나 또 중독학도로서 공부를 위해 갈 때도 있다. 하지만 무엇보다도 중독이란 언제나 '일시 멈춤'의 상태다. 언제 재발할지 모르고, 한번 재발하면 설령 수십 년을 끊었더라도 다시 원점으로 돌아간다. 이것이 중독이 무서운 가장 큰 이유다. 중독에는 정녕 끝이 없다. 그래서 섣불리 안심할 수도 또 경계를 게을리할 수도 없다.

끊임없이 다른 사람과 나를 비교하는 진짜 정신병

최근에도 나는 '익명의 알코올 중독자들' 모임에 나갔다. 그런데 그 자리에서 나는 내가 오랜 기간 술을 끊지 못했던 주요한 이유 가운데 하나를 발견했다. '익명의 알코올 중독자들'에 오래 나가다 보면 기상천외한 이야기들을 많이 듣게 된다. 익명이기 때문에 말하는 사람도 부담이 없고, 듣는 사람도 구태여 말하는 사람이 누구인가를 궁금해하지 않는다. 사람들이 가족에게 하지 못하는 이야기를 택시기사나 술집 바텐더에게 털어놓는 것과 같은 이치다. 언제든지 쉽게 끝낼 수 있는 사이라 생각되면 사람들은 그 어느 때보다도 솔직해진다. '익명의 알코올 중독자들'에서 들은 이야기 중에는 '저 사람은 나보다 훨씬 심각한 상태에 놓여 있구나' 싶은 생각이 들게끔 하는 것들이 많았다.

예컨대 어떤 사람은 서울역에서 노숙인들의 술을 몰래 훔쳐 먹다가 그들로부터 구타를 당했다. 또 어떤 사람은 호프집 문 앞에 놓여 있던 소주 박스에서 몰래 소주를 훔치다 점원에게 들켰는데, 젖 먹던 힘을 다해 뛰는 도중에도 다른 손으로는 술을 들이켰다. 또 어떤 사람은 사고를 칠까 두려워 술 생각이 날 땐 아예 가족들 몰래 여관방에 들어가 한 손을 여관 침대에 결박시켜 놓고 술을 마셨다. 이처럼 쉽게 상상이 가지 않는 이야기를 듣고 있자면 '나는 양반이구나' 싶은 생각이 절로 들었다. 그러다 자연스레 꼬리를 무는 생각은 '나 정도면 아직 술을 아주 끊을 필요까지는 없을지도 모른다'였다.

자공이 사람들을 비교하니 공자는 자공에게 훌륭하다고 하였다.

비록 표현은 '훌륭하다'였지만 그다음 말에 공자의 진짜 속내가 담겨 있다. "나는 그럴 겨를도 없던데." 공자의 말을 요약하면 다음과 같다. 나는 이것저것 할 일이 많아 바쁘다. 그러니 자공 자네처럼 한가하게 사람들을 비교하고 있을 시간이 없다. 그런데 자네는 온종일 사람들을 비교만 하고 있다. 자네는 이미 세상 도를 다 깨우친 모양이다. 그러니 어찌 훌륭하지 않은가? 공자는 자공을 꾸짖는 대신 넌지시 타일렀다. 공자의 말을 들은 자공은 머쓱했을 것이다.

그러고 보면 아까 성당의 그 아버지와 공자에게는 어딘가 닮은 구석이 있는 것도 같다. 자공은 공자의 제자들 가운데 말을 잘했던 사람으로 널리 알려져 있다. 말재간이 뛰어나니 자공은 틈만 나면 이 사람 저 사람에 대해서 이야기하기를 좋아했다. 다른 사람의 이야기를 많이 한다는 것은 다른 말로 하면 저울질을 좋아한다는 것이다. 누가 누구만 못하다느니, 누구는 이게 낫고 누구는 저게 낫다느니, 자공은 공자를 따라다니며 쉼 없이 재잘거렸다. 결국 공자는 자공에게 참다못해 한마디 일침을 가했다.

중독자 시절에 나는 늘 자공과 같은 마음가짐으로 살았다. '익명의 알코올 중독자들'에 가면 저 사람은 이 사람보다 심각하고, 다시 나는 저 사람보다 낫다며 끊임없이 나와 다른 사람들을 비교했다. 폐쇄 병동에 입원했을 때도 마찬가지였다. 각종 정신질환으로 고통받는 사람들을 보며 저럴 바엔 차라리 중독자인 내가 더 낫다며 스스로를 위로했다. 그렇게 중독을 겪는 내내 나는 쉴 새 없이 남과 나를 비교하는 '진짜 정신병'에 걸려 있었다. 내가 술을 끊지 못했던 것은 어쩌면 당연했을지도 모른다. 공감과 비교는 비슷한 듯 다르다. 공감은 자조로 이어지지만, 비교는 자위와 교만으로 귀결된다.

내가 경쟁해야 할 상대는 바로 나

현대인은 모두 무한 경쟁 사회를 살아가고 있다. 경쟁은 비교를 낳고, 비교는 다시 경쟁을 낳는다. 그렇기 때문에 비교와 경쟁을 아예 멈출 수는 없다. 비교와 경쟁은 때때로 발전의 원동력이 되기도 한다. **중요한 것은 경쟁을 하더라도 의미 있는 경쟁을 하고, 비교를 하더라도 의미 있는 비교를 해야 한다는 것이다.** 현대사회는 결승선을 향해 치달리는 단거리 경주 같다는 생각을 가끔 한다. 모두가 최선을 다해 뛰지만 찰나의 그 영 점 몇 초로 인해 일등부터 꼴등까지 순위가 매겨진다. 만일 일직선으로 뛰어야만 하는 단거리 경주 대신 각자가 원하는 방향으로 뛰는 장거리 경주를 할 수 있다면 어떨까. 어쩌면 비교와 경쟁은 갈 곳을 잃고, 우리는 모두 각자의 방향에서 일등을 할 수 있을지도 모를 일이다.

공자는 비교와 경쟁이 무의미하다는 사실을 잘 알고 있었다. 여러모로 재능이 탁월했던 자공이었기에, 공자는 비교와 경쟁에만 지나치게 몰두하는 제자가 더 안타까웠는지도 모른다. '나는 그럴 겨를도 없던데'라는 공자의 가르침 앞에는 생략된 말이 있다. '나와 나를

비교하고, 나와 내가 경쟁하느라 바빠서'가 바로 그것이다. 『대학』에
는 '**구일신(苟日新) 일일신(日日新) 우일신(又日新)**'이라는 대목이 등장
한다. '진실로 매일 새롭게, 또 매일매일 새롭게, 다시 매일 새롭게'
라는 뜻이다. 이는 저 옛날 은나라의 탕왕이 자신의 세숫대야 바닥
에 적어놓았다는 글귀로도 잘 알려져 있다. 그래서 이를 다른 말로는
'탕지반명(湯之盤銘)'이라고도 한다. '탕왕이 세숫대야에 새긴 좌우
명'이라는 뜻이다. 탕지반명에는 '매일 새롭게'라는 같은 표현이 거
듭거듭 등장한다. 이는 그만큼 강조하고 또 강조해도 모자람이 없음
을 의미한다. 탕왕이 그토록 새롭게 해야 함을 부각시키는 대상은 다
름 아닌 나 자신이다.

어제의 나와 오늘의 내가 같다면 그것은 발전을 포기한 것이다. 어
제의 나와 오늘의 나는 뭐가 다르더라도 반드시 달라야 한다. 그러기
위해서는 내가 남과 경쟁하고 나와 남을 비교하는 대신, 끊임없이 나
와 내가 경쟁하고 또 나와 나를 비교해야 한다. 진정 의미 있는 비교
와 경쟁의 대상은 바로 나 자신이다. 공자는 '**고지학자(古之學者) 위기
(爲己) 금지학자(今之學者) 위인(爲人)**'이라고 하였다. '옛날의 배우는
자들은 스스로를 위해 배웠지만, 요새 배우는 자들은 남들 때문에 배
운다'는 뜻이다. 공자 당시에도 세상은 지금과 별반 다르지 않았던
모양이다. 세상이 바뀌지 않으면 내가 바뀌어야 한다. 자기 자신을
위하는 가장 좋은 길 가운데 하나는, 다른 사람들과의 경쟁과 비교를
내려놓고 스스로와의 경쟁과 비교에 매진하는 것이다.

'1만 시간의 법칙'의
진짜 비결

자왈子曰.

"중용지위덕야中庸之爲德也 기지의호其至矣乎.

민선구의民鮮久矣!"

-「옹야雍也」편 제27장

공자께서 말씀하셨다.

"중용의 덕이란 지극하구나.

백성 가운데 오래 하는 이는 드물다."

미국에서도 짱이 되고 싶었던 아이

요새 다이어트가 유행이다. 사실 다이어트는 늘 유행했다. 내가 어렸을 때, 우리 어머니도 다이어트를 했다. 또 어느 정도 크니 사춘기에 접어든 누나가 다이어트를 했다. 나도 다이어트를 한 적이 있다.

하루는 다니던 영어 학원에서 미국 연수생을 모집했다. 초등학교 6학년 때였다. 어머니에게 혹시 미국에 보내줄 수 있겠느냐고 물었다. 당시 어머니는 사업이 부도나면서 생긴 빚을 갚느라 하루하루가 지옥 같았을 터였다. 하지만 어머니는 "네가 정 가보고 싶다면 가봐야지." 할 뿐이었다. 그렇게 나는 6주 동안 미국에 다녀오게 되었다.

나는 미국 학교에서 미국 아이들과 함께 여름 계절 수업을 들었다. 미국에 갈 당시, 우리 초등학교에서는 내가 짱이었다. 안에서 새는 바가지가 밖에서라고 새지 않을 리 없었다. 속담에 '제 버릇 개 못 준다'고 하였다. 사실 내겐 영어를 배우는 것보다 더 큰 관심사가 따로 있었다. 미국에서도 한번 짱이 되어 볼 생각이었다. 하지만 나는 이내 그 생각을 접을 수밖에 없었다. 처음 미국 학교에 등교하던 날이었다. 큰 덩치와 월등한 기력지를 가진 미국 아이들에게 나는 그만 압도되고 말았다. 또래라고는 도무지 믿기지 않을 정도였다.

당시 나는 꽤 통통한 편이었다. 기숙사에 돌아와 거울을 보다가 문득 이런 생각이 들었다. '이렇게 살만 쪄서는 짱은커녕 얻어맞지나 않으면 다행이다.' 그래서 그날부터 나름의 운동을 시작했다. 수업이 끝나면 혼자 팔 굽혀 펴기를 하거나 침대에 발을 고정한 채 윗몸 일으키기를 했다. 미국 아이들과 비슷한 체형을 만드는 게 목표였다. 당연히 매끼 식사는 되도록 적게 하였다. 다행히 미국에 있는 동안 미국 아이들과 다툰 적은 없었다. 그들은 멀리 한국 땅에서 온 내게 늘 친절했다. 물론 계절 수업이 끝나기까지 말 한마디 안 해본 아이들도 있었다. 그들도 그저 나를 신기하게 바라볼 따름이었다.

그렇게 6주가 지났다. 한국에 돌아오니 부모님들이 공항으로 마중을 나와 있었다. 함께 어학연수를 떠났던 아이들이 하나둘 제 부모 품으로 달려가 안겼다. 나도 저 멀리 서 있는 어머니, 아버지를 금세 알아보았다. 부모님이 얼마나 보고 싶었던가. 원래 그리운 얼굴은 언제 어디서나 대번에 알아볼 수 있는 법이다. 다만 나는 그렇게 살가운 아들은 아니었다. 그래서 내심 어머니, 아버지가 나를 빨리 발견해줬으면 하고 바랐다. 하지만 부모님은 내가 그쪽을 향해 걸어가고 있음에도 계속 이곳저곳을 두리번거리기만 하였다. 마치 내 얼굴을 잊어버린 듯하였다.

결국 내가 먼저 어머니를 불렀다. "엄마, 나 왔어." 어머니는 그제야 나를 알아보았다. "어머, 아들!" 반가움도 잠시, 어머니는 나를 한참 뚫어져라 쳐다보았다. 그리고 물었다. "근데 도대체 왜 이렇게 됐어? 완전히 '딴사람'이 됐네. 키는 왜 이렇게 훌쩍 컸어? 살은 완전히 쪽 빠지고. '엄마' 하고 안 불렀으면 영영 못 알아볼 뻔했네. 이거야 원, 우리 아들 안 같아." 그때 '딴사람' 같다는 어머니의 말이 왜 기분 좋게 들렸는지는 아직도 모르겠다. 아마 나는 어렸을 때부터 계속 딴사람이 되고 싶었던 것 같다. "가서 운동도 좀 열심히 하고 그래서 그렇지 뭐." 나는 어머니에게 무슨 말을 해야 좋을지 몰라 대충 얼버무렸다.

몸을 망가뜨리며 집착적으로 운동을 하는 사람들

사실 초등학교 고학년부터 중학생 시기까지는 대개 아이들이 그렇다. 이때는 겉으로나 속으로나 급격한 성장을 겪는 시기다. 그래서 그 무렵을 살이 키로 가는 시기라고들 한다. 나라고 다를 리 없었다. 그래서 미국에 가 있는 동안 키는 크고 살은 빠졌다. 다만 그 순간을 어머니와 함께하지 못했을 뿐이다. 이때부터 어머니와 나의 긴 전쟁이 시작됐다. 그리고 그 전쟁은 아직도 막을 내리지 못하고 있다. 아마 어머니에게는 공항에서 자식을 알아보지 못한 사건이 트라우마로 남았던 것 같다. 그래서 그날 이후로 어머니는 나만 보면 뭔가를 먹이지 못해 안달이다. 내게는 내 나름대로 합리적이지 못한 신념이 생겼다. 나는 커야 할 때 컸고, 살이 빠져야 할 때 빠졌을 뿐이다. 이 사실을 잘 알면서도 자꾸만 밥을 적게 먹고 운동을 해서 키는 크고 살은 빠졌다는 생각이 들었다.

구십 노모가 육십 자식에게 차 조심하라 당부하는 게, 또 밥은 잘 챙겨 먹고 다니는지 물어보는 게 부모 마음이라고 한다. 우리 어머니가 꼭 그렇다. 우리 어머니는 장가가서 자식까지 낳은 아들에게 아직도 전화를 걸어 밥은 먹었느냐고 묻는다. 못 본 지 사나흘만 지나도 얼굴이 왜 이렇게 야위었냐고 묻는다. 나는 아랑곳하지 않는다. 등산이 됐든 권투가 됐든 아직도 나는 매일같이 집착적으로 운동을 한다. 또 의도적으로 밥을 적게 먹는다. 그 어머니에 그 아들이 아닐 수 없다. 우리 모자가 덤 앤 더머(Dumb & Dumber)의 환생은 아닌가 싶을 정도다.

그런데 덤 앤 더머가 세상에 우리 모자뿐은 아닌 것 같다. 그래서 그나마 위안이 되기도 한다. 하루는 보디빌딩 선수로 활약하는 친구에게 전화가 걸려 왔다. 오늘이 대회 날인데 갑자기 매니저에게 일이 생겼다는 것이다. 평소 보디빌딩에 아무런 일가견도 없던 나였다. 오죽 급했으면 내게 전화를 다 했을까 싶은 생각이 들었다. 그래서 그날 하루 친구의 매니저가 되어주기로 했다. 내 눈에는 대회에 출전한 선수들의 몸이 하나같이 다 아름다워 보였다. 하지만 심사위원들에게는 나름의 채점 기준이 있을 터였다. 어쨌든 친구는 당당히 입상했다. 그의 노력이 헛되진 않았다는 생각에 덩달아 나도 기뻤다.

문제는 그다음이었다. 선수 대기실에 돌아오자마자 친구가 큰 가방에 바리바리 싸 들고 온 뭔가를 꺼내놓기 시작했다. 빵과 도넛, 과자 등 대개는 밀가루를 튀긴 음식이었다. 친구는 마치 수십 일 동안 단식 투쟁을 벌인 사람처럼 게걸스럽게 그것들을 먹어치웠다. 그야말로 눈 깜짝할 새였다. "좀 천천히 먹어라. 안 뺏어 먹을게. 체할까 걱정된다." 나는 조마조마한 마음으로 친구를 토닥였다. 그러자 친구는 손가락을 들어 대기실의 다른 선수들을 가리켰다. 그곳에선 진풍경이 벌어지고 있었다. 대회를 마친 선수들 대부분이 친구처럼 그렇게 뭔가를 허겁지겁 먹고 있었다. 나는 '걸신이 들렸다'는 말을 그때 제대로 실감했다.

친구는 그날 하루를 정말이지 쉬지 않고 먹어치웠다. 나는 사람이 그렇게 많이 먹을 수 있다는 사실을 그날 처음 알았다. 다음 날 친구에게 다시 전화가 걸려 왔다. "어제 많이 놀랐지? 우리가 이러고 산다. 보디빌딩 선수들 거의 나처럼 이래. 그동안 참았던 거 대회 끝나면 몽땅 몰아서 먹고. 몸은 좋아 보여도, 대회 몇 번 나가다 보면 어느새 속은 다 문드러진다. 나는 상이라도 탔으니 망정이지. 이제 한 일주일 원 없이 먹고, 다음 대회 준비해야지. 아무튼 어젠 고마웠다."

비교와 경쟁을 버리면 누구나 오래 할 수 있다

공자는 중용의 덕이 지극하다고 하였다. 철학적 개념으로서의 중용은 이미 앞서 자세히 소개했다. 어쨌든 중용의 의미를 잘 모르는 사람도 중용이 좋은 것임은 대강 아는 듯하다. 나는 중용을 얘기할 때 언제부턴가 그 보디빌더 친구가 떠오른다. 목표를 위한 영광스러운 희생이라지만, 어쨌든 철학적으로는 완전히 반중용의 삶을 살아갈 수밖에 없는 친구. 그리고 그날 선수 대기실에서 보았던 잊지 못할 광경.

요새는 각종 SNS를 통해 자신의 몸매를 뽐내는 사람이 많아졌다. 대표적으로 바디프로필을 찍는 게 유행이다. 그 멋진 몸매들을 보고 있자면 '나도 한번 도전해볼까?' 싶은 생각이 저절로 든다. 보디빌더 친구에게 전해 들은 바로는 다이어트와 보디빌딩도 중독이 된다고 한다. 또 그렇게 살을 찌웠다 뺐다를 계속 반복해야만 근육의 질도 좋아진다고 한다. 나는 바디프로필 열풍에 고무적이다. 한 번쯤 치열한 노력과 멋들어진 성과를 사진으로 남기고, 나아가 그것을 공유하는 일은 앞으로의 삶에서 좋은 추억이 될 것이다.

그러나 보디빌딩이나 바디프로필 식의 다이어트가 결코 좋은 몸 관리란 생각은 들지 않는다. 몸 관리에도 중용이 필요하다고 생각하기 때문이다. 건강한 몸무게에 내 몸을 맞추는 게 중이라면, 그 건강한 몸무게를 유지하는 것은 용이다. 그래서 공자는 중용을 오래 할 수 있는 사람은 드물다고 하였다. 쉽게 말해 다이어트를 통해 몸무게를 조절할 수 있는 사람은 많지만, 그 몸무게를 유지할 수 있는 사람은 적다는 소리다. 그래서 우스갯소리로 하는 말이지만 뚱뚱한 몸매를 유지하는 일에도 모종의 노력이 필요하다.

사실 「옹야」편의 이 대목은 훗날 『중용』에도 등장한다. 『중용』에서 공자는 이렇게 말했다. '**중용기지의호**(中庸其至矣乎) **민선능구의**(民鮮能久矣)'. '중용의 덕이란 지극하지만, 이를 오래 할 수 있는 백성이 드물다'는 뜻이다. 많은 사람이 '1만 시간의 법칙'을 이야기한다. 뭐든지 1만 시간을 꾸준히 유지할 수 있다면 그 사람은 그 분야의 전문가로서 손색이 없다는 소리다. 사실 중용이란 크게 대단한 것이 아니다. 1만 시간을 일수로 환산하면, 대략 417일 정도가 된다. 누군가 417일 동안 적정 몸무게를 유지할 수 있다면, 그 사람은 다이어트 전문가이며 또 중용 전문가다.

중용을 오래 할 수 있는 방법은 첫째로 남과 나를 비교하지 않는 것이다. 나는 미국 학생들과 나 자신을 비교하는 바람에 오래도록 중용을 하지 못했다. 둘째로 다른 사람들과 지나치게 경쟁하지 않는 것이다. 앞서 그 친구는 이제는 자신의 체육관을 차리고 어엿한 관장이되었다. 하지만 가만히 있으면 도태되고 만다는 생각에 아직도 일 년에 서너 번씩 대회를 치른다. 배고픔을 참고, 또 그 이상으로 먹는 과정을 일 년에 서너 번씩 반복하는 것이다. 나는 친구가 이제는 다른사람과의 경쟁을 멈추고 중용을 위한 자신과의 경쟁에 몰입할 수 있었으면 좋겠다.

공자는 「팔일」편에서 이렇게 말했다. '**군자무소쟁(君子無所爭) 필야사호(必也射乎)**'. '군자는 남과 경쟁함이 없으나 반드시 활쏘기 경쟁은 한다'는 뜻이다. 그리고 『예기(禮記)』에서는 활쏘기를 이렇게 규정하고 있다. '**사자(射者) 인지도야(仁之道也) 사구정자기(射求正諸己) 기정연후발(己正然後發) 발이부중(發而不中) 즉불원승기자(則不怨勝己者) 반구저기이이의(反求諸己而已矣)**'. '활쏘기는 인의 방법이다. 활을 쏜다는 것은 자기 자신에게서 바름을 구하는 것이다. 그래서 자신을 바르게 한 다음에 쏜다. 활을 쏴서 맞지 않더라도 자기보다 잘쏜 사람을 원망하지 않는다. 늘 자기 자신으로부터 그 이유를 구할뿐이다'라는 뜻이다. 이는 저 유명한 '반구저기(反求諸己)'의 유래가되는 대목이기도 하다.

동양에서 '딴사람이 됐다'라는 말에는 두 가지 의미가 있다. 첫째는 변(變)에 성공한 딴사람이다. 변이란 물리적으로 모양이 바뀌는 것을 말한다. 예컨대 뚱뚱했던 사람이 마른 사람으로 바뀌거나, 캔을 발로 밟아 찌그러뜨리는 일 등이 모두 변의 영역이다. 둘째로 화(化)에 성공한 딴사람이 있다. 화란 화학적으로 성질이 바뀌는 것을 말한다. 예컨대 얼음이 물이 되고 다시 물이 수증기가 되듯이, 이전에 그것이 무엇이었는지 알 수 없을 정도로 바뀌는 것을 우리는 화라고 이야기한다. 그래서 인간에게 있어서 화란 '그 인격 자체가 완전히 바뀌는 것'이다. 꼭 외적으로뿐만 아니라 내적으로도 '정말 저 사람이 같은 사람이 맞나' 싶을 정도로 '딴사람'이 되었을 때, 우리는 비로소 그 사람이 '변화(變化)'했다고 말한다. 이처럼 진정한 변화는 몸뿐만 아니라 마음까지 갈고닦아야만 완성되는 것이다.

소인은 남과 경쟁하지만, 군자는 자기 자신과 경쟁한다. 그리고 중용은 가장 어려운 자기 자신과의 경쟁 가운데 하나다. 보디빌더인 친구에게 그쯤 되었으니 소인의 경쟁은 멈추고 군자의 경쟁에 돌입함이 어떻겠느냐 묻는다면 불같이 화를 낼지도 모를 일이다. 그리고 친구야 어떻든 이제 나부터 군자의 경쟁에 한번 돌입해보고자 한다. 과거에 나는 일 년 넘게 생채식을 했다. 주변에는 맑은 정신을 위해서라며 그럴듯하게 포장했다. 하지만 실상은 뭐든 배불리 좀 먹어보고 싶었다. 미국에서 돌아온 이래 줄곧 뭔가를 배불리 먹어본 기억이 없었다. 칼로리가 낮은 채소는 많이 먹어도 괜찮겠지 싶은 생각에 시작한 게 생채식이었다. 가뜩이나 마른 아들이 생채식을 하겠다고 생고집을 피우는 바람에 쪼그려 앉아서 옥수수를 까고, 감자와 고구마를 다듬던 어머니의 모습이 눈에 아른거린다. 저 옛날 미국에서의 경험이 어느덧 내 미의 기준을 서구식 몸매에 정착시킨 탓이다. 이제는 해묵은 비교와 경쟁을 멈추고, 어머니와의 오랜 전쟁 양상에 진정한 변화를 주어보고 싶다.

운명과 숙명을 대하는
성숙한 사람의 자세

공자왈 孔子曰.

"부지명 不知命 무이위군자야 無以爲君子也,

부지례 不知禮 무이립야 無以立也,

부지언 不知言 무이지인야 無以知人也."

– 「요왈堯曰」편 제3장

공자께서 말씀하셨다.

"명을 알지 못하면 군자가 될 수 없고,

예를 알지 못하면 설 수 없고,

말을 알지 못하면 사람을 알 수 없다."

주어진 명을 편안하게 받아들이는 사람

동양 철학에서 명(命)은 무척 중요한 개념이다. 명에는 두 가지가 있다. 하나는 숙명(宿命)이고, 다른 하나는 운명(運命)이다. 숙명이란 쉽게 말해 '뒤에서 날아오는 돌'이다. 이 세상에 눈이 뒤에 달린 사람은 없다. 그래서 사람이 뒤에서 날아오는 돌을 피하기란 어렵다. 뒤에서 날아오는 돌은 내 노력이나 의지와는 관계없이 맞게 될 수도 있고, 피하게 될 수도 있다.

반면에 운명이란 비유하자면 '앞에서 날아오는 돌'이다. 물론 앞에서 날아오는 돌이라고 해서 무조건 맞지 않을 수는 없다. 하지만 정신을 단단히 차리고 한눈만 팔지 않는다면 앞에서 날아오는 돌은 피하거나 비켜 맞을 수도 있다. 또 평소에 운동 신경을 갈고 닦은 사람이라면 앞에서 날아오는 돌을 낚아채 그것을 나의 무기로 만들 수도 있다. 그런 사람은 운명을 개척하고 기회를 창출하는 사람이다.

동양의 저명한 철학가들 가운데 명에 가장 많은 관심을 기울였던 인물이 바로 장자다. 『장자(莊子)』「대종사(大宗師)」편에는 자여와 자상, 두 사람의 대화가 수록되어 있다. 자여와 자상은 친한 친구 사이였다. 한 번은 열흘 동안 쉬지 않고 장맛비가 내렸다. 비가 그치자 자여가 밥을 싸 들고 자상을 찾아갔다. 평소 몸이 약하고 가난했던 자상이 오랜 비에 병들었을지도 모른단 생각에서였다. 자여가 자상의 집 앞에 도착해보니 자상은 거문고를 타고 있었다. 자상의 목소리는 마치 노래를 하는 것 같기도 하고 곡을 하는 것 같기도 했다. 힘겨운 목소리로 자상은 한 소절만을 계속 중얼거렸다. 그 내용은 이랬다. "아버지인가? 어머니인가? 하늘의 짓인가? 사람의 짓인가?" 자여는 대문을 열고 들어가 물었다. "이보게, 자네 노래가 왜 그 모양인가?" 그러자 자상이 답했다. "요 며칠 동안 나를 이토록 궁지에 몰리도록 한 것이 누구인지 생각해 보았건만 도무지 알 수 없네. 부모라면 어째서 내가 가난하기를 바라겠는가? 또 하늘과 땅은 사사롭게 한 개인만을 챙기는 법이 없네. 하늘과 땅이 어째서 유독 나만을 가난하게 만들었겠는가? 그래서 나를 이렇게 만든 사람을 한번 찾아보았건만 그런 사람 역시 찾을 수 없었네. 하지만 나는 여전히 이렇게 궁지에 몰려 있네. 아마도 이게 내 명인 모양일세."

『장자』에 등장하는 자여와 자상의 대화를 통해 우리는 '명'이란 무엇인지 짐작할 수 있다. '누구 탓인지 알 수 없는 일' 그것이 바로 명이다. 누구 탓인지 알 수 없는 일에는 책임의 소재를 물을 수 없다. 『장자』「덕충부(德充符)」편에는 이런 내용이 등장한다. **'지불가내하이안지약명(知不可奈何而安之若命) 유유덕자능지(惟有德者能之)'**. '어쩔 수 없음을 알아서 명을 편안하게 여기는 일은 오직 덕이 있는 사람만이 할 수 있는 일이다'라는 뜻이다.

공자 역시 명을 알지 못하면 군자가 될 수 없다고 하였다. 모든 사람은 인생을 살며 뒤에서 날아오는 돌을 맞기도 하고, 앞에서 날아오는 돌을 맞기도 한다. 군자나 대인이라고 하여서 결코 운명과 숙명으로부터 자유로울 수는 없다. 소인도 마찬가지다. 소인이라고 하여서 운명과 숙명이 없지 않다. 다만 군자와 소인의 차이는 '운명과 숙명을 얼마나 편안하게 받아들일 수 있는가'의 능력에 달려 있다. 장자는 '명을 편안하게 받아들이는 능력'을 일컬어 '안명(安命)'이라고 하였다. 안명에서 '안(安)'은 '편안하게 여기다'라는 뜻이다. 그러므로 장자가 말하는 덕이 있는 사람이란 곧 군자며 대인이다.

아무리 노력해도 절대 피할 수 없는 돌

모든 사람은 각자의 짐을 지고 세상을 살아간다. 누구의 짐은 유독 가벼워 보이고, 또 누구의 짐은 유독 무거워 보이기도 하지만 어쨌든 짐 없이 사는 사람은 없다. 이 짐을 다른 말로는 명이라고 한다. 그래서 군자란 명을 받아들이는 사람이다. 군자는 자신의 짐이 사라지거나 가벼워졌으면 하고 바라지 않는다. 또 군자는 자신의 짐을 다른 사람의 짐과 비교하지 않는다. 군자는 묵묵히 자신의 짐을 지고 꾸준히 삶이라는 길을 걸어갈 따름이다. 그리고 이 모든 과정을 최대한 편안하게 여기고자 노력할 뿐이다.

앞서 숙명은 '뒤에서 날아오는 돌'이고, 운명은 '앞에서 날아오는 돌'이라고 하였다. 운명은 다시 운(運)과 명(命), 두 가지로 나뉜다. 운이란 개인의 노력과 의지로 어느 정도 바꿀 수 있는 것이다. 즉 운이란 앞에서 날아오는 돌 가운데 조금만 노력하면 잡거나 피할 수 있는 것이다. 세상에는 운이 좋은 사람도 있고 운이 나쁜 사람도 있다. 군자는 이 사실을 알고 운을 편안하게 여기되 매사에 진심으로 최선을 다한다.

옛날 어떤 사람이 자신의 아들을 데리고 점을 치러 갔다. 점쟁이는 그 아들에게 왕이 될 운을 타고났다 하였다. 그래서 아들은 점쟁이의 말만을 믿고 아무런 노력도 기울이지 않았다. 결국 아들은 왕이 되지 못했을 뿐만 아니라 평생을 비천하게 살았다. 또 옛날 어떤 사람은 몰고 가던 수레의 바퀴가 구렁에 빠지는 일을 당했다. 그는 운수가 나쁜 날이라 툴툴대며 곧 하늘에 빌기 시작했다. "하늘이시여 제발 제 수레를 구렁에서 꺼내주십시오." 그러자 하늘에서 천사가 내려와 그 사람의 뒤통수를 툭 치며 말했다. "적어도 수레는 밀면서 빌어야 수레바퀴가 빠지든 말든 할 것 아니냐." 우스갯소리 같지만 두 이야기에는 큰 시사점이 있다. 잡을 만하거나 피할 만한 돌이라도 그것을 잡거나 피하기 위해서는 개인의 노력과 의지가 필요하다는 것이다.

반면에 명이란 앞에서 날아오는 돌들 가운데 아무리 노력하고 주의를 기울여도 잡거나 피하기 어려운 것들이다. 예컨대 너무 빠르거나 큰 돌은 인간의 힘으로 도저히 잡거나 피할 수 없다. 장자는 일찍이 이러한 돌들을 세 가지로 구분했다.

첫째는 인간이 죽고 사는 일이다. 삶과 죽음은 인간의 소관이 아니다. 삶과 죽음 앞에서 인간이 기울일 수 있는 유일한 노력은 그저 최대한 편안하게 여기는 것뿐이다. 『장자』 「지락(至樂)」편에는 이런 내용이 등장한다. 장자의 아내가 죽자 장자의 친구였던 혜시가 문상을 갔다. 그런데 혜시가 도착해서 보니 장자는 두 다리를 쭉 뻗고 앉아 물동이를 두드리며 노래를 부르고 있었다. 그 광경을 보고 혜시가 말했다.

"그래도 평생을 함께 살며 함께 자식을 길렀고 함께 늙은 부인일세. 그런 부인이 먼저 세상을 떠났는데 슬픔을 못 이겨 곡을 하지는 못할 망정 물동이까지 두드리며 노래를 부르고 있으니 너무 심하지 않은 가?" 그러자 장자가 답했다. "심할 것 없네. 처음에야 나라고 왜 슬프지 않았겠는가. 하지만 아내가 태어나기 이전을 곰곰이 생각해 보니 사실 아내에겐 애초에 삶이란 것이 없었네. 봄이 여름이 되고, 여름이 가을이 되고, 가을이 겨울이 되고, 다시 겨울이 봄이 되듯이 아내는 어느 날 삶이란 변화를 얻어 살게 되었다가 이제는 죽음이란 변화를 얻어 다시 죽게 된 것뿐이네. 내 아내는 이제 하늘과 땅이란 거대한 방 속에 편안하게 잠들었네. 그런데 내가 마냥 엉엉 울기만 하며 통곡을 한다고 생각해 보게. 그것은 편안해진 아내를 편안하게 여기지 못하는 일 아닌가? 나는 이것을 스스로 명에 통달하지 못한 일이라 생각했네. 그래서 나는 곡을 멈추고, 대신 물동이를 두드리며 노래하는 것뿐이네."

장자가 말하는 잡거나 피하기 어려운 돌, **그 둘째는 인간의 몸이 온전하거나 온전하지 못한 일이다.** 세상에는 질병이나 장애를 갖고 태어나는 사람도 있다. 특히 마음의 질병이나 정신의 장애 등은 더욱 다루기 어렵다. 또 장자 당시에는 형벌로 신체가 훼손된 사람이 많았다. 『서경(書經)』 등에 기록된 고대 중국의 대표적인 형벌 다섯 가지만 보더라도 그렇다. 다섯 가지 형벌을 일러 오형(五刑)이라고 하는데, 종류는 다음과 같다.

첫째, 묵형(墨刑)으로 얼굴이나 몸에 지워지지 않는 죄수의 낙인을 찍는 것이다. 둘째, 의형(劓刑)으로 코를 베는 것이다. 셋째, 비형(剕刑)으로 발뒤꿈치를 베는 것이다. 비형을 당한 사람은 대체로 다리를 절게 된다. 넷째, 궁형(宮刑)으로 성기능을 말살시키는 것이다. 궁형을 받은 죄인은 대를 잇지 못하게 되기 때문에, 과거에는 궁형이 사형 다음으로 무거운 형벌이었다. 이 형벌은 역사가 사마천이 받은 것으로도 잘 알려져 있다. 다섯, 대벽(大辟)으로 죄수의 목을 치는 참수형과 죄수를 목매다는 교수형이 있다. 이처럼 장자 당시의 형벌은 거의 신체에 형을 가하는 육형(肉刑)이었다. 세상에는 큰 죄를 짓고도 아예 형벌을 피해 가는 사람이 있는가 하면 작은 죄를 짓고도 심하다 싶을 정도의 형벌을 받는 사람도 있다. 이 역시 누구 탓인지를 규명하기 어렵다.

세 번째로 잡거나 피하기 어려운 돌은 세상에 쓰임을 받거나 혹은 쓰임을 받지 못하는 일이다. 각종 시험만 보더라도 그렇다. 최선을 다했지만 번번이 낙방하는 사람이 있는 반면에 자신도 예상치 못한 좋은 성적으로 합격하는 사람도 있다. 출제자를 탓할 수도 없고 면접관을 탓할 수도 없다. 노력이 부족했던 탓이라며 스스로를 나무라기에도 어렵고 복잡한 부분이 있다. 사업과 승진, 선거와 인연 등도 마찬가지다. 이처럼 잡거나 피하기에 어려운 돌들은 운명은 운명이되 차라리 숙명에 더 가깝다. 그래서 이런 명을 맞닥뜨려서는 그저 온 노력을 기울여 마음을 편하게 가지는 것 외에는 별다른 뾰족한 수가 없다.

운명에 최선을 다하고, 숙명을 받아들이는 지혜

종합하면 '군자는 명을 안다'는 공자의 말에는 이런 뜻이 담겨 있다. 군자는 모든 인간에게 짐처럼 주어진 운명과 숙명이 있음을 아는 사람이다. 그래서 군자는 운명과 숙명을 다 편안하게 여긴다. 또 군자는 무엇이 운명이고 무엇이 숙명인지 구분할 줄 아는 사람이다. 운명을 맞닥뜨려서는 운명에 최선을 다하되, 숙명을 맞닥뜨려서는 숙명을 수용한다. 이처럼 군자란 명을 편안하게 여길 줄 알지만, 결코 세상 모든 일을 명 탓으로만 돌리진 않는 사람이다.

또 공자는 사람이 예를 알지 못하면 설 수 없다고 하였다. 예란 '세상에 나도 주인공 그리고 너도 주인공'의 마음이다. 공자는 「옹야」편에서 이렇게 말했다. **'부인자(夫仁者) 기욕립이립인(己欲立而立人) 기욕달이달인(己欲達而達人)'.** '무릇 어진 사람은 자신이 서고자 할 때 남을 세우고, 자신이 드러나고자 할 때 남을 드러낸다'라는 뜻이다. 세상 모두를 주인공으로 여기는 사람은 혼자만 우뚝 서고 혼자만 환히 드러나고자 하지 않는다. 예를 아는 사람은 내가 서야 남도 설 수 있고, 남이 드러나야 나도 드러날 수 있음을 안다. 그래서 이들은 나와 남을 함께 세우고 또 나와 남을 함께 드러낸다. 예수도 이렇게 말했다. "누구든지 자신을 높이는 사람은 오히려 낮아지고, 자신을 낮추는 사람은 다시 높아질 것이다." 두 성인의 말씀에는 어딘가 닮은 구석이 있다.

마지막으로 공자는 말을 알지 못하면 사람을 알 수 없다고 하였다. 말에는 말하는 사람의 마음이 담겨 있다. 그래서 그 사람의 마음을 알기 위해선 대화를 해봐야 한다. 우리는 종종 '고집불통'이란 표현을 쓴다. 하지만 사실 고집은 나쁜 것이 아니다. 고집이란 잡고 버틴다는 뜻이기 때문이다. 그래서 고집이 있는 사람은 다른 말로 하면 뚝심과 뱃심이 있는 사람이다.

문제는 불통이다. 대화를 해보면 아무리 말을 해도, 또 무슨 말을 해도 통하지 않는 사람이 있다. 그런 사람은 마음에 여유가 부족한 사람이다. 마음이 여유롭지 못한 사람은 다른 사람들의 마음까지도 조급하게 만든다. 그래서 대화에서 가장 중요한 것이 소통이다. 다만 때로는 소통도 일방적일 수 있다. 예컨대 나는 소통한다고 생각하지만, 오히려 상대방 입장에서는 그 소통이 불통만 못할 수도 있다. 그러므로 대화에서는 늘 상통을 지향해야 한다. 상통이란 서로 막힘 없이 통한다는 뜻이다. 공자는 상통이 되는지 안 되는지 그 여부를 알지 못하면, 그 사람의 마음과 인격도 알 수 없다고 하였다.

눈에 보이지 않는 노력이
인정받으려면

숙손무숙훼중니叔孫武叔毁仲尼 자공왈子貢曰.

"무이위야無以爲也. 중니불가훼야仲尼不可毁也.

타인지현자他人之賢者 구릉야丘陵也 유가유야猶可踰也.

중니仲尼 일월야日月也 무득이유언無得而踰焉.

인수욕자절人雖欲自絶 기하상어일월호其何傷於日月乎?

다견기부지량야多見其不知量也."

-「자장子張」편 제24장

숙손무숙이 공자를 헐뜯자 자공이 말했다.

"상관없다. 공자는 헐뜯을 수 없다.

다른 어진 사람들은 구릉이어서 넘을 수 있지만,

공자는 해와 달이어서 넘을 수 없다.

설령 사람들이 스스로 끊으려 해도 해와 달이 무엇이 아쉽겠는가?

다만 자기가 기량이 부족함을 드러낼 뿐이다."

찬란하게 쓰임을 받은 당대 시인들

'천생아재필유용(天生我材必有用)'. '하늘이 나를 세상에 냈으니 어딘가 반드시 쓸모가 있을 것이다'. 이태백의 시 「장진주(將進酒)」에 나오는 말이다. 중국 당나라 때 세 명의 뛰어난 시인이 있었다. 이들은 이른바 당시의 시 마스터였다. 그 첫째가 두보(杜甫)로 문학계에서는 그를 시의 성인, 즉 시성(詩聖)이라고 부른다. 두보의 시에는 유가(儒家)적 색채가 짙게 드러나 있다. 그래서 두보의 시를 읽고 있노라면 마치 유가의 성인 공자와 또 유가의 아성(亞聖) 맹자의 철학이 예술의 경지로 승화된 듯하다. 아성이란 '공자에 버금가는 현인'이라는 뜻이다. 그만큼 두보의 시는 질서정연하고 군더더기가 없다.

둘째는 이백(李白)이다. 자(字)가 태백이기 때문에 이태백으로도 잘 알려져 있다. 이태백은 문학계의 시선(詩仙)이다. 시의 신선이라는 뜻이다. 시선답게 이백의 시에는 도가(道家)적 느낌이 가득하다. 그래서 이백의 시를 감상하고 있노라면 마치 노자나 장자와 대화를 나누는 듯하다. 그만큼 이백의 시는 자유분방하고 얽매임이 없다. 여기에 이백의 사람됨과 또 그의 천재성이 여실하게 드러나는 일화가 있다.

하루는 당나라 현종이 양귀비와 함께 침향정(沈香亭)이라는 별장의 뜰에서 노닐고 있었다. 현종은 당 태종의 '정관의 치'를 이어 '개원의 치'라는 태평성대를 이룩했다. 정관과 개원은 모두 당나라의 연호이며, 치는 좋은 다스림을 의미한다. 예컨대 조선에는 전기에 세종, 후기에 정조라는 불세출의 성군이 있었다. 마찬가지로 당나라에는 정관 시대의 태종과 개원 시대의 현종이라는 두 성군이 있었던 셈이다. 하지만 현종은 말년에 들어 자신의 며느리였던 양귀비와 부적절한 관계를 맺었다. 또 왜곡된 도가 철학에 지나치게 심취하여 정치를 게을리하고 국력을 낭비하는 등 역사에 오점을 남기기도 하였다.

침어(沈魚) 서시, 낙안(落雁) 왕소군, 폐월(蔽月) 초선과 함께 중국 4대 미녀 가운데 한 사람인 양귀비를 당대 사람들은 수화(羞花)라고 불렀다. 침어란 물고기가 헤엄치는 것을 잊고 가라앉을 정도로 아름답다는 뜻이며, 낙안이란 기러기가 날갯짓을 잊고 떨어질 정도로 아름다움을 뜻한다. 또 폐월은 달이 구름 뒤로 몸을 숨길 정도의 아름다움을 의미하며, 수화는 꽃이 부끄러워할 정도로 아름답다는 뜻이다. 이처럼 아름답기 그지없었던 양귀비와 함께 있으면 현종은 밥을 먹지 않아도 배가 불렀으며 저절로 흥이 났다. 그날도 그랬다. 평소 도가 철학에 관심이 많았던 현종은 곧 신하들로 하여금 시선 이백을 불러오게끔 하였다.

신하들이 이백을 데리러 갔을 때 이백은 완전히 술에 취해 고주망태가 되어 있었다. 황제의 명령을 어길 수 없었던 신하들은 이백을 거의 질질 끌다시피 하여 침향정으로 데려왔다. 현종이 말했다. "이보게, 이백. 자네 대낮부터 무슨 술을 그리 거하게 마셨는가? 내 오늘 좋은 자리에 사랑하는 양귀비와 함께 있으니 자네의 시가 사무치게 그립네. 어서 우리를 위해 시 한 수 지어주게나." 하지만 황제의 호령이 떨어졌음에도 불구하고 이백은 정신을 차리지 못했다. 현종이 다시 말했다. "어허, 이 사람 아무래도 안 되겠구먼. 여봐라. 이백이 정신을 차리도록 얼굴에 찬물을 끼얹도록 해라."

신하들이 이백의 얼굴에 물을 끼얹었다. 그러자 이백은 이마를 타고 흐르는 물은 아랑곳없이 선 채로 비틀거리며 붓을 잡아들고는 시를 세 수나 써냈다. 이백의 즉흥시는 훗날 저 유명한 「청평조사삼수(淸平調詞三首)」가 되었다. 그러나 현종은 마지막 세 번째 수, 그 첫대목에서 눈살을 찌푸렸다. '명화경국양상환(名花傾國兩相歡)'이란 표현이 마음에 들지 않았던 것이다. 명화경국양상환이란 '고운 꽃과 경국 미인 둘이 함께 기뻐하네'라는 뜻이다. 우리는 종종 '경국지색(傾國之色)'이라는 표현을 쓴다. 임금이 온통 정신을 빼앗겨 나라가 송두리째 기울어져도 모를 정도의 미인이라는 의미다. 사랑하는 여인이 나라를 기울어뜨린다는데 현종의 기분이 좋았을 리 없다. 하지만 이백의 즉흥시를 듣고 행복해하는 양귀비를 보며 이내 화를 누그러뜨렸다. 대신 이백의 노고를 크게 치하하였다.

당나라를 빛낸 시 마스터, 그 셋째는 왕유(王維)다. 왕유의 시에는 불교적인 색채가 강했다. 실제로 당나라 때는 도가 철학과 더불어 불가 철학이 크게 성행하였다. 현장법사가 혈혈단신 실크로드를 건너서 인도에 다녀온 이후로 중국에서 불교가 선풍적인 인기를 끌었기 때문이다. 현장법사는 소설 『서유기』에 등장하는 삼장법사의 모티프가 되는 인물로도 잘 알려져 있다. 삼장(三藏)이란 경(經), 률(律), 론

(論)을 말한다. 경은 부처의 가르침이고, 률은 부처의 가르침을 실천하는 방법이며, 론은 부처의 가르침을 이론적으로 체계화한 것이다. 그러므로 삼장법사란 경률론의 세 가지 불학에 모두 정통한 사람을 말한다. 실제로 당 태종은 현장법사에게 삼장법사의 호칭을 하사하였다. 이러한 시대적 분위기 속에서 왕유는 불교 철학의 정수들을 자신의 시로 표현하였다. 그래서 왕유는 훗날 시불(詩佛)로 추앙받게 된다. 말 그대로 시의 부처란 뜻이다. 지금도 왕유의 시를 음미하고 있노라면 마치 부처의 자비로움이 피부로 와닿는 듯하다.

아무튼 이백은 하늘이 자신을 세상에 냈으니 자신은 그 쓸모를 다할 것이란 다짐을 실천하고 세상을 떠났다. 역사에 시선이라는 이름을 남긴 것이다. 하지만 모든 사람이 당나라의 3대 거장이었던 두보와 이백, 왕유처럼 찬란한 쓰임을 받는 것은 아니다. 어떤 사람은 잔잔하게 쓰임을 받기도 하고, 또 어떤 사람은 전혀 드러나지 않게 쓰임을 받기도 한다. 그리고 대체로 세상은 찬란한 쓰임만을 쓰임이라 여기고, 그렇지 못한 쓰임은 쓸모가 없다고 여긴다.

쓸모 있음의 해로움, 쓸모없음의 쓰임

『장자』에는 장석(匠石)이라는 인물이 등장한다. 하루는 장석과 장석의 제자가 길을 걷다가 참나무 한 그루를 지나치게 되었다. 그 참나무는 말도 못 하게 커서 수천 마리나 되는 소에게 그늘을 제공할 만하였고, 높이는 웬만한 산을 내려다볼 정도였다. 그 참나무에는 한 가지만 꺾더라도 배 한 척은 족히 만들고도 남을 만한 나뭇가지가 수십여 개나 매달려 있었다. 그리고 그 앞에는 거대한 참나무를 구경하러 온 사람들이 마치 시장 거리처럼 북적이고 있었다. 하지만 장석은 그 참나무에 눈길조차 주지 않은 채 가던 길을 재촉했다. 그러자 곁에 있던 장석의 제자가 물었다. "선생님, 제가 도끼를 들고 선생님을 따라다닌 지 이미 오래되었으나 여태껏 저렇게 훌륭한 나무를 본 적이 없습니다. 근데 선생님께서는 거들떠도 보시지를 않으니 무슨 까닭입니까?"

장석이 답했다. "저 나무는 아무짝에도 쓸모가 없는 나무다. 저 나무로 배를 만들면 가라앉아버리고, 관을 짜면 금방 썩어버린다. 또 그릇을 만들면 금세 깨지고, 문짝을 만들면 며칠 안에 나무 진이 줄줄 흘러내리며, 기둥을 만들면 곧 좀이 슬게 된다. 저 나무는 애초에 재목이 될 만한 나무가 못 된다. 쓸만한 데가 없어서 저렇게 오래 살며 커질 수 있었던 게지." 아이러니하게도 『장자』에 등장하는 참나무는 아무짝에도 쓸모가 없었기 때문에 그토록 크게 자라날 수 있었다. 그러다 보니 그 나무는 수천 마리나 되는 소에게 그늘을 제공할 수 있는 쓸모가 생겼다. 일찍이 장자는 이런 쓸모를 일러 '무용지용(無用之用)' 혹은 '무용대용(無用大用)'이라고 하였다. 무용지용이란 '쓸모없음의 쓸모 있음'이란 뜻이며, 무용대용이란 '쓸모없음의 큰 쓰임'이라는 뜻이다.

『장자』에는 무척 쓸모가 많았던 나무들의 이야기도 나온다. 송나라에는 형씨(荊氏)라는 지방이 있었다. 그 지방에서는 개오동나무와 잣나무, 뽕나무가 잘 자랐다. 이 나무들 중에서 크기가 자그마한 것들은 가축을 매어놓을 말뚝이 필요한 사람들이 잘라 갔다. 또 그보다 조금 큰 것들은 집을 지을 때 대들보가 필요한 사람들이 잘라 갔다. 그리고 그보다 더 큰 것들은 귀족들이 관을 만드는 데 쓰려고 잘라 갔다. 이 나무들은 모두 제명에 죽지 못하고 도끼에 찍혀 일찍 생을 마감했다. 장자는 이를 일러 '유용지해(有用之害)'라고 하였다. '쓸모 있음의 해로움'이라는 뜻이다.

마지막으로 『장자』에는 초광접여(楚狂接輿)라는 인물의 노래가 등장한다. 초광접여는 『논어』 「미자(微子)」 편에도 등장하는 인물로 일부러 미치광이 노릇을 하며 은둔했던 현자로 알려져 있다. 『장자』에 수록된 초광접여의 노래에는 이런 내용이 담겨 있다. "저 산의 나무들은 열심히 자라 스스로 베이게 되고, 기름불은 빛 때문에 스스로를 살라버린다. 계수나무의 두꺼운 껍질은 먹을 수 있기 때문에 사람들에게 잘리고, 옻나무는 옻칠에 쓸모가 있기 때문에 무참히 껍질이 벗겨진다. 사람들은 모두 쓸모 있는 것의 쓸모는 알지만, 쓸모없는 것의 쓰임은 아무도 알지 못한다." 초광접여에 따르면 세상 사람은 모두 유용지용, 즉 '쓸모 있음의 쓰임'은 잘 알고 있다. 하지만 유용지해, 즉 '쓸모 있음의 해로움'과 무용지용, '쓸모없음의 쓰임'은 거의 알지 못한다.

음덕이 양덕으로 세상에 나아가는 과정

하루는 숙손무숙이라는 사람이 공자를 공개적으로 헐뜯었다. 이 소식이 공자의 제자인 자공의 귀에까지 들어갔다. 만일 숙손무숙이 공자를 헐뜯는 자리에 자공도 있었다면 그는 결코 가만히 있지 않았을 것이다. 평소 말재주가 뛰어났던 자공이다. 자공은 그 즉시 숙손무숙과 한바탕 열띤 논쟁을 벌였을 것이다. 그리고 실추된 스승의 명예를 다시 세워주었을 가능성이 높다.

그러나 만약 그랬다면 『논어』에 실릴 자공의 이름은 하나 줄게 되었을 것이다. 인생을 살다 보면 말이 됐든 행동이 됐든 '왜 그때 그 자리에서 바로 세차게 되갚아주질 못했나' 싶은 아쉬움이 들기도 한다. '감히 우리 스승을 욕해? 만일 내가 그 자리에 있었더라면 당장에 숙손무숙의 코를 납작하게 해주었을 텐데.' 아마 자공도 비슷한 생각을 했을지 모른다. 어쨌든 만일 그랬다면, 역사는 그저 자공과 숙손무숙 사이에 작은 논쟁이 있었던 사실만을 기억했거나 어쩌면 그마저도 기억하지 않았을지 모른다. 결코 『논어』에 이처럼 점잖으면서도 멋들어진 자공의 한마디가 실리지는 못했을 것이다.

자공은 우리 스승은 헐뜯을 수 없는 사람이라고 하였다. 헐뜯을 수 없는 사람이란 '헐뜯어도 소용이 없는 사람'이라는 뜻이다. 그러면서 자공은 세상의 난다 긴다 하는 사람 모두를 구릉에, 그리고 자신의 스승인 공자를 해와 달에 비유했다. 제자로서 스승에 대하여 표할 수 있는 최고의 프라이드(pride)다. 일찍이 조선의 서예가 양사언은 이렇게 말했다. "태산이 높다 하되 하늘 아래 뫼이로다." 구릉이 제아무리 높다 한들 구릉은 넘볼 수 있다. 그러나 해와 달은 결코 넘볼 수 없다. 그리고 이어지는 자공의 말이 압권이다.

"사람들이 아무리 스스로 끊고자 하더라도 해와 달은 끊을 수 없다."

우리 속담에 '꿩 저만 춥지'라 하였다. 어떤 사람이 꿩을 잡아 왔다. 그는 꿩을 삶아 먹기 위해 꿩의 털을 모두 뽑았다. 그런데 잠시 한눈을 파는 사이 그 꿩이 도망가 버렸다. 그러자 그가 나직이 내뱉었다. "꿩 저만 춥지." 자공에 따르면 해와 달을 끊으려고 하는 사람은 마치 이 꿩과 같다. 설령 해와 달을 피해 땅굴을 파고 숨어 들어간들 해와 달에겐 아무런 피해도 줄 수 없다. 그렇게 평생을 땅굴 속에 파묻혀 살더라도 해와 달은 아쉬울 게 하나도 없다. 마지막으로 자공은 해와 달을 끊으려는 사람은 결국 자신이 얼마나 어리석은지를 만천하에 드러낼 뿐이라고 말한다. 스승을 욕한 숙손무숙의 어리석음을 완곡하게 타이른 셈이다.

세상에 해와 달 같은 존재는 또 있다. 바로 물이다. 해와 달, 그리고 물의 공통점은 세상의 모든 생명을 위해 쉬지 않고 일하며 만물을 길러준다는 것이다. 그래서 일찍이 노자는 '상선약수(上善若水)'라 하였다. '최상의 착함은 물과 같다'란 뜻이다. 세상에 숙손무숙 같은 사람은 의외로 많다. 개울이나 시내에 침을 뱉는 사람도 있고, 강물에 오줌을 누는 사람도 있다. 그뿐인가. 지구의 70% 이상을 차지한다는 바다에 온갖 것을 다 갖다가 내버린다. 그럼에도 물은 끊임없이 낮은 곳을 찾아 흘러가며 세상의 더러움을 말없이 씻겨준다. 또 물은 어느 그릇에 담기든 자신을 굽힌다. 그래서 자신을 담고자 하는 그릇의 모양과 특성을 지켜 준다. 이처럼 물은 해와 달과 마찬가지로 고귀하고 순수하며 또 소중하다.

그러나 물이 필수적임을 잘 아는 사람들마저도 선뜻 물과 같아지기를, 또 물의 역할을 자신이 먼저 감당하기를 바라지는 않는 것 같다. 세상에는 두 가지 덕(德)이 있다. 하나는 양덕(陽德)이고, 다른 하나는 음덕(陰德)이다. 양덕은 온 세상에 명백히 드러나거나 잘 알려진 덕을 의미한다. 예컨대 높이 떠 있는 해와 달의 덕은 양덕이다. 반면에 음덕은 세상에 잘 드러나지 않고 그래서 남들이 알기에 쉽지 않은 덕이다. 그러므로 지하에까지 스며드는 물의 덕은 대표적인 음덕이다.

자공은 공자를 해와 달에 비유했다. 하지만 실상 공자는 물과 같은 덕을 지향했던 인물이다. 예수와 공자의 공통점은 덕을 베풀 때 오른손이 하는 일을 왼손이 알지 못하도록 했다는 것이다. 그랬기에 예수, 공자의 제자들과 후대의 사람들은 예수와 공자의 위대함을 세상에 널리, 또 힘써 전파하였다. 이것이 바로 내가 감춘 음덕이 다른 사람들과 세상에 의해 양덕으로 나아가는 과정이다. 양덕만을 쌓으려는 사람은 이미 자신이 쌓은 덕을 자신이 드러냈기 때문에 세상으로부터는 아무런 칭찬도 받지 못한다. **하지만 꾸준하고 묵묵하게 음덕에 집중하는 사람은 스스로 드러냄이 없기 때문에 언젠가는 자연스레 남들과**

세상으로부터 칭찬을 받게 된다.

최근에는 온 세상이 양덕에만 집중한 나머지 음덕은 갈 곳을 잃었다. 마치 모두가 포스트 두보와 이백, 왕유를 꿈꾸는 듯하다. 또 장자에 따르면 모두가 보이고 드러난 것들의 쓸모만을 아는 듯하다. 보이고 드러난 것들의 해로움과 보이고 드러나지 않은 것들의 쓸모는 모르는 것 같다.

음과 양은 늘 공존하며 상생하는 것이다. 음이 없으면 양도 있을 수 없고, 양이 없으면 음도 있을 수 없다. 아무리 시대가 변해도 변하지 않는 것이 있다. 우리는 그것을 가리켜 진리라고 한다. **위대한 양덕으로 나아가는 가장 빠른 길은 어디까지나 음덕을 쌓음에 매진하는 일뿐이다.** 사실 세상에는 공짜도 없고 지름길도 없다. 보이지 않으면 못난 사람 대접을 받고, 드러내지 못하면 어리석은 사람 취급을 받는 그런 세상을 살아가고 있다. 그럼에도 정녕 잘나고 지혜로운 사람은 음덕에 최선을 다한다.

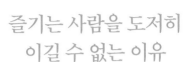

즐기는 사람을 도저히
이길 수 없는 이유

자왈子曰.

"지자불혹知者不惑

인자불우仁者不憂

용자불구勇者不懼."

- 「자한子罕」편 제28장

공자께서 말씀하셨다.

"지혜로운 사람은 혹하지 않고

인자로운 사람은 근심하지 않으며

용감한 사람은 두려워하지 않는다."

스스로의 믿음으로 흔들리지 않는 사람

우리 형과 누나는 국민학교에 다녔다. 나는 초등학교에 다녔다.

1996년에 국민학교가 초등학교로 이름을 바꿨다. 내가 네 살 때였다. 국민학교가 초등학교로 바뀐 까닭에는 여러 가지가 있지만, 가장 주요한 건 국민학교라는 이름이 일제의 잔재이기 때문이다. 국민학교는 원래 황국신민학교의 준말이고, 황국신민이란 '천황 나라의 신하 된 백성'이라는 뜻이다. 이 말은 어디까지나 우리가 일본에 지배를 당할 적에나 성립될 수 있는 것이다. 국민이란 말 그대로 '나라의 백성'일 따름이다.

초등학교 다닐 적에 가장 기억에 남는 과목이 있다. '슬기로운 생활'과 '즐거운 생활', '바른 생활'이다. 이 역시 '지덕체(智德體)'를 강조했던 근대 일본 교육의 영향을 받은 것으로 보인다. 사실 지덕체란 훌륭한 교육 철학이다. 지덕체 교육론에 따르면 슬기로운 생활은 지(智)의 영역이다. 또 즐거운 생활은 덕(德)과 깊은 관련이 있다. 마지막으로 바른 생활은 체(體)를 반영한 것이다. 그래서 슬기로운 생활과 즐거운 생활, 바른 생활을 다른 말로 하면 지혜로운 생활과 덕스러운 생활 그리고 근본 있는 생활이다. 인간의 근본은 몸과 마음인데, 체란 몸과 마음을 의미하기 때문이다.

그렇다면 지혜로움과 덕스러움, 그리고 근본 있음이란 정확하게 무엇을 뜻할까. 공자는 지혜로운 사람은 혹하지 않는다고 하였다. 동양 철학에서 '지혜 지(智)' 자는 '알 지(知)' 자와 같은 의미다. 지(知) 자는 화살[矢]과 입[口]이 결합한 글자다. 그래서 어떤 사람은 마치 화살을 쏘듯이 입에서 말을 잘 쏟아내는 사람이 지혜로운 사람이라고 이야기한다.

　노자 『도덕경(道德經)』에는 이런 표현이 등장한다. **'지자불언(知者 不言) 언자부지(言者不知)'.** '아는 사람은 말하지 않고, 말하는 사람은 알지 못한다'는 뜻이다. 이런 대목도 있다. **'지부지(知不知) 상(上) 부 지지(不知知) 병(病)'.** '아는 사람은 잘 모르겠다 말하는데 이는 최상 의 덕이며, 잘 모르는 사람은 오히려 안다고 말하는데 이는 병이다' 란 뜻이다. 노자에 따르면 지혜로운 사람은 말을 거침없이 쏟아내는 사람이 아니다. 오히려 말을 아끼고 또 멈출 줄 아는 사람이다.

　대체로 사람들은 다른 사람의 말을 듣기보다는 내 말 하기를 즐긴 다. 말이 유창한 사람이나 그렇지 못한 사람이나, 듣기보다 말하기를 좋아하는 것은 매한가지다. 하지만 정말 지혜로운 사람은 내 말을 하 기보다는 다른 사람의 말을 듣는 데 더 중점을 둔다. 오늘 하루만 보 더라도 여러 사람의 온갖 말이 마치 화살처럼 내 귀에 날아와 꽂힌 다. 그래서 정말 지혜로운 사람은 그렇게 아무렇게나 날아와 꽂힌 말 들로 지저분해진 내 마음을 청소하는 데 집중한다.

　실제로 '지혜'에서 '혜(慧)' 자는 빗자루[彗]와 마음[心]이 결합된 글자다. 결국 지혜로운 사람이란 화살처럼 귀에 날아와 꽂힌 뭇사람 들의 말을 빗자루로 먼지를 쓸 듯 잘 쓸어낼 수 있는 사람이다. 또 세 상에 난무하는 말들 때문에 쌓인 내 마음의 먼지도 먼지떨이로 먼지 를 털 듯 잘 털어낼 수 있는 사람이다. 이 과정이 가능하려면 우선 혹 하지 말아야 한다. 혹하지 않음이란 의심하지 않음을 뜻한다. 대체로 자기 자신을 믿지 못하는 사람은 남들과 세상도 믿지 못한다. 반면에 자기 자신을 믿는 사람은 남들과 세상도 의심하지 않는다. 혹하지 않음이란 절대 무조건 믿지 말고, 또 일단 의심하고 보라는 의미가 아니다. 정말로 혹하지 않는 사람은 화살처럼 쏟아져 들어오는 뭇사람의 말 가운데서도 스스로와 스스로가 믿는 바에 대하여 흔들리지 않는 사람이다. 우리는 이런 사람을 일러 '슬기롭다'고 이야기한다.

즐거운 인생을 위해 공자가 끊은 네 가지

공자는 인자로운 사람은 근심하지 않는다고 하였다. 인(仁)이란 '나 혼자 사는 세상이 아님을 단 한순간도 잊어버리지 않는 것'이라고 하였다. 슬기로운 사람은 자신을 믿고 세상을 믿기 때문에 크게 근심할 일이 없다. 그러나 슬기롭지 못한 사람은 자신을 믿지 못하고 또 세상도 믿지 못하기 때문에 모든 일이 근심거리다. 전국시대의 사상가 열자가 쓴 『열자(列子)』에는 하늘이 무너질까 근심하였다는 기(杞)나라 사람의 이야기가 수록되어 있다. 이는 '기인우천(杞人憂天)'의 유래가 되는 내용이며, 흔히 기인우천을 줄여 '기우(杞憂)'라고 한다.

현대사회는 여러 가지 기우로 가득 차 있다. 정보 과잉은 쓸데없는 걱정을 낳고, 걱정은 근심을 낳으며, 다시 근심은 짜증과 스트레스를 낳는다. 물론 스트레스가 무작정 나쁜 것만은 아니다. 스트레스에도 건강한 스트레스와 건강하지 못한 스트레스가 있다. 유익한 스트레스를 유스트레스(eustress)라 하고, 무익한 스트레스를 디스트레스(distress)라 한다. 예컨대 도전과 몰입, 집중 등은 유스트레스로 연결되지만 걱정과 근심, 짜증 등은 디스트레스를 유발한다. 걱정과 근심, 짜증이 무익한 까닭은 이것만으로는 우리의 삶에 아무런 변화도 일어나지 않기 때문이다. 인자로운 사람은 이 사실을 안다. 그래서 걱정하지 않고 근심하지 않으며 짜증 내지 않는다.

일찍이 공자는 네 가지를 끊었다고 하였다. 역시 「자한」편에 등장하는 내용이다. **공자가 끊은 네 가지는 무의(毋意), 무필(毋必), 무고(毋固), 무아(毋我)다. 무의란 '사사로운 의견이 없음'을 뜻하고, 무필이란 '반드시 해야 함이 없음'을 뜻한다. 무고란 '지나치게 고집함이 없음'을 뜻하고, 무아란 '내가 아니면 안 됨이 없음'을 뜻한다.** 나 혼자 살지 않는 세상에서 나를 믿고 다른 사람을 믿는다는 것은 곧 내가 아니면 안 된다는 생각이 없음을 의미한다. 우리는 이런 사람을 일러 인자롭다고 이야기한다. 인자로운 사람의 가장 큰 특징은 이 세상을 항상 즐겁게 살아간다는 것이다.

마지막으로 공자는 용기 있는 사람은 두려워하지 않는다고 하였다. 지덕체에서 지와 덕이 슬기로운 사람과 즐거운 사람의 특성이라면, 체는 용감한 사람의 조건이다. 두려움의 다른 말은 불안이다. 불안이란 말 그대로 '몸과 마음이 편안하지 못하다'는 뜻이다. 불안의 반대말은 안심이다. 안심이란 '몸과 마음이 모두 편안하다'는 뜻이다. 건강한 몸에 건강한 마음이 깃들고, 건강한 마음이 건강한 몸을 만듦은 이미 잘 알려진 사실이다. 이는 편안함에 있어서도 마찬가지다. 편안한 몸에 편안한 마음이 생기고, 편안한 마음이 편안한 몸을 만든다. 용기 있는 사람은 위험을 무릅쓰고 돌진하는 사람이 아니다. 그것은 용기가 아니라 만용이다. 정말로 용기 있는 사람은 위험한 상황 가운데서도 몸과 마음의 편안함을 유지할 수 있는 사람이다. 우리는 이런 사람을 일러 근본이 있다고 이야기한다. 결국 용감하고 근본 있는 사람이란 몸과 마음의 뿌리가 튼튼한 사람이다.

즐거운 사람은 이미 슬기롭고 바르다

공자는 「헌문」편에서 이렇게 말했다. '**유덕자필유언**(有德者必有言) **유언자불필유덕**(有言者不必有德) **인자필유용**(仁者必有勇) **용자불필유인** (勇者不必有仁)'. '덕이 있는 자도 반드시 말은 하지만, 말하는 사람이 반드시 덕도 있는 것은 아니다. 인자로운 사람은 반드시 용기가 있지만, 용기 있는 사람이 반드시 인자로운 것은 아니다'라는 뜻이다. 즐거운 사람은 반드시 슬기롭다. 하지만 슬기로운 사람이라고 하여서 반드시 즐거운 것은 아니다. 또 즐거운 사람은 반드시 근본이 있다. 하지만 근본 있는 사람이라고 하여서 반드시 즐거운 것은 아니다.

사실 지덕체 교육 방법론은 『논어』의 지인용(知仁勇) 정신에 그 뿌리를 두고 있다. 한국과 중국, 그리고 일본은 모두 공자 철학의 영향을 받은 유교 문화권에 속하기 때문에 교육 과정이 비슷할 수밖에 없다. 나아가 우리는 완전한 사람, 즉 전인(全人) 교육을 지향한다고 말한다. 지덕체와 지인용은 모두 전인을 목표로 한다.

물론 세상에 완벽한 사람이란 있을 수 없다. 그러나 누구나 완전한 사람으로 거듭나고자 노력할 순 있다. 완전한 사람이란 별게 아니다. 혹하지 않고, 근심하지 않으며, 두려워하지 않는 사람이 곧 완전한 사람이다. 혹하지 않는 사람은 지혜롭고 슬기로운 사람이며, 근심하지 않는 사람은 덕스럽고 인자로운 사람이다. 그리고 두려워하지 않는 사람은 용감하고 근본 있는 사람이다. 「헌문」편에 따르면 전인의 핵심은 즐거움에 있다. 물론 슬기로운 생활과 바른 생활, 즐거운 생활은 모두 중요하다. 다만 그 가운데서도 가장 중심이 되는 것은 즐거운 생활이다. 우리는 삶의 목적이 행복에 있다고 말한다. 행복하다는 것은 곧 즐겁다는 뜻이다. 그래서 늘 즐거운 사람은 이미 슬기롭고, 늘 즐거운 사람은 이미 바르다.

제 2 부

너

벗은 그 사람의 미래다

공자왈 孔子曰.

"익자삼우 益者三友 손자삼우 損者三友.

우직 友直 우량 友諒 우다문 友多聞 익의 益矣,

우편벽 友便辟 우선유 友善柔 우편녕 友便佞 손의 損矣."

　　　　　　　　　　　　　　　－「계씨 季氏」편 제4장

공자께서 말씀하셨다.

"유익함에도 세 종류의 벗이 있고 해로움에도 세 종류의 벗이 있다.

정직한 사람과 성실한 사람과 견문이 넓은 사람을 벗 삼으면 유익하고,

편벽된 사람과 잘 굽히는 사람과 말 잘하는 사람을 벗 삼으면 해롭다."

환경과 인간의 상호작용

근래 자주 들리는 말이 있다. '끼리끼리는 과학이다'가 그것이다.

예전에는 '유유상종' 혹은 '끼리끼리 논다'고 하였다. 이에 비해 요즘

표현들은 창의적이다. 사람이 끼리끼리 어울리게 되는 것은 논리적으로도 지당하다. 이것을 강조하는 표현이 '끼리끼리는 과학이다'인 셈이다.

현대사회학에서는 점차 인간과 환경을 함께 보고자 노력한다. 맹자의 경우를 예로 들어보자. 맹자의 어머니가 맹자를 데리고 이사를 갔다. 그곳은 공동묘지 근처였다. 어린 맹자는 자연스레 장례 행렬과 곡소리에 익숙해졌다. 하루는 맹자가 관을 짊어진 짐꾼 자세를 취하고 곡소리를 흉내 냈다. 맹자의 어머니는 이곳이 자식 기를 데가 못 된다고 여겼다. 다음엔 시장 근처로 이사를 갔다. 그러자 어린 맹자는 허리춤에 전대 같은 것을 만들어 차고 흥정하는 흉내를 냈다. 맹자의 어머니는 이곳도 자식을 키울 데가 아니라고 생각했다. 맹자의 어머니가 마지막으로 이사한 곳은 서당 근처였다. 지금으로 치면 학교 옆으로 이사 간 것이다. 맹자는 그날부터 글 읽는 흉내를 냈다. 그리고 훗날 공자의 뒤를 이어 아성이라 불리는 대학자가 되었다. 이는 저 유명한 '맹모삼천지교(孟母三遷之敎)'에 담긴 고사다.

맹모삼천지교란 '맹자의 어머니가 세 번 이사함에 담긴 교훈'이라는 의미다. 맹모삼천지교가 주는 가장 큰 시사점은 인간 행동에 사회 환경이 무척 중요하다는 것이다. 하지만 주위 환경이 꼭 절대적이지만은 않다. 예컨대 좋은 학군에 산다고 해서 모두 좋은 대학에 들어가는 것은 아니다. 주어진 환경에 잘 적응할 수 있는 인간의 노력과 의지도 필요하다. 그래서 요즘 추세는 환경과 인간을 동시에 보자는 것이다. 환경과 인간을 동시에 본다는 것은 환경과 인간의 상호 작용에 주목하겠다는 말이다. 그 상호 작용을 다른 말로는 '환경 속의 인간'이라고 한다.

가정 환경이 중요한 이유

우리는 대개 환경이라고 하면 물리적인 장소를 떠올리기 쉽다. 예컨대 '쟤는 환경이 별로야'라는 말을 들었다고 생각해 보자. 허름한 집이나 빈곤한 생활 등이 먼저 떠오른다. 그러나 환경이란 물리적인 장소만을 의미하지 않는다. 환경의 의미를 물리적인 장소로만 국한하자면, 나는 꽤 괜찮은 환경에서 자랐다. 아버지는 중앙부처의 공직자였고 어머니는 명동에서 내로라하는 사업가였다. 물론 IMF 사태를 맞아 어머니가 벌였던 사업이 빚더미에 오르긴 했다. 하지만 돌이켜 생각해 보면 어려운 상황 속에서도 갖고 싶은 물건을 갖지 못한 적은 없었던 것 같다. 그럼에도 나는 학창 시절 내내 문제아라고 손가락질받았다. 학교를 졸업한 뒤에는 알코올 중독자가 되었다. 동양철학을 공부하며 내 문제는 과연 무엇이었을까 곰곰이 생각해 보았다. 모두가 그만하면 훌륭하다는 환경 속에서 나는 왜 방황할 수밖에 없었던가. 때로는 나 스스로가 그만큼 많이 모자란 사람이었구나, 싶은 생각이 들어 우울감에 사로잡히기도 하였다.

내게는 위로 아홉 살 많은 형과 일곱 살 많은 누나가 있다. 내 기억

속의 형은 교복을 입은 채 오토바이로 나를 유치원까지 데려다주었다. 어머니와 아버지가 맞벌이를 했기 때문에, 낮에 우리 집은 거의 비어 있었다. 그래서 누나는 자주 친구들을 집에 데려왔다. 누나의 친구들은 무척 짧은 교복 치마를 입고 진한 화장을 하고 있었다. 언젠가부터 내게는 무릎 아래까지 내려오는 긴 교복 치마를 입고 맨얼굴로 다니는 여중생, 여고생들이 이상하게 느껴졌다.

『장자』「덕충부」편에는 인기지리무순(闉跂支離無脤)이라는 사람이 등장한다. 인기지리무순은 장자가 만들어낸 가상의 인물이다. 인기란 다리가 굽었다는 뜻이다. 지리는 곱추를 말하며 무순은 언청이를 일컫는다. 인기지리무순은 그 이름처럼 다리를 절고, 등이 굽었으며, 언청이였다. 하루는 인기지리무순이 위나라 영공과 대화를 나눴다. 위나라 영공은 인기지리무순이 무척 마음에 들었다. 그러자 곱추에 절름발이인 인기지리무순의 목이 길고 가늘게 느껴졌다. 하루는 제나라 환공이 옹앙대영(甕盎大癭)과 대화를 나눴다. 옹앙대영 역시 『장자』에 등장하는 가상의 인물이다. 옹앙과 대영은 둘 다 등에 항아리처럼 큰 혹이 달렸다는 뜻이다. 제나라 환공도 옹앙대영이 무척 마음에 들었다. 그러자 등에 큰 혹이 달려 제대로 고개도 들지 못하는 옹앙대영의 목이 길고 가늘게 느껴졌다.

어린 내게 나이가 많은 형과 누나는 늘 자랑거리였다. 위나라 영공이 인기지리무순을, 제나라 환공이 옹앙대영을 좋아했듯 나는 형과 누나를 무척 좋아했다. 나는 줄곧 어른이 될 때까지도 형, 누나를 열심히 따라 했다. 반면에 형, 누나에게 나는 늘 조금은 귀찮은 존재였다. 같이 숙제를 하자며, 만화영화를 보자며, 놀이터에 가서 공놀이를 하자며 달려드는 막둥이가 마냥 달갑지만은 않았을 것이다. 형, 누나는 내게 '이것도 못 하느냐', '애가 왜 이렇게 멍청하냐', '나는 네 나이 때 그러지 않았다', '우리 삼 남매 중에 네가 제일 못하다'는 말을 입버릇처럼 했다. 그래서 나는 박사 공부를 시작하기 전까지도 내가 보통 사람에 비해 지능적으로 떨어지는 줄 알았다.

인간에게 가장 기본적인 환경은 다름 아닌 가정이다. 맹자의 어린 시절을 한번 보자. 맹자는 어린 시절에 환경이 나빴던 적이 단 한 번도 없다. 맹자에게 가장 가까운 환경은 공동묘지도, 시장도, 또 학교도 아닌 그의 어머니였다. 맹자의 어머니는 인간적으로 뛰어난 사람이었다. 맹자의 어머니에게는 좋은 환경이 되고자 하는 의지가 있었고, 좋은 환경과 그렇지 못한 환경을 분별하고자 하는 노력이 있었다. **인류 역사상 모든 위인에게는 공통점이 있다. 그것은 훌륭한 어머니 또는 훌륭한 배우자가 있었다는 사실이다.** 맹자도 마찬가지다. '환경 속의 인간'의 관점에서 보았을 때, 맹자가 아성으로 거듭날 수 있었던 것은 맹자 자신이 독보적으로 뛰어났기 때문이 아니다. 맹자에게는 어머니라는 좋은 환경이 있었다. 그리고 맹자의 어머니는 노력하고자 하는 의지를 가진 훌륭한 인간이었다. 맹자의 어머니라는 한 인간과, 다시 어머니라는 제일 가까운 환경의 상호 작용으로 맹자는 역사에 이름을 남겼다.

내 인생을 살리는 진실된 우정

공자는 유익한 세 종류의 벗과 해로운 세 종류의 벗을 소개했다.

유익한 첫 번째 벗은 정직한 사람이다. 정직함은 솔직함을 의미한다. 솔직함이란 자신의 마음을 있는 그대로 받아들이는 것이다. 예컨대 한 의사가 환자를 진찰했다고 생각해 보자. 의사는 그 환자가 죽을병에 걸렸다는 사실을 알게 되었다. 환자의 병은 어떻게 손을 써볼 수도 없을 정도였다. 그런데 두려움에 떨고 있는 환자를 보니 의사는 문득 측은한 마음이 들었다. 그래서 환자에게 '별일 아니니 걱정 말라'고 조언했다. 환자가 어떻게 되었는지는 알 수 없다. 곧 죽었을 수도 있지만, 희망과 안도의 힘을 입어 기적적으로 치유되었을지도 모른다.

의사는 분명히 거짓을 말했다. 하지만 만일 의사의 거짓말로 환자가 낫게 되었다면, 우리는 이 의사를 마냥 정직하지 못한 사람이라고 말할 수 있을까? 예를 하나 더 들어보자. 한 대학생이 민주화 운동에 앞장서다 경찰에 체포됐다. 그리고 경찰은 동지들의 근거지를 실토하라며 그를 고문했다. 그 대학생은 동지들이 어디에 흩어져 있는지 낱낱이 알고 있었다. 그러나 그의 마음은 입을 열어서는 안 된다고 아우성쳤다. 그 대학생은 고문을 견디며 끝끝내 동지들의 위치를 발설하지 않았다. 우리는 이 대학생을 거짓말쟁이라고 말할 수 있을까?

일찍이 순자는 다음과 같이 말했다. '**심자**(心者) **형지군야**(形之君也)'. '마음은 육체의 주인'이라는 뜻이다. 정직하게 살겠다며 매사

사실에 대한 증명만을 고집하는 사람은 주인에게 정직한 사람이 아니라 하인에게 정직한 사람이다. 기왕 정직할 거라면 하인보다는 주인에게 정직한 것이 좋다. 그래서 공자는 자신의 마음에 솔직한 사람을 벗 삼으면 유익하다고 하였다. 그리고 정직한 이를 벗 삼기 위해선 먼저 나 스스로가 그릇된 주인이 아닌, 올바른 주인을 섬겨야 한다. 그 주인, 즉 올바른 마음에게 솔직할 때 내 주변은 비로소 정직한 사람들로 가득 차게 된다.

둘째로 공자는 성실한 이를 벗 삼으면 유익하다고 말했다. 성실하다는 것은 다른 말로 정성스럽다는 뜻이다. 매사 '그까짓 거 뭐 대충'이 몸에 밴 사람들이 있다. 이런 사람을 벗 삼으면 내 인생 역시 '그까짓 거 뭐 대충'이 되어버린다. 삶의 마지막 순간에 대충 살았다는 느낌을 받고 싶은 사람은 없을 것이다. 성실(誠實)이란 말 그대로 정성스러움으로 열매를 맺는단 뜻이다. 카톡 메시지 하나에도 정성을 담을 줄 아는 사람이 있다. 그런 사람을 벗 삼으면 그 사람과의 관계에서는 반드시 좋은 열매가 열린다.

셋째로 공자는 견문이 넓은 사람을 벗 삼으면 유익하다고 말했다. 견문이 넓다는 것은 단순히 지식이 많음을 의미하는 게 아니다. 견문을 넓히는 일의 가장 큰 목적은 내 마음을 여는 데 있다. 마음이 열린 사람은 다른 사람의 마음을 있는 그대로 받아들인다. 설령 내 마음과 다르더라도 상대방의 마음을 왜곡하지 않는다. 인간이 모두 다르듯 마음은 모두 다르다. 그리고 마음이 열린 사람은 그 사실을 안다. 그

래서 견문이 넓은 사람과 벗하면 설령 당장은 아니더라도 언젠가는
나의 마음을 인정받을 수 있다.

내 인생을 망치는 거짓된 우정

유익한 벗이 없는 것보다 더 절망적인 일은 해로운 벗이 많은 것
이다.

첫째로 공자는 편벽된 사람과 벗하지 말라고 충고했다. 편벽이란 편견
과 선입관을 말한다. 한 신부님은 편견의 기능을 이렇게 말했다. "편
견이란 내가 남에게 다가가지 못하게 하는 것입니다." 편견에게는
단짝이 있으니 그게 바로 오만이다. 편견이 내가 남에게 다가가지 못
하게 만드는 것이라면, 오만은 남이 나에게 다가오지 못하게 만드는
것이다. 오만한 사람은 대개 편견에 가득 차 있고, 편견에 사로잡힌
사람은 대개 오만하다. 공자가 편벽한 사람과 벗하지 말라고 조언한
이유는 편견과 선입관, 오만 등은 전염되기 때문이다. 그래서 벗의
편벽은 나에게 전이되기 쉽다. 모든 인간은 양어깨에 오만과 편견이
라는 짐을 지고 살아간다. 가벼운 짐을 진 사람이 무거운 짐을 진 사
람보다 살아가기에 수월한 것은 세상의 당연한 이치다. 그리고 내 짐
을 지기에도 버거운 상황에 남의 짐까지 짊어지겠다고 나서는 사람
은 어리석은 사람이다.

둘째로 공자는 굽히기를 좋아하는 사람과 벗하지 말라고 조언했다. 최

근 '강약약강'이라는 표현이 유행이다. '강한 자 앞에서 약하고, 약한 자 앞에서 강하다'란 뜻이다. 하지만 공자가 말하는 굽히기를 좋아한다는 의미는 이와 다르다. 공자가 말하는 굽히기를 좋아하는 사람이란 자신의 신념을 쉽게 포기하는 사람이다. 자신의 신념을 쉽게 굽히는 사람과의 관계는 오래 지속될 수 없다. 사이가 멀었던 사람보다 가까웠던 사람이 등을 돌리는 게 더 치명적이다. 사이가 멀던 사람은 대개 배신에 그친다. 하지만 가까웠던 사람은 배반할 가능성이 높다. 배신과 배반의 가장 큰 차이는 이렇다. 배신은 몸을 돌리고 말 뿐이지만, 배반은 몸을 돌린 이후에 다시 돌아온다. 그리고 그 손에 무엇이 들려 있을지 알 수 없다.

셋째로 공자는 말 잘하는 이와 벗하지 말라고 했다. 이때 말 잘하는 이는 단순히 말을 재밌게 하거나 용감하게 말을 건네는 사람이 아니다. 공자가 말하는 말 잘하는 이란 그 말이 일관된 사람을 의미한다. 말이 일관되지 않은 사람의 특징은 마음에서 나오는 말과 입에서 나오는 말이 따로 논다는 것이다. 공자는 「학이」편에서 '**교언영색(巧言令色) 선의인(鮮矣仁)**'이라고 하였다. '마치 그럴듯하게 꾸며진 말과 착한 듯 꾸며진 얼굴에는 어진 사람이 드물다'는 것이다. 꾸며진 말과 꾸며진 얼굴의 공통점은 그것이 마음으로부터 나오지 않는다는 것이다. 동양에서 얼굴이란 얼꼴의 준말이다. 그리고 얼은 우리의 마음을 의미한다. 즉 얼굴이란 마음꼴인 셈이다. 착해 보이는 얼굴과 진정 착한 마음꼴은 다르다. 이렇듯 듣기에 그럴듯하게 꾸며진 말과 얼토당토않게 들릴지라도 마음에서 나온 말은 분명히 다르다.

　공자는 환경이 인간에게 중요하다는 것과 인간에게는 환경을 개척할 능력이 있다는 사실을 잘 알고 있었다. 공자가 말하는 벗이란 단순히 학교 동창, 직장 동료, 애인 등을 의미하지 않는다. 공자는 먼저 스스로가 세상 모든 존재에게 좋은 벗이 되고자 진심으로 노력했던 인물이다. 그러기 위해서 공자는 끊임없이 자신의 마음을 갈고 또 닦았다. 그래서 우리는 공자를 성인으로 추앙한다. 유익한 벗에겐 유익한 벗이 있고, 해로운 벗에겐 해로운 벗이 있다. 유익한 환경에서 유익한 벗이 될지, 해로운 환경에서 해로운 벗이 될지는 우리의 선택에 달려 있다.

모두를 사랑할 수 있다는 착각

자왈子曰.

"군자君子 성인지미成人之美 불성인지악不成人之惡,

소인반시小人反是."

－「안연顏淵」편 제16장

공자께서 말씀하셨다.

"군자는 남의 아름다움은 이뤄주고 남의 나쁨은 이뤄주지 않지만,

소인은 이와 반대로 한다."

조금 더 나은 사람이 되기 위해 나아가는 길

대학원에서 동양 철학을 공부한 지 얼마 안 됐을 때였다. 이 좋은 것들을 이제까지 나는 왜 모르고 살았던가, 이런 생각이 매일같이 들었다. 『논어』를 배우면 공자처럼 한번 살아보고 싶었다. 『맹자(孟子)』를 배우면 온몸이 의로움에 불타는 듯하였다. 『노자(老子)』를 배우면

그 심오함에 절로 압도되었다. 그래서 수업이 끝나도 멍하니 강의실에 앉아 있기 일쑤였다. 『장자』를 배우면 지금 당장에라도 공부를 그만두고 싶었다. 산에 들어가 평생토록 자연을 벗 삼아 지내고 싶었다. 정말이지 요만큼도 외롭지 않을 것 같았다. 한 사람의 철학적 내공은 배운 것을 얼마나 실천할 수 있는가에 달려 있다. 배웠으면 일단 실천에 옮길 수 있어야 한다. 실천이 되지 않으면 그건 배운 게 아니다.

어떤 사람은 철학을 순수 학문이라고 말한다. 또 어떤 사람은 현대 사회에서 살아남으려면 철학이 응용 학문이 되어야 한다고 주장한다. 순수 학문의 목적이 '왜(why)'를 묻는 데 있다면, 응용 학문의 목적은 '어떻게(how)'를 묻는 데 있다. 하지만 내게 있어 철학은 다른 무엇보다도 '실천 학문'이다. 대학원에서 철학을 공부할 때처럼 배운 것을 실천하려고 애쓴 적이 없었다. 당시의 나는 공자 말씀처럼 늘 어진 사람이 되고자 노력했다. 또 누구를 만나더라도 예를 다하고자 노력했다. 맹자처럼 의리 앞에선 목숨이라도 아끼지 않으리라 매일 다짐했다. 또 노자처럼 자연에서 영감을 얻고자 했다. 그래서 인위적이라고 생각되는 것들을 일부러 멀리했다. 그때는 몰랐다. 그렇게 의도적으로 뭔가를 멀리한다는 것 자체가 이미 인위(人爲)라는 것을. 또 장자처럼 세상을 나만의 잣대로 판단하지 않고자 하였다. 주어진 운명에 감사하는 마음으로 순응하고자 노력했다.

우리말에 '지성(至誠)이면 감천(感天)'이라고 하였다. 지극한 정성은 하늘도 감동시킨다는 뜻이다. 앞서 열거한 내 정성이 하늘에 닿았던 것일까. 개인적으로 좋은 일이 많이 생겼다. 일단 10년간 끊지 못한 술을 끊었다. 나는 술만 마셨다 하면 속된 말로 '개'가 되었다. '개'가 된 상태로는 절대로 할 수 없는 게 있다. 공자, 맹자, 노자, 장자의 철학뿐 아니라 개똥철학조차도 실천할 수 없다는 게 그것이다. 물론 내가 술을 끊게 된 데는 다른 여러 가지 요인이 있었을 것이다. 요지는 성현들의 가르침을 실천해야겠다는 나의 의지가 내가 술을 끊는 데 톡톡한 역할을 해주었다는 것이다.

청찬도 많이 들었다. 나를 처음 만난 사람들은 대개 요즘 젊은이답지 않게 예의가 바르다 하였다. 이미 나를 알았던 사람들과 또 오랜만에 만난 친구들도 입을 모아 이렇게 물었다. 대체 무슨 일이 있었길래 사람이 이렇게 180도로 달라졌냐고. 내게는 이러한 사람들의 칭찬이 큰 동기로 작용했다. '칭찬은 고래도 춤추게 한다'는 말은 참말이었다. 그뿐인가. 오랫동안 피웠던 담배를 끊고 심지어 먹는 음식에 이르기까지 모든 쾌락적인 것들을 멀리했다. 갈수록 좋은 평판이 생기는 등 사람들에게 인정을 받고 있자면, 이런 확신이 들었다. 지금 내가 선택한 길이 바른길이며, 내 삶의 방식이 옳은 것이란 확신 말이다.

그런데 문제가 생겼다. 사람들이 나쁘다고 이야기하는 것들을 모두 끊거나 절제하고, 매 순간 성현들의 가르침대로 살고자 노력했는데 왠지 모르게 전혀 행복하질 않았다. 행복은커녕 날이 갈수록 지쳐

간다는 느낌을 지울 수 없었다. 사람들과의 관계 속에서는 상처받는 일이 잦아졌다. 내게 칭찬과 인정을 주는 사람은 늘었지만, 정작 차 한잔 마시며 진득하게 얘기할 수 있는 사람은 줄었다. 틀림없이 괜찮은 삶을 살고 있다고 자신했다. 또 이제야 많은 것들이 정상 궤도로 진입했다는 믿음도 있었다. 하지만 무엇보다도 사는 게 기쁘지 않았다. 그래서 나는 생각했다. '명색이 성현으로 거듭나는 데 고통이 따르지 않을 리 없다. 성현의 삶이라는 게 어떻게 마냥 행복할 수 있겠는가. 어쩌면 괴로운 것이야말로 진정 철학이며, 지치는 것이야말로 성현의 길로 잘 나아가고 있다는 방증인지도 모른다.'

하늘이 장차 그 사람에게 큰 임무를 주고자 하면

당시에 내가 가장 즐겨 읽었던 고전의 대목이 있다. 이는 『맹자』 「고자하(告子下)」편에 등장한다. **천장강대임어시인야(天將降大任於是人也) 필선고기심지(必先苦其心志) 노기근골(勞其筋骨) 아기체부(餓其體膚) 공핍기신(空乏其身) 행불란기소위(行拂亂其所爲) 소이동심인성(所以動心忍性) 증익기소불능(曾益其所不能). 인항과연후능개(人恒過然後能改) 곤어심(困於心) 형어려(衡於慮) 이후작(而後作) 징어색(徵於色) 발어성(發於聲) 이후유(而後喩)'.** '하늘이 장차 그 사람에게 큰 임무를 주고자 하면 반드시 먼저 그 마음과 뜻을 괴롭게 하고, 그 근육과 뼈를 지치게 만들고, 그 몸을 굶주리게 하고, 그 생활을 가난하게 하여,

하고자 하는 대로 마음껏 실천하지 못하게끔 한다, 그 이유는 마음을 변화시키고 자기의 성질을 참도록 하여 이제껏 불가능했던 일들을 더 많이 할 수 있도록 만들기 위함이다. 사람들은 대개 잘못을 저지른 다음에야 비로소 고칠 수 있고, 마음에 시달리고 생각을 저울질한 다음에야 실천할 수 있다. 얼굴빛과 목소리에 드러날 정도로까지 괴로움을 겪은 다음에야 비로소 깨달음에 이를 수 있다'라는 뜻이다.

대학원에서 공부하는 내내 『맹자』의 이 대목을 어림잡아 일만 번은 속으로 되뇌었던 것 같다. 그러던 어느 날이었다. 한 친구의 결혼식에서 오랜만에 중학교 동창생들을 만났다. 서로의 근황을 주고받던 중 내가 동양 철학을 공부한다고 하자 한 녀석이 딴지를 걸었다. "뭐 동양 철학? 그거 맨 공자 왈 맹자 왈 하는 거 맞지? 나는 말이다, 공자니 맹자니 하는 것들이 세상에서 제일 싫다. 서양 사람들도 뻑하면 예수가 어쩌고저쩌고, 또 어디 가면 부처가 어쩌고저쩌고. 성인이고 지랄이고 간에 정말 듣기도 싫고 꼴도 보기 싫다." 성현들의 삶을 힘써 실천하던 내게 그 친구의 말은 가히 충격적이었다. 순간 그간의 내 모든 노력이 무시됐다는 생각에 그 친구와 한바탕 대거리를 벌일까도 했다. 하지만 그보다도 궁금했다. 여태껏 철학이나 종교가 싫다는 사람은 본 적이 있어도 공자나, 예수, 부처 등 성인들을 향해 이토록 증오에 가까운 경멸을 내비치는 사람은 본 적이 없었다.

나는 감정을 추스르고 그 친구에게 물었다. "아니, 공자나 예수, 부처가 너한테 딱히 잘못한 것도 없을 건데, 너는 어째서 그토록 그들을 미워하게 됐냐?" 그러자 그 친구가 말했다. "나한테 잘못한 건 없지. 근데 내 생각에 성인이니 뭐니 하는 것들은 전부 거짓말쟁이다. 난 그 거짓말이 싫다 이거야. 자기들처럼 살기가 어디 쉬워? 우리 같이 당장 입에 풀칠하기도 바쁜 사람이 태반이다. 근데 그 성인이라는 작자들은 꼭 자기들처럼 살아야지만 될 것 같은 느낌을 준다 이거야. 명색이 성인이면 보통 사람들이 자기네처럼 살기가 얼마나 힘든지도 알아야 될 거 아니냐. 알면서도 강요하면 그게 거짓부렁이 아니고 뭐냔 말이야. 그래서 나는 성인들이라고 하면 근처에도 가질 않는다. 꼭 내가 형편없는 인간처럼 느껴져서 말이야."

아이러니하게도 나는 그 친구의 말에서 어떤 깨달음을 얻었다. '어쩌면 나는 인간의 힘으로는 애당초 실천할 수 없는 것들을 애써 실천하고자 노력 중인지도 모르겠다.' 집에 돌아가는 길에 전철을 탔는데『맹자』「고자하」편의 그 대목이, 좀처럼 되뇌어지질 않았다. 하루에도 수십 번씩 읊었던 그 대목이 말이다. 문득 이런 생각이 들었다. '나는『맹자』의 그 대목을 잘못 이해하고 있었는지도 모르겠다.' 그래서 정신을 집중해 다시 그 대목을 천천히 읊조려보았다. '하늘이 장차 그 사람에게 큰 임무를 주고자 하면…' 순간 아차 싶었다.

『맹자』의 그 대목에서 큰 임무를 주기 위해 사람을 괴롭게 하는 주체는 인간이 아니라 하늘이었다. 큰 임무를 줄지 말지는 하늘 마음이었고, 그래서 어떤 사람을 괴롭힐지 말지도 전적으로 하늘의 마음에 달려 있었다. 그런데 나는 줄곧 내가 나를 괴롭게 하고 있었다. 어쩌면 하늘은 내게 큰 임무를 줄 생각이 없었는지도 모른다. 그래서 하늘은 나를 괴롭힐 필요가 없었는지도 모른다. **나는 다만 자기가 자기를 괴롭히는 데 익숙해졌을 따름이었다.**

그저 최선을 다해 묵묵히 걸어갈 뿐

공자는 남의 아름다운 점을 더 아름답게 해주고, 남의 나쁜 점을 더 나빠지지 않게끔 하는 게 군자라고 하였다. 그리고 다시 남의 나쁜 점은 더 나빠지게 하고, 남의 아름다운 점은 덜 아름답게끔 하는 게 소인이라고 하였다. 군자와 소인의 차이는 완벽한가, 완벽하지 못한가에 있는 게 아니다. 군자와 소인의 가장 큰 차이는 아름다운 점과 나쁜 점을 올바로 분별할 수 있는 능력에 달려 있다. 그래서『논어』「이인」편에서 공자는 '**유인자**(唯仁者) **능호인**(能好人) **능오인**(能惡人)'이라 하였다. '오직 어진 사람만이 사람을 사랑할 수도 있고, 또 미워할 수도 있다'는 뜻이다.『대학』에도 같은 대목이 등장한다. '**인인위능애인능오인**(仁人爲能愛人能惡人)'. 여기서 어진 사람이란 곧 군자를 의미한다. 「이인」편과『대학』에 등장한 다음의 대목을 이번 내용에 접목시키면 이렇게 정리할 수 있다. '오직 군자만이 아름다운 사람을 사랑할 수도 있고, 또 오직 군자만이 나쁜 사람을 미워할 수도 있다.'

모든 인간은 아름다운 점도 있지만, 동시에 나쁜 점도 있다. 군자는 무엇이 아름답고, 무엇이 나쁜지를 분별할 수 있다. 그렇기 때문에 군자는 어떤 사람의 아름다운 점을 진정 사랑할 줄도 알지만, 또 어떤 사람의 나쁜 점은 치가 떨리도록 미워할 줄도 안다. 하지만 소인은 일단 무엇이 아름답고 무엇이 나쁜지 알지 못한다. 그래서 어떤 사람의 아름다운 점은 밉게 만들고, 어떤 사람의 나쁜 점은 더 나쁘게 만들어버린다.

이십 대 후반, 나는 대학원에서 갓 동양 철학에 입문했다. 그런 내게 성현들의 가르침은 놀라움 그 자체였다. 공자, 맹자, 노자, 장자뿐 아니라 묵자 등 제자백가(諸子百家) 모두의 철학을 다 내 것으로 만들고 싶었다. 그래서 그들처럼 되고 싶었다. 하지만 이는 완벽하고 싶다는 나의 오만이었다.

앞서 말했듯이 모든 철학은 실천이 가능해야 한다. 문제는 공자와 맹자, 또 노자와 장자의 철학을 동시에 실천할 수는 없다는 사실이다. 서양 철학도 마찬가지다. 플라톤과 아리스토텔레스의 철학을 동시에 실천할 수 없고, 칸트와 헤겔의 철학을 동시에 실천할 수 없다. 그러므로 진짜 철학자, 즉 군자는 일단 모든 인간이 완전할 수 없음을 안다. 그리고 인간으로서의 자신의 한계를 겸허하게 수용한다. 결코 자신만이 옳다고 믿지 않으며 장차 성현이 되겠단 헛된 꿈을 품지도 않는다. 성현이란 내가 되고 싶다고 될 수 있는 것이 아니다. 소크라테스도, 공자도, 예수도, 부처도 다 마찬가지다. 그들은 모두 오랜 세월 다른 사람들이 입을 모아 성인이라 불렀기에 성인이 된 것뿐이다. 그들 중 누구도 삶의 목표가 성인이 되는 것은 아니었다. 그들의 목표는 늘 최선을 다해 아름다움을 사랑하고, 다시 죽을힘을 다해 나쁜 것을 미워함에 있을 따름이었다.

우리는 종종 '작심삼일(作心三日)'이라는 말을 쓴다. 작심삼일이 반복되는 진짜 이유는 사흘짜리밖에 되지 않는 나약한 의지 때문이 아니다. 작심삼일의 진짜 문제는 사흘조차 실천하기 어려울 정도로 무리한 마음을 먹었다는 데 있다. 나도 그랬다. 성현이 되어보겠다는 허황한 생각에 사로잡혀 사랑해야 마땅한 사람들의 아름다운 점뿐 아니라, 미워해야 마땅한 사람들의 나쁜 점까지도 사랑하고자 하였다.

인간을 사랑하는 것은 좋은 일이다. 인류가 성인으로 받드는 이들의 공통점은 모두가 인간을 지극히 사랑했다는 것이다. 그러나 아름다운 점은 사랑하되, 나쁜 점은 미워할 줄도 알아야 한다. 그래서 과거의 어떤 철인(哲人)은 '죄는 미워하되 인간은 미워하지 말라'고 하였다. 바꿔 말하면 인간은 사랑하되 인간의 나쁜 점은 미워해야 한다는 얘기다.

『공자가어(孔子家語)』「입관(入官)」편에는 이런 대목이 있다. '**수지청즉무어(水至淸則無魚) 인지찰즉무도(人至察則無徒)**'. '물이 너무 맑으면 고기가 없고, 사람이 너무 살피면 동지가 없다'는 뜻이다. 우리 속담에도 '봉우리가 너무 높으면 외롭다'고 하였다. 가벼운 칭찬과 인정을 남발하는 여러 사람보다는 내 속내를 마음껏 털어놓을 수 있는 한 사람이 더 낫다. 하지만 그 한 사람마저도 물이 너무 맑거나, 예의를 갖춘답시고 너무 살피거나, 봉우리가 너무 높다면 다가올 수 없다. 그래서 예로부터 '과공비례(過恭非禮)'라고 하였다. '지나친 공손은 오히려 예의가 아니다'는 뜻이다.

이제는 누가 첫 운만 떼도 자동으로 튀어나오는 『맹자』의 「고자하」편을 다시 한번 암송해본다. 하늘은 모든 인간에게 큰 임무를 주었다. 그 임무는 아름다운 것을 사랑하고 나쁜 것을 미워하여 세상을 보다 아름다운 곳으로 만들어 나가는 것이다. 그리고 성현들은 모두 아름다운 것과 나쁜 것을 올바로 분별하기 위해 지독한 괴로움을 겪으며 노력했던 사람들이다. 모두가 성인이 될 순 없지만, 모두가 군자의 마음을 품고자 노력할 수는 있다. 군자는 세상을 아름답게 만드는 데 이바지하고, 소인은 세상을 나쁘게 만드는 데 일조한다. 그러므로 군자가 많은 세상은 아름다운 세상이며, 소인들이 판치는 세상은 나쁜 세상이다.

세상이 바르게 보이지 않는
사람을 위한 조언

석부정席不正 부좌不坐.

–「향당鄉黨」편 제9장

자리가 바르지 않으면, 앉지 않으셨다.

자식의 얼굴에 먹칠을 할 수 없었던 아버지

내가 세상에 나와보니 아버지는 공직에서 일하고 계셨다. 그 뒤 IMF 사태로 어머니의 사업이 부도나고 우리 가족은 빚더미에 올라앉았다. 듣기로는 어머니의 빚 때문에 아버지의 월급에도 차압이 들어왔다고 했다. 부부란 경제공동체이기도 하니, 배우자가 빚을 지면 그 빚을 함께 갚는 게 당연하다는 사실을 그때는 알지 못했다. 그래서 어머니가 빚을 졌는데, 왜 아버지가 월급을 받지 못하느냐고 물었던 기억도 어렴풋이 난다.

하루는 아버지께서 술이 거나하게 취해 돌아왔다. 그러곤 어머니에게 하소연 아닌 하소연을 늘어놓았다. 나는 자는 척하며 두 분의 대화에 귀를 기울였다. 아버지가 말했다. "두 눈 딱 감고 받을걸. 눈 딱 감고 받을걸 그랬어. 근데 여보! 내가 제갈씨 아니요. 뭔 짓을 해서 혹시 신문에 났을 때 제갈씨라 그러면 사람들이 다 알 것 아니야. 그럼 내가 앞으로 내 새끼들을 무슨 낯으로 보겠소."

당시만 하더라도 청탁과 비리가 무척 많았던 모양이다. 아버지는 크게 두 가지 이유로써 유혹을 물리칠 수 있었던 것 같다. 첫 번째 이유는 희귀한 성씨를 썼다는 것이고, 두 번째 이유는 애비로서 자식들 체면에 금이 가게 할 수는 없다는 신념이었다. 하지만 아이러니하게도 나는 자식으로서 아버지의 얼굴에 먹칠을 많이 했다.

돌이켜 보면 아버지는 매번 나 때문에 끌려다녔다. 초등학교 때는 친구들 앞에서 허세를 부린답시고 4층 교실에서 화단으로 뛰어내린 나 대신 교장실에 끌려갔다. 중학교 때는 담배를 피우거나 크고 작은 싸움박질에 휘말린 나 대신 또 교장실에 끌려갔다. 술을 입에 대기 시작한 후로는 일 년에 두어 번씩 중독자 아들 대신 경찰서에 끌려다녔다. 그러면서도 아버지는 한 번도 나를 심하게 나무라지 않았다. 오직 이렇게 얘기할 뿐이었다. "사내자식이 그럴 수도 있다. 잘못한 줄 알고 뉘우치면 그만이다. 똑같은 잘못을 반복하지만 않으면 나는 그걸로 족하다."

진정 대장부가 되고 싶었던 사내

『논어』「옹야」편에는 노나라 제후였던 애공과 공자의 대화가 수록
되어 있다. 하루는 애공이 공자에게 물었다. "제자들 중에 누가 가장
배우기를 좋아합니까?" 공자가 답했다. "안회라는 제자가 배우기를
좋아했습니다. 안회는 화를 옮기지 않았고 같은 잘못을 되풀이하지
않았습니다." 공자와 애공이 대화를 나눌 당시에, 이미 안회(顔回)는
죽은 사람이었다.

공자는 배우기를 좋아하는 사람의 특징으로 '화를 옮기지 않음'과
'잘못을 반복하지 않음'을 들었다. 화를 옮기지 않음이란, 자신의 분
노를 남에게 전가하지 않는단 뜻이다. 쉽게 말해 안회는 종로에서 뺨
맞고 한강에서 눈 흘기는 일이 없었다는 소리다. 잘못을 반복하지 않
음이란, 과거에 대한 집착과 미래에 대한 욕심으로부터 자유로웠다
는 뜻이다. 안회는 요절했지만 누구보다 '지금 이 순간'에 최선을 다
해 살았다. 아마 안회는 카르페 디엠(carpe diem)의 대가였던 듯하다.

공자에 따르면, 과거의 나는 배우기를 좋아하지 않았던 것 같다.
배우기를 좋아하지 않는 사람의 특징은 주변 사람들을 지치고 또 질
리게 만든다는 것이다. 나도 그랬다. 하루는 아버지가 나를 데리고
산으로 올라갔다. 사고를 쳤다가 경찰서에서 풀려난 직후였다. 얼마
나 올랐을까. 아버지는 내 손을 잡고 비탈진 낭떠러지 끝에 서서 말
했다. "나는 한평생을 네가 나 때문에 창피한 일은 없도록 조심하며
살았다. 그런데 오늘 가만히 생각해 보니 이제는 너 때문에 내가 창

피해서 더는 살 수가 없다. 미안하지만 여기서 뛰어내려 죽어라. 혼자 죽기 정 무서우면 내가 같이 가줄게."

　그때 그 낭떠러지에서 어렸을 적 애써 잠든 척하며 엿들었던 아버지의 하소연이 떠올랐다. 뛰어내릴 용기조차 없었던 나는 산을 내려오는 내내 '아버지'라는 이름의 저 사내에게, 참으로 못 할 짓을 했다는 생각이 들었다. 다행히 그날 이후로 아버지가 나 때문에 경찰서에 간 적은 없었던 것 같다. 그리고 그때부터, 제갈씨라는 성과 자식들에게 부끄럽지 않기를 바랐던 한 사내의 신념은 내 삶에 작은 이정표를 세웠다. 교육을 통해 학습된 이정표라기보다는 감동을 통해 각인된 이정표였다.

　일찍이 공자는 자리가 바르지 않으면 앉지 않았다고 한다. 여기서 말하는 자리는 좌석이 아닌 삶의 자리를 뜻한다. 후대에 공자의 정신을 계승한 맹자는 이렇게 말했다. **'거천하지광거(居天下之廣居) 입천하지정위(立天下之正位), 행천하대도(行天下之大道). 득지여민유지(得志與民由之) 부득지독행기도(不得志獨行其道) 부귀불능음(富貴不能淫) 빈천불능이(貧賤不能移) 위무불능굴(威武不能屈) 차지위대장부(此之謂大丈夫)'.** '세상의 가장 넓은 곳에 앉고, 세상의 가장 바른 곳에 서며, 세상의 가장 큰 도를 실천하라. 뜻대로 잘되거든 얻은 깨달음을 다른 사람들과도 함께 나누고, 뜻대로 잘 안되거든 혼자서라도 계속 깨달음을 향해 정진하라. 부유하고 귀한 몸이 됐다고 해서 음란하지 말고, 가난하고 비천한 처지가 됐다고 해서 신념을 바꾸지 말며, 위세와 권력 앞이라고 해서 비굴하지 말지니, 그런 사람을 일러 대장부라고 한다'는 뜻이다. 이는 맹자의 '대장부론'으로도 널리 알려져 있다.

훗날 내 자식이 제 할아버지를 물으면, 나는 이렇게 말해줄 것 같다. "전부를 알 순 없지만, 대장부가 되고자 노력한 사람임에는 분명한 것 같다." 어렸을 때 가끔 아버지 사무실에 놀러가곤 했다. 실제로 내 아버지라는 사람은 사무실의 포스트잇 하나, 압정 하나도 건들지 못하게 하였다. 모두 세금으로 마련된 국민의 피와 땀이기에 네가 함부로 건드려서는 안 된다는 것이었다.

『대학』에서 맹헌자라는 인물은 '세금 거둬들이는 신하를 두기보다는 차라리 도둑질하는 신하를 두는 편이 더 낫다'고 하였다. 도둑질하는 신하는 기껏해야 제 한 몸을 배불릴 따름이다. 하지만 가혹한 세금을 거둬들이는 신하는 국가를 지탱하는 백성 한 사람 한 사람의 삶을 송두리째 흔든다. 그것이 계속되면 결국 나라가 망하고 백성들은 삶을 잃게 된다. 맹헌자에 따르면, 적어도 공직자로서의 내 아버지는 세금 거둬들이는 신하는 아니었던 것 같다.

바르게 생각하고, 바르게 바라보고, 바르게 살아가는 법

세상에 내 삶이 엉망진창으로 흐트러지길 바라는 사람은 없을 것이다. 삶이 바르기 위해서는 삶의 자리, 즉 삶을 대하는 내 자세가 먼저 바르게 되어야 한다. 그래서 공자는 「안연」편에서 '**비례물시(非禮**

勿視) **비례물청**(非禮勿聽) **비례물언**(非禮勿言) **비례물동**(非禮勿動)'이
라고 하였다. '예가 아니면 보지 말고, 예가 아니면 듣지 말며, 예가
아니면 말하지 말고, 예가 아니면 움직이지 말라'는 뜻이다.

예란 '세상에 나도 주인공 그리고 너도 주인공'의 마음이라고 하
였다. 내 삶의 자리를 바른 곳에 마련한 사람은 삶의 주인공이 '바른
마음'인 사람이다. 이런 사람은 바른 마음에서 벗어난 것은 보이지
않기 때문에, 바르지 않은 것은 보지 않는 게 아니라, 볼 수 없다. 마
찬가지로 바르지 않은 것은 들리지 않는 게 아니라 들을 수 없기 때
문에, 바르지 않은 말과 행동 역시 하지 않는 게 아니라, 할 수 없다.
일찍이 무학대사는 '내 눈에는 그대가 돼지로 보인다'는 태조 이성
계의 농담에 이렇게 대답했다고 한다. '시안견유시(豕眼見唯豕) 불안
견유불(佛眼見惟佛)'. '돼지 눈에는 돼지만 보이고, 부처 눈에는 부처
만 보인다'는 뜻이다.

세상이 바르지 않게만 보이는 사람은 먼저 자신이 바른 자리에 앉
아 있는지를 돌아볼 필요가 있다. 『예기』「옥조(玉藻)」편에는 스스로
바른 자리에 앉아 있는지 확인할 수 있는 좋은 방법이 소개되어 있
다. '**족용중**(足容重) **수용공**(手容恭) **목용단**(目容端) **구용지**(口容止) **성
용정**(聲容靜) **두용직**(頭容直) **기용숙**(氣容肅) **입용덕**(立容德) **색용장**(色
容莊)'이 그것이다. '발걸음은 무겁게, 손은 공손히, 눈은 단정히, 입
은 그치게, 소리는 잠잠히, 머리는 곧게, 기상은 엄숙히, 서 있는 모습
은 덕스럽게, 안색은 정중히'라는 뜻이다. '아홉 가지 군자의 태도'라

는 '구용(九容)'으로도 잘 알려져 있다.

또 공자는 [계씨] 편에서 이렇게 말했다. '**시사명(視思明) 청사총(聽思聰) 색사온(色思溫) 모사공(貌思恭) 언사충(言思忠) 사사경(事思敬) 의사문(疑思問) 분사난(忿思難) 견득사의(見得思義)**'. '눈으로 볼 때 밝게 볼 것을 생각하고, 귀로 들을 땐 똑똑히 들을 것을 생각하고, 얼굴빛은 온화하게 할 것을 생각하고, 모습은 공손하게 할 것을 생각하고, 말은 진실하게 할 것을 생각하고, 어떤 일을 할 땐 경건하게 할 것을 생각하고, 의심스러울 땐 물어볼 것을 생각하고, 분노가 일어날 땐 어려움에 처하게 될 것을 생각하고, 무엇을 얻었을 때 의로운 것인지를 생각하라'는 뜻이다. 이 역시 '아홉 가지 군자의 생각'이라는 '구사(九思)'로 널리 알려져 있다.

방법을 몰라서 실천하지 못하는 사람에게는 늘 희망이 있다. 방법만 알게 되면 누구보다 잘 실천할 수 있는 가능성이 있기 때문이다. 하지만 방법을 알면서도 혹은 방법을 일러줬음에도 실천하지 못하는 사람에게는 희망도 없고, 가능성도 없다. 대부분의 사람은 기왕이면 바른 자리에 앉는 것이 좋다는 사실을 이미 알고 있다. 그리고 바른 자리가 아니면 앉지 않았다는 공자는 '구용'과 '구사'를 통해 바른 자리란 무엇이며, 바른 자리에 앉기 위해 필요한 태도와 생각은 무엇인지를 구체적으로 제시했다. 소를 물가로 끌고 갈 순 있지만 억지로 물을 먹일 수는 없다. 저 옛날 공자의 외침이 우리를 물가로 끌고 가는 멍에가 아니라, 우리가 마실 물이 되기를 간절히 바라본다.

모난 마음을 모나지 않게
받아들이는 지혜

자여인가이선 子與人歌而善,

필사반지 必使反之,

이후화지 而後和之.

– 「술이述而」편 제31장

공자께서는 다른 사람들과 노래를 부를 때,

누군가 노래를 잘하면 반드시 다시 부르게 하고,

그다음 답가를 부르셨다.

세상을 보다 조화롭게 만드는 예약

'칭찬은 고래도 춤추게 한다'는 말이 있다. 칭찬의 위력을 나도 실감할 때가 있는데 바로 강연 자리에서다. 강연을 마치고 나면 대개 박수를 받는다. 함께 사진 한 장 찍자는 분들도 있고, '내 강연이 그렇게 괜찮았나?' 싶을 정도로 공치사를 받는 경우도 있다. 하지만 뭐니 뭐니 해도 가장 듣기 좋은 소리는 '한 번 더 부탁한다'는 말이다. 예컨대 "다음 분기에 한 번 더 모셨으면 좋겠어요.", "다음 학기에도 맡아주세요." 등의 말이 내게는 강연자로서 최고의 칭찬인 셈이다.

일찍이 공자는 다른 사람들과 노래를 부를 때, 누군가 노래를 잘하면 꼭 다시 한 곡을 청했다고 한다. 요즘 말로 하면 앙코르 요청을 즐겼던 셈이다. 공자는 음악에 조예가 깊었다. 원래 인류가 주도적으로 학습한 것은 어느 문화권에서나 미술과 음악, 그리고 체육이었다. 예체능이야말로 인간을 짐승과는 다르게, 즉 인간을 인간답게 만드는 최초의 공부였다.

프랑스의 라스코 동굴과 스페인의 알타미라 동굴, 우리 국보인 반구대 암각화 등 석기 시대 벽화는 전부 미술이다. 이후 중국의 갑골문에 이르기까지 모두 미술의 영역이다. 지금까지 그 맥을 이어오고 있는 고대 그리스의 올림픽과 궁술 및 창검술은 체육이다. 승마나 또 택견으로 널리 알려진 우리의 수박(手搏) 등도 모두 체육의 영역이다. 그리고 꼭 악기를 동원하지 않더라도 언어에 억양을 주고, 기합을 넣거나 춤을 추는 것 역시 모두 음악의 영역이다.

『논어』와 마찬가지로 공자의 언행 및 공자와 그 제자들의 대화가 수록된 『공자가어』에는 자로(子路)와 공자가 처음 만나는 대목이 등장한다. 자로는 안회와 더불어 공자의 제자 가운데 가장 뛰어났던 인물이다. 『공자가어』에 따르면, 자로를 만난 공자의 첫마디는 '여하호

악(汝何好樂)’이었다. ‘너는 어떤 악(樂)을 좋아하니?’라는 뜻이다. 공자의 철학을 이해하기 위해 알아야 할 중요한 두 가지 개념이 있으니, 그것이 바로 ‘예(禮)’와 ‘악(樂)’이다. 우리는 대개 예와 악을 함께 묶어 ‘예악’이라고 표현한다. 그리고 이를 ‘예절과 음악’ 정도의 의미로 사용한다.

그러나 『논어』에서 예악이란 단순히 예절과 음악의 의미가 아니다. 공자는 예와 악을 대개 독립적인 개념으로 분리시켜 말했다. 그렇다면 예와 악은 무엇일까? 쉽게 말해 예란 ‘죄는 것’이며 악이란 ‘푸는 것’이다. 예컨대 이 세상은 여러 유형의 사람들이 함께 어우러져 살아가는 곳이다. 그래서 세상엔 수나사(bolt)처럼 도드라진 사람도 있지만, 또 암나사(nut)처럼 파인 사람도 있다. 물론 수나사의 종류도 천차만별이며, 암나사의 종류도 각양각색이다. **예와 악은 수많은 수나사와 암나사와의 관계, 즉 모든 인간관계에서 그것들을 풀거나 죄는 역할을 한다. 그래서 세상을 보다 조화롭고 균형 잡힌 곳으로 만드는 게, 예와 악의 주된 기능이다.**

지혜로운 사람은 ‘때’를 아는 사람이라고 하였다. 어렸을 적에 부모님이나 선생님으로부터 귀에 딱지가 앉도록 들었던 소리 역시 ‘놀 땐 놀고, 공부할 땐 공부하라’는 말이었다. 예와 악에 뛰어난 사람은 죌 때와 풀 때를 아는 사람이며, 예와 악이 훌륭한 사회 역시 죄어야 할 때와 풀어야 할 때를 아는 사회다. 예만을 지나치게 강조하다 보면 인간은 점점 각박해지고, 사회에는 가식이 판치게 된다.

반면에 악에만 몰두하게 되면, 세상엔 질서가 사라지고 음란함과 방탕함만 남게 된다. 나는 예를 '나도 주인공 그리고 너도 주인공'의 마음이라고 하였다. 악도 마찬가지다. 죌 때도 '나도 주인공 너도 주인공'의 마음이 필요하지만, 풀 때도 '나도 주인공 너도 주인공'의 마음이 필요하다. 이처럼 예와 악은 언제나 어느 정도는 균형을 이뤄야 마땅한 것이다.

예로써 제자를 살리고자 했던 공자

첫 만남에서 "너는 어떤 악을 좋아하느냐?"는 공자의 말에 자로는 대답했다. "긴 칼을 좋아합니다." 공자가 다시 말했다. "나는 그걸 묻는 게 아닌데, 너는 네가 잘하는 것만 말하는구나. 긴 칼에 배움을 더하면 누군들 너를 안 따를 수 있겠느냐?" 그러자 자로는 공자에게 두 번 절하고 이렇게 말했다. '경이수교(敬而受教)'. '공손히 가르침을 받겠다'는 뜻이다. 공자가 자로에게 물었던 악은 음악 등의 예체능이나 기술적 뛰어남이 아니었다. 하지만 자로는 자신은 긴 칼을 좋아한다고 대답했다. 실제로 자로는 공자의 제자 가운데 무예에 소질이 있었으며, 또 정치에 뛰어났다고 알려져 있다. 어쩌면 공자를 만나기 전까지 자로에게는 거대한 칼을 휘둘러 세상을 바로잡고 싶다는 꿈이 있었는지도 모르겠다.

공자는 자로에게 긴 칼에 배움을 더하면 어떻겠느냐고 권유했다.

공자가 말한 배움이란 첫째, 세상엔 긴 칼만 있지 않다는 것이다. 모든 칼에는 저마다의 용도가 있다. 이는 마치 같은 수나사와 암나사처럼 그 쓸모가 모두 다른 것과 마찬가지다. 그래서 공자는 자로에게 먼저 긴 칼에만 집착할 필요가 없음을 말했다.

둘째, 세상을 살다 보면 장검이 필요할 때도 있지만 단도가 더 적합할 때도 있다는 사실을 일러주었다. 이는 예가 필요한 때도 있지만, 또 악이 필요한 때도 있는 것과 같은 이치다. 공자는 긴 칼이든 짧은 칼이든 그것을 휘둘러야 할 적절한 때가 있음을 이야기한 것이다.

셋째, 칼을 휘두를 적에 자로의 마음은 어떠한가를 물었다. 공자는 나를 살리고 또 남을 살리는 칼에는 예와 악이 조화를 이룬 마음이 깃들어 있지만, 나를 해치고 또 남을 해치는 칼에는 예나 악 가운데 어느 것 하나만을 베고자 하는 마음만 깃들어 있다는 사실을 잘 알고 있었다. 결국 공자가 자로에게 묻고 싶었던 것은 자로의 마음가짐이었다. 공자는 '네가 칼을 좋아하는 것까진 알겠다. 하지만 그 칼로 너는 악을, 즉 나도 주인공 그리고 너도 주인공의 마음을 푸는 일까지 잘할 수 있겠느냐'고 자로에게 물었던 것이다. 그러자 자로는 그것을 배우고 싶다고 하였다. 그렇게 자로는 공자의 제자가 되었다.

스승과 제자의 인연을 맺고 난 이후로도 자로의 '큰 칼'은 늘 공자의 근심이었다. 「선진」편에는 이런 대목이 등장한다. **'민자시측(閔子侍側) 은은여야(誾誾如也) 자로(子路) 행행여야(行行如也) 염유자공(冉有子貢) 간간여야(侃侃如也)'.** '민자건은 옆에 있으면 은은하고, 자로는 씩씩하고 적극적이며, 염유와 자공은 분명하고 정확했다'는 뜻이다. 민자건(閔子騫)과 염유(冉有), 자공은 모두 자로와 더불어 공자의 제자였다. 그리고 공자는 다시 이렇게 말했다. '약유야(若由也) 부득기사연(不得其死然)'. '유와 같은 사람은 제명에 죽지 못할 거야'라는 뜻이다. 자로의 본명은 중유(仲由)였다.

하루는 공자가 안회를 칭찬하자 자로가 이렇게 물었다. '자행삼군즉수여(子行三軍則誰與)'. '만일 선생님께서 대군을 통솔하신다면 누구와 함께하시겠습니까?'라는 뜻이다. 다른 제자가 칭찬을 받으면 나도 칭찬을 받고 싶은 것은 인지상정이다. 누구보다 '큰 칼'에 자신이 있는 자로였다. 어쩌면 자로는 공자로부터 "그런 일이라면 당연히 안회보다는 너와 함께하겠지."라는 대답이 듣고 싶었는지도 모른다. 또 매사 순종적인 안회는, 때때로 자로의 눈에 글밖에 모르는 샌님으로 비쳤을지도 모른다. 하지만 공자의 대답은 자로의 기대와는 달랐다. 공자는 **'포호빙하(暴虎馮河) 사이무회자(死而無悔者) 오불여야(吾不與也)'**라 하였다. '맨손으로 범을 때려잡고자 하고, 맨몸으로 황하를 건너려다가 죽더라도 후회하지 않을 사람과는 함께하지 않겠다'는 뜻이다. 공자의 이 말에는 자로의 성정이 여실하게 드러나 있다. 실제로 공자에게 대군을 통솔할 기회가 주어졌다면 공자는 반드시 자로와 함께했을 것이다. 그러나 공자는 스승으로서, 씩씩하고 적극적인 수준을 넘어 가끔은 저돌적이고 무모하기까지 한 자로의 악을 예로써 찔 필요가 있었다.

훗날 위나라에서 변란이 일어났다. 역시 공자의 저서로 알려진 『춘추(春秋)』의 해석서 『춘추좌전(春秋左傳)』은 당시 공자의 반응을 이렇게 기록하고 있다. '시야기래유야사의(柴也其來由也死矣)'. '시는 돌아오겠지만, 유는 죽겠구나'라는 뜻이다. 시란 공자의 다른 제자인 자고(子羔)를 말한다. 자고의 본명은 고시(高柴)였다. 실제로 변란에서 도망치다 자로를 마주친 자고는 일이 이미 걷잡을 수 없는 지경에 이르렀으니 함께 돌아가자고 자로를 말렸다. 하지만 자로는 위나라의 녹을 먹었으니 끝까지 변란을 막겠다며 무모하게 뛰어들었다. 결국 자로는 변란을 막지 못하고 석걸(石乞)과 우염(盂黶)이라는 장수를 맞아 전사했다. 당시의 자로는 이미 나이가 지긋했다. 그에겐 날쌘 장수 둘을 동시에 당해낼 재간이 없었다. 죽음 직전에 석걸과 우염의 창에 맞아 갓끈이 끊어지자 자로는 이렇게 말했다. '군자사(君子死) 관불면(冠不免)'. '군자는 죽더라도 관을 벗지는 않는다'는 뜻이다.

사마천의 『사기열전(史記列傳)』에 따르면 공자는 자로가 죽었다는 소식을 듣고 이렇게 말했다고 한다. '자오득유(自吾得由) 오언불문어이(惡言不聞於耳)'. '내가 자로와 함께한 이래 나쁜 말이 귀에 들리지 않았다'는 뜻이다. 일찍이 베드로는 예수를 체포하려는 경비병의 귀를 잘라버렸다고 한다. 물론 나중에 베드로는 겁에 질려 예수를 세 번이나 부인하기도 한다. 하지만 누구라도 스승을 건드리면 물불을 가리지 않겠단 베드로의 그 마음만큼은 진심이었다. 자로도 그랬다.

행여나 누가 공자 욕을 하면 언제나 제일 먼저 두 팔을 걷어 올리고 나섰던 이가 바로 자로였다.

공자는 자로에게만큼은 유독 칭찬에 인색했다. 『논어』만 보더라도 자로는 공자에게 가장 꾸중을 많이 듣는 제자 가운데 하나다. 공자는 자로의 불같은 성미를 누구보다 잘 알고 있었다. 그래서 공자는 배우고 배워도 잠시만 한눈을 팔면 원래의 성미로 돌아가려는 자로를 계속해서 예로 죄었다. 그럼에도 자로는 결국 그 성미를 이기지 못하고 위나라에서 살해되고 말았다. 그렇게 자로가 죽었을 때 누구보다 슬퍼한 사람 역시 공자였다. 공자가 그토록 슬퍼했던 이유는 자로가 자신의 가르침을 결국 실천하지 못했기 때문만은 아니었다. 자로는 오랜 세월 공자의 친구이자 제자였다. 어쩌면 공자는 그런 자로에게 생전에 따뜻한 말 한마디 더 건네지 못했던 게 가슴 아팠을지도 모를 일이다. 실제로 자로가 세상을 떠난 이듬해 공자도 조용히 숨을 거뒀다.

모난 술잔을 모난 그대로 받아들이는 성인의 지혜

대학원에서 공부할 때, 친구의 권유로 한 유튜브 채널에서 인터뷰를 했다. 유튜브가 무엇인지도 잘 몰랐던 나는 어색한 느낌으로 화면 속의 스스로를 바라보며 사람들의 반응을 살폈다. 하루가 지나고 이틀이 지났다. 어느새 내 인터뷰 영상에는 수많은 댓글이 달렸다. 비난과 조롱도 있었지만, 칭찬의 댓글이 압도적으로 많았다. 칭찬은 대개 이미지와는 다르게 무척 예의가 바른 사람이라는 것이었다. 대학원 시절의 나는 악보다는 예에 치우쳐 있었다. 앞서 말했듯 악이 긴장을 푸는 것이라면, 예는 긴장을 주는 것이다. 댓글로 칭찬을 받다 보니, 그래도 내가 예를 잃진 않고자 노력하며 살아왔다는 확신이 생겼다. 이후로 나는 삶에서 조금씩 긴장을 내려놓게 되었다. 삶에서 예와 악의 균형을 잡아가기 시작한 셈이다.

공자는 상대방에게 앙코르를 요청한 뒤에, 그가 노래 한 곡을 더 부르면 자신도 답가를 불렀다. 말하자면 악에 악으로 화답한 것과 같다. 그리고 그 화답에는 공자의 진심이 담겨 있었다. 악이란 결코 어려운 게 아니다. 어디선가 휘파람 소리나 콧노래가 들려오니 누군가 노래를 부른다. 또 누군가는 그 노랫가락에 맞춰 바가지를 두드리고, 다시 누군가는 벌떡 일어나 장단에 맞춰 춤을 춘다. 이게 곧 악이다. 이처럼 악은 그저 점차로 긴장을 늦추고 한마음으로 즐기는 것이다.

칭찬이란 늘 진심을 있는 그대로 내보이는 것이다. 노래가 듣기에 좋으면 앙코르를 요청하고, 앙코르를 듣고 나도 뭔가 보답하고 싶다면 답가를 부르면 그만이다. 내 삶에서 예와 악의 균형이 생긴 계기도 이와 마찬가지다. 나는 유튜브 댓글에 달린 칭찬으로부터 사람들의 오롯한 진심을 느낄 수 있었다. 그리고 그 진심이 삶에 대한 내 긴장을 풀어주었다.

젊은 날의 공자는 악에 치우쳤던 자로를 끊임없이 예로 죄었다. 하지만 말년의 공자는 누구보다 아끼고 사랑했던 제자의 악을, 그저 악으로 풀어주지 못한 것을 후회했다. 모르는 사람의 노래에도 노래로 화답할 수 있었던 공자다. 또 제자가 아닌 사람의 악에도 악으로 화답할 수 있었던 공자다. 예와 악은 언제나 상생하는 것이다. 그리고 세상은 악에 치우친 자로가 있다면 예에 치우친 안회가 있듯, 저마다 치우친 자들이 함께 어우러져 살아가는 곳이다. 죽는 순간까지도 갓끈을 고쳐 매야 하는 죽음은 결고 행복한 죽음이 아니다. 만일 공자가 제자들의 예를 예대로 칭찬하고 악은 악대로 칭찬했다면, 자로는 보다 편안한 죽음을 맞이했거나 어쩌면 죽지 않았을지도 모른다. 적어도 자로는 자신에게 더 어울리는 죽음을 맞이할 수 있었을 것이다.

공자는 「옹야」편에서 **고불고(觚不觚) 고재고재(觚哉觚哉)**'라 하였다. '모난 술잔이 모나지 않다면 모난 술잔이겠는가! 모난 술잔이겠는가!'라는 뜻이다. 우리말 '멋'은 '맛'과 같은 뜻이라고 한다. 모난 술잔에게는 모난 술잔만의 멋과 맛이 있다. 그럼에도 종종 사랑이 깊으면 모난 술잔을 둥글게 만들고 싶기도 하다. 성인이란 결코 대단한 무언가가 아니다. 모난 술잔을 모나게 받아들이는 것에도 성인의 길이 담겨 있다.

중간쯤 이상 되는
인격을 가진 사람들의 특징

자왈子曰.

"중인이상中人以上 가이어상야可以語上也

중인이하中人以下 불가이어상야不可以語上也."

- 「옹야雍也」편 제19장

공자가 말씀하셨다.

"중간쯤 이상 되는 사람에게는 심오한 진리를 말해도 되지만,

중간쯤 이하 되는 사람에게는 심오한 진리를 말해선 안 된다."

공자의 맞춤형 교육 방식

성인들에게는 공통점이 있다. 바로 제자들이 많다는 것이다. 따르는 무리 없이 성인이 될 수 있는 사람은 아무도 없다. 성인들에게는 공통점이 또 있다. 성인들은 항상 맞춤형 교육을 한다. 『성경』을 보면

예수의 열두 제자도 늘 예수로부터 각기 다른 가르침을 받았다. 부처의 제자들도 마찬가지고, 공자의 제자들도 그렇다. 어쩌면 성인들의 가장 큰 능력은 한 사람 한 사람의 기질과 성품을 정확하게 파악하여 그에 걸맞은 교육 방침을 세움에 있는지도 모른다.

공자 당시에는 지금과 같은 학교 개념이 없었다. 지금처럼 종이책도 없었고 심지어는 필기구도 없었다. 책이라고 해봐야 대나무 조각들을 가죽끈으로 얼키설키 묶어놓은 게 전부였다. 그래서 공자 당시의 책을 '대나무 죽(竹)' 자에 '대나무 간(簡)' 자를 써서 '죽간'이라고 한다. '책(冊)'이라는 한자를 보면 대번에 세로로 늘어선 대나무 조각들이 떠오름을 확인할 수 있다. 필기구도 열악했다. 붓이 없어서 나무 끝을 뾰족하게 깎고, 그것을 옻물에 찍어 글씨를 썼다. 지금 우리가 읽는 『논어』도 처음엔 모두 죽간으로 쓰였다.

공자 당시의 교육이란 대개는 스승과 제자가 실생활에서 대화를 나누는 방식이었다. 물론 일대일 토론도 있고 집단 토론도 있었다. 과거의 교육은, 대개 수준별 맞춤 교습과 집단 브레인스토밍이었던 셈이다.

'3×8=23'이 옳은 이유

하루는 공자가 안회에게 심부름을 시켰다. 시장에 내려가 몇 가지 물건을 좀 사 오라는 것이었다. 안회가 시장에 들어서니 저쪽 어귀에서 고성이 오가고 있었다. 안회는 궁금한 마음에 발걸음을 옮겼다. 가서 보니 옷감을 파는 사람과 옷감을 사러 온 손님이 다투고 있었다. 안회는 가만히 서서 그들의 대화에 귀를 기울였다. 계산을 하는 과정에서 시비가 붙은 모양이었다.

옷감을 사러 온 사람은 '3×8=23'이라 우기고, 옷감을 파는 사람은 '3×8=24'가 맞다며 성을 내고 있었다. 싸움이 쉽게 끝날 것 같지 않자, 듣다못한 안회가 나섰다. "이보시오. 내가 셈을 해봐도 '3×8=24'가 옳소. 그러니 어서 주인장에게 1전을 더 주고 소란을 멈추시오." 그러자 옷감을 사러 온 사람이 이번에는 안회에게 고함을 쳤다. "당신이 뭔데 끼어들고 난리요. 괜히 남의 일에 참견하지 말고 가던 길이나 마저 가시오. 행여 공자라도 와서 틀렸다고 하면 또 모를까, 그전에는 내 계산이 틀렸다는 사실을 인정할 수 없소." 기가 찬 안회는 이렇게 말했다. "이보시오. 당신이 말하는 그 공자께서 직접 나를 가르쳤소. 그러니 내 말을 듣고 어서 그만하시오."

그러나 옷감을 사러 온 사람은 막무가내였다. "당신이 공자 제자라는 사실을 내가 무슨 수로 믿겠소? 그리고 공자 제자씩이나 되는 사람이 이 시간에 시장에 나타날 이유가 무엇이오? 당신이 진짜 공자 제자라면 공자를 한번 모셔 와보시오. 공자께서 틀렸다 하시면, 내 깨끗하게 물러나겠소." 이쯤 되니 안회의 마음에서도 슬슬 부아가 치밀었다. 안회가 말했다. "좋소. 내 이 길로 가서 선생님을 모시고 오겠소. 하지만 이런 일로 선생님을 번거롭게 해드릴 생각을 하니 나도 화가 나오. 당신의 그 우기는 버릇을 고치기 위해서라도, 우리 내기를 합시다. 만일 선생님이 오셔서 '3×8=24'가 맞다고 하시면, 당신은 어떻게 하겠소?" 옷감을 사러 온 사람이 답했다. "그러면 나는 내 모가지를 내놓겠소." 안회는 옳다구나 싶은 마음에 의기양양했다. 그리고 자신의 머리를 가리키며 말했다. "그 말에 꼭 책임을 지시오. 나는 선비요. 선비에겐 목숨만큼이나 귀한 것이 바로 이 관(冠)임을 그대도 잘 알 것이오. 만일 내가 틀렸다면, 나는 내 관을 내놓겠소." 말을 마친 안회는 그길로 공자를 모셔 왔다. 그러자 자초지종을 들은 공자는 이렇게 말했다. "안회야, 네가 틀렸다. '3×8=23'이 맞다."

일찍이 「위정」편에서 공자는 이렇게 말했다. '오여회언(吾與回言) 종일불위여우(終日不違如愚)'. '내가 안회와 말을 해보면 온종일 대화를 나눠도 거스름이 없어 마치 어리석은 사람 같았다'라는 뜻이다. 어리석어 보일 정도로 공자의 말에 잘 순종했던 안회였다. 공자가 옷감 사러 온 사람 편을 드는데, 안회라고 어쩔 도리가 없었다. 결국 안회는 자신의 갓을 벗어 옷감을 사러 온 사람에게 주었다. 옷감을 파는 사람도 민망하긴 마찬가지였다. 게다가 졸지에 1전을 손해 보게 되었다. 옷감을 사러 온 사람은 어깨를 으쓱이며 옷감과 안회의 갓을 들고 돌아갔다.

안회는 아무리 생각해봐도 스승을 이해할 수 없었다. 그 많은 사람 앞에서 망신당한 것을 생각하니 속에서 천불마저 났다. 안회는 공자를 찾아가 말했다. "잠시 고향에 좀 다녀와야겠습니다." 그러자 공자는 별말 없이 죽간 두 개를 나란히 폈다. 한쪽에는 '천년고수막존신(千年古樹莫存身)' 일곱 글자를, 다른 한쪽에는 '살인불명물동수(殺人不明勿動手)' 일곱 글자를 적어 안회에게 주었다. '천년 묵은 오래된 나무 아래는 몸을 두지 말고', '사람을 죽여야 할 만큼 분명하지 않다면 손을 움직이지 말라'는 뜻이다. 안회는 공자에게 받은 죽간을 아무렇게나 쑤셔 넣고는 곧바로 길을 나섰다.

얼마쯤 가다 보니 갑자기 우레와 함께 소나기가 내렸다. 안회는 급한 김에 일단 큼직한 나무 밑으로 몸을 피했다. 순간 스승에게 받은 죽간이 안회의 뇌리를 스쳤다. 자신의 편을 들어주지 않았을 뿐 아니라 망신까지 준 스승이었다. 하지만 아무리 그래도 스승은 스승이었다. 스승이 밉기는 했지만, 스승의 마음까지 외면할 순 없었다. 안회는 고개를 들어 자신이 몸을 피한 나무를 살펴보았다. 한눈에 봐도 무척 오래된 나무였다. "그래, 선생님이 오래된 나무 밑에는 몸을 두지 말라고 했으니…" 안회는 혼잣말을 하며 다른 나무를 향해 걸음을 옮겼다. 그때였다. 하늘에서 한 줄기 벼락이 떨어져 안회가 몸을 피하고 있었던 오래된 나무를 때렸다. 나무는 삽시간에 쓰러지고 말았다. 만일 안회가 계속 그 나무 밑에 있었더라면 크게 다치거나 혹은 죽게 되었을지도 모를 일이었다. "거참, 별일도 다 있군." 안회는 신기한 마음이 들었다.

비가 그치고 안회가 고향집에 도착해보니 이미 한밤중이었다. 조용히 사립문을 열고 들어갔는데 마당에 신발 두 켤레가 나란히 놓여 있었다. 하나는 아내의 신발이 분명했지만, 다른 하나는 처음 보는 신발이었다. 안회는 문득 '내가 공부한다고 집을 비운 사이에 아내가 남정네를 끌어들였구나' 생각했다. 그는 허리에 차고 있던 칼을 뽑아 들었다. 방문을 열자마자 칼을 휘둘러 아내와 정체 모를 외부인을 죽여야겠다고 다짐했다. 그 순간, 안회의 뇌리에 '사람을 죽여야 할 만큼 분명하지 않다면 손을 움직이지 말라'는 공자의 죽간이 떠올랐다. 그래서 안회는 죽일 때 죽이더라도 한번 확인은 해보자며 마음을 고쳐먹었다. 그리고 방으로 들어가 촛불을 켰더니 아내와 여동생이 나란히 누워있었다. 공부한답시고 툭하면 집을 비우는 안회를 대신해 여동생이 찾아와 올케의 살림을 돕고 있었던 것이다. 안회는 하마터면 큰일 날 뻔했다며 가슴을 쓸어내렸다.

말을 해도 알아듣지 못하는 사람의 수준

다음 날, 날이 밝자 안회는 공자를 찾아가 자신의 마음을 솔직히 고했다. "사실 선생님께서 옷감 사러 온 사람 편을 드셨을 때, 저는 무척 화가 나고 창피했습니다. 오죽하면 저는 선생님께서 이제 연세가 드시어 그런 간단한 셈조차 못하게 되신 줄 알았습니다. 하지만 선생님 덕택에 저는 목숨을 세 개나 살렸습니다." 공자가 답했다. "네가 화가 나서 그렇게 뛰쳐나가 버린 줄 내 일찍이 알고 있었다. 평소에 화를 잘 내지 않는 녀석이 한번 화를 내면 어떻게 되겠느냐. 성난 마음에 틀림없이 일의 이치를 분별하기 어려워질 테지. 어제 날씨를 보니 무덥고 습하여 큰비가 내릴 것 같더구나. 천둥 번개가 칠 수도 있으니 그저 큰 나무 아래를 조심하라고 한 것뿐이다. 또 떠나는 네 뒷모습을 보니 허리춤에 칼을 찼더구나. 노한 마음에 칼을 뽑으면 그 칼은 나를 해치고 남을 해치니, 그저 웬만하면 손을 움직이지 말라고 했을 뿐이다."

감사하다며 공손히 절하고 물러가는 안회에게 공자가 다시 말했다. "참, 그 옷감 사러 왔던 사람 말이다. 그날 내가 듣자 하니 그 사람은 자기 목숨을 걸고 너는 관을 걸었다더구나. **계산도 중요하고 관도 중요하지만, 세상에 사람 목숨보다 귀한 게 어디 있겠느냐.** 그 많은 사람 앞에서 창피당하는 것은 잠깐이다. 그런데 만약 그 사람이 제 분을 못 이겨 정말 혀를 깨물고 죽어버리기라도 한다면, 앞으로 너는 어떻게 되겠느냐. 사람들은 결국 네가 그 사람을 죽게 만들었다며 평생 손가락질할 것이다. '3×8=23'이라고 우긴 게 결코 죽을 죄는 아니지 않느냐? 물론 그날 네 편을 들어주지 못한 건 내 참으로 미안하다."

일찍이 공자는 중간쯤 이상 되는 사람에게는 심오한 진리를 말해도 된다고 하였다. 여기서 중간이란 학벌이나 소득, 자산이나 사회적 지위를 말하는 게 아니다. 중간쯤 이상 되는 '사람의 인격'을 말한다. **어떤 사람의 인격은 나아가야 할 때와 물러나야 할 때를, 그리고 일의 무거움과 가벼움을 얼마나 잘 아는가에 달려 있다.** 인격이 중간쯤 이상 되는 사람은 나아가기만 할 줄 아는 사람 앞에서 물러날 줄 안다. 또 인격이 중간쯤 이상 되는 사람은 물러나기만 할 줄 아는 사람이 나아갈 수 있도록 도울 줄 안다. 하지만 인격이 중간쯤 이하 되는 사람은 무거운 일만이 일인 줄 알고, 가벼운 일도 일이란 사실은 모른다. 또 가벼운 일만이 일인 줄 알고, 세상엔 무거운 일도 있다는 사실은 모른다. 공자의 교육은 수준별 교육이자 맞춤형 교육이었지만, 그 목적만큼은 동일했다. 공자는 늘 자신의 가르침이 사람의 인격을 중간쯤 이상 되도록 만드는 데 보탬이 되기를 바랐다.

공자는 일대일 교육 말고도 여러 제자와 함께하는 집단 브레인스토밍을 즐겼다. 집단 토론이야말로 내 진리가 심오한 만큼 다른 사람들의 진리도 심오함을 깨달을 수 있는 좋은 교육의 장이기 때문이다. 오늘날 우리나라에서도 중요성이 높아지고 있는 토론식 교육이 진짜 필요한 이유는 중간쯤 이상 되는 인격을 형성하는 데 도움이 되기 때문이다. 부족하게 여겨지는 다른 사람의 의견을 보충해 앞으로 세우고, 설득력 있는 주장 앞에서는 고집을 꺾고 인정할 줄 아는 것. 그 과정에서 맞고 틀리고를 떠나 토론이 결국 더 나은 세상을 만들기 위해 벌어지는 논쟁이라는 걸 깨닫는 일의 중요성을 일찍이 공자는 알고 있었다.

아첨하는 놈보다는
미친 놈이 낫다

자왈子曰.

"부득중행이여지不得中行而與之,

필야광견호必也狂狷乎.

광자진취狂者進取 견자유소불위야狷者有所不爲也."

– 「자로子路」편 제21장

공자께서 말씀하셨다.

"중행군자를 얻어 함께할 수 없다면,

반드시 광자나 견자와 함께할 것이다.

광자는 진취적이고 견자는 하지 않는 바가 있다."

나는 무엇을 심었는가

세상을 살며 가장 중요한 것 가운데 하나가 바로 인연(因緣)이다.

인이 '원인으로서의 까닭'이라면, 연은 '결과로서의 까닭'에 가깝다. 그래서 불교에서는 많은 것을 인과(因果)로 설명한다. 세상 모든 일은 반드시 원인이 있기에 결과가 있고, 결과가 있는 건 원인도 있다는 것이다. 우리 속담에도 '콩 심은 데 콩 나고, 팥 심은 데 팥 난다'라고 하였다. 너무 당연한 얘기처럼 느껴지지만, 살다 보면 실제로 콩을 심어놓고선 팥이 나기를 바라는 이들이 있는가 하면 팥을 심어놓고선 콩이 나기를 바라는 이들도 있다. 좀처럼 원하는 결과를 얻지 못할 때 '나는 무엇을 심었는가?' 한번쯤 돌아볼 필요가 있다.

문득 언젠가 누나와 나눴던 대화가 떠오른다. 하루는 내가 물었다. "누나, 나는 왜 연애를 못 할까? 나도 좋은 짝을 만나서 마음껏 사랑해보고 싶어." 그러자 누나가 답했다. "글쎄, 좋은 짝은 좋은 곳에 있겠지." 내가 다시 물었다. "그럼 좋은 곳은 어딘데?" 누나가 다시 답했다. "사람마다 다르겠지. 근데 적어도 새벽녘의 술집은 썩 좋은 곳이 아니지 싶다." 당시 나는 알코올 중독을 겪고 있었다. 누나의 말에는 아마 심한 알코올 중독에 빠진 동생이 술을 덜 마셨으면 좋겠다는 마음도 담겨 있었을 것이다.

사람들은 대개 내가 원하는 조건에 주안점을 둔다. 원하는 조건이란 결과에 가깝다. 그러나 때로는 원하는 결과를 얻기 위한 원인이 충족되었는가를 진중하게 고민해볼 필요도 있다. 그래서 예로부터 '까마귀 노는 곳에 백로야 가지 말라'고 하였다. 이는 까마귀를 비하하기 위한 말이 아니다. 까마귀는 까마귀의 삶이 있고 백로는 백로의 삶이 있다. 백로의 삶도 귀하지만, 까마귀의 삶도 소중하긴 마찬가지다. 다만 스스로 백로의 삶을 바라며 까마귀 떼와 어울린다면 이는 인과론적으로 잘못된 것이다. 또 까마귀의 삶을 즐기며 백로로 살고자 한다면, 이 역시 인과론적으로 맞지 않는다.

미지근한 것보다 미친 듯 진취적인 것이 좋다

공자는 누구보다 사람을 귀하게 생각했던 인물이다. 사람을 귀하게 생각한다는 말은 인연을 귀하게 생각한다는 말과 같다. 인연이란 하늘이 인간에게 준 가장 귀한 선물이다. 또 인연은 하늘이 일하는 방식이기도 하다. 하늘은 결코 직접 나서거나, 천사나 악마 같은 초월적 존재를 인간 세상에 보내지 않는다. 하늘은 늘 인간을 통해서 일한다. 간절히 배우고 싶은 사람에게는 스승을 보내주고, 간절히 중독으로부터 벗어나고 싶은 사람에게는 진정한 의사를 보내준다. 이처럼 하늘은 간절한 이에게 귀인을 보내주고, 그 귀인은 나의 간절함에 걸맞은 기회를 마련해준다.

공자는 간절히 함께하고픈 인연으로 '중행군자(中行君子)'를 꼽았다. 중행이란 쉽게 말해 중용적 실천을 뜻한다. 중용에서 중이란 '치우침도 없고 의존함도 없음'을 뜻한다. 또 중이란 '넘치지도 모자라지도 않음'을 뜻한다. 용이란 '이처럼 치우침도 없고, 의존함도 없으며, 넘치지도 않고, 모자라지도 않은 상태를 늘 유지할 수 있는 힘'이다. 세상에 잠시 치우치지 않고, 잠시 의존하지 않을 수 있는 사람은 많다. 또 잠시 넘치지 않고 잠시 모자라지 않을 수 있는 사람도 많다. 그러나 늘 치우치지 않고, 늘 의존하지 않으며, 늘 넘치지 않고, 늘 모자라지 않을 수 있는 사람은 무척 드물다. 사실 성인인 공자조차도 늘 중용적 실천에 머무르지는 못했다. 공자는 중행군자와 함께할 수 있다면 더할 나위 없겠지만, 그것이 결코 쉽지 않음을 알았다. 그래서 공자는 대안으로 광자나 견자와 함께함이 좋겠다고 하였다.

광자란 말 그대로 미친 사람이다. 여기서 미친 사람이란 정신질환자를 말하는 게 아니다. 광자란 '어느 것 하나에 미친 듯이 골몰하여 그 분야에서만큼은 보통과 다르게 된 사람'을 뜻한다. 중국 동진(東晉)에는 왕희지(王羲之)라는 서예가가 있었다. 하루는 왕희지가 난정(蘭亭)이라는 곳에서 연회를 열었다. 이 연회의 백미는 유상곡수(流觴曲水)였다. 작은 연못 가운데 인공섬을 만들고, 술잔을 물 위에 띄운 뒤 한 바퀴 빙 돌아 자신 앞에 올 때까지 시를 짓지 못하면 벌주를 마시는 놀이의 일종이다.

당시 난정의 연회에 참석한 사람들 가운데 스물여섯 명이 시를 지었고, 열다섯 명이 시를 짓지 못해 벌주를 마셨다고 한다. 연회가 끝날 즈음엔 총 서른일곱 수의 시가 지어졌는데, 왕희지는 이것들을 한데 모아 엮은 뒤 자신이 서문(序文)을 썼다. 당나라의 문인 하연지(何延之)가 쓴 『난정시말기(蘭亭始末記)』는 이때의 상황을 다음과 같이 묘사하고 있다. "왕희지는 술이 거나하게 취한 상태로 누에실로 만든 종이에 쥐수염붓으로 28행 324자를 한순간에 써 내려갔다. 글 가운데는 '갈 지(之)' 자가 스물네 자로 가장 많았다. 하지만 자획(字劃)의 변화가 무쌍하여 스물네 자 가운데 한 글자도 똑같이 쓴 글자가 없었다.

왕희지는 술이 깬 다음 수백수천 번을 다시 써보았지만, 아무래도 그날의 글씨에 미치지 못하여 스스로 신(神)의 도움을 받았다며 한탄하였다. 난정의 서문인 「난정서(蘭亭序)」는 여전히 천하제일행서(天下第一行書)라 불리며 무가지보(無價之寶)로 취급을 받는다. 무가지보란 '값을 매길 수 없는 보물'이라는 뜻이다. 훗날 왕희지는 글씨의 성인, 즉 서성(書聖)으로 추앙받게 된다.

조선 초기의 명필 가운데 최흥효라는 인물이 있다. 그는 과거 시험을 치르며 답안을 작성하던 중 공교롭게도 왕희지의 글씨와 똑같이 쓰인 자신의 글씨를 발견하고 깜짝 놀랐다. 일찍이 왕희지의 글씨를 사모하여 어떻게든 비슷하게 써보고자 만고의 노력을 기울였지만 쉽사리 되지 않던 터였다. 그는 답안을 쓰다 말고 자신이 쓴 글자에 넋을 잃고 말았다. 과거 시험이 끝나도록 그 글자만 뚫어져라 바라보던 그는 결국 답안을 제출하지 않고 품에 넣어 집으로 돌아갔다.

왕희지의 난정서와 최흥효의 답안지는 모두 미쳐[狂]서 미쳤[及]거나, 미쳐[及]서 미친[狂] 예라고 볼 수 있다. 이처럼 미쳐서 미친 경우를 '불광불급(不狂不及)'이라고 한다. '미친 듯이 골몰해야 비로소 미칠 수 있다'는 뜻이다. 인과론적으로 미친 듯이 골몰하는 게 원인이라면, 미치는 것은 결과인 셈이다. 공자는 적어도 배움만큼은 뜨뜻미지근한 것보다 미친 듯이 진취적인 것이 좋다고 하였다. 배움은 일차적으로 나 자신을 이롭게 하는 일이다. 진취적으로 스스로를 이롭게 하는 사람에게는 스스로가 이롭게 된 이후에 남들도 이롭게 해줄 수 있는 길이 열린다. 그래서 공자는 중행군자를 얻을 수 없다면 광자와 함께하고 싶다 하였다.

가까워져 가는 과정 속에 진짜 배움이 있다

공자가 함께함이 좋다고 한 견자에서 '견(狷)' 자는 성급하다는 뜻과 뜻이 굳세다는 뜻을 동시에 가지고 있다. 물론 여기서는 굳센 사람을 말한다. 뜻이 굳센 사람은 때때로 자신의 고집을 굽히지 않기 때문에 융통성을 발휘하지 못하고 주변 사람들을 힘들게 하기도 한다. 하지만 뜻이 굳센 사람은 자신의 뜻 이외에는 한눈을 팔지 않는다. 예컨대 견자는 한 여성에게 몸과 마음을 모두 헌신하는 해바라기형 남자에 가깝다. 편력의 길을 걷는 스윗남과 외길을 걷는 고집남 가운데 한 사람을 고르라면, 대다수 여성은 결국엔 외길을 걷는 고집남을 선택할 것이다. 외길을 걷는 고집남에게는 '하지 않는 확실한 바'가 있으니 그것이 바로 한눈을 파는 일이다.

이는 배움에 있어서도 마찬가지다. 본래 학문이란 '박학심문(博學審問)'의 준말이다. 박학심문은 『중용』에 등장하는 말로 '널리 배우고 자세히 묻는다'는 뜻이다. 공자는 평생을 배움 이외에 한눈을 팔지 않았다는 점에서 광자고 견자였다. 누구보다도 배움에 진취적이었으며 오직 배움에만 고집을 부렸기 때문이다.

공자는 「위정」편에서 '**비기귀이제지(非其鬼而祭之) 첨야(諂也)**'라 하였다. '자기의 귀신이 아닌데 제사 지내는 것은 아첨하는 것이다'라는 뜻이다. 이는 꼭 귀신과 제사에만 해당되는 이야기는 아니다. 공자 입장에선 자신의 신념이 아닌데 기웃대는 사람은 아첨하는 사람이었다. 그리고 자신의 배움이 아닌데 넘보는 사람도 아첨하는 사람이었다. 반면에 광자와 견자에게는 모두 아첨하지 않는단 공통점이 있었다. 그래서 공자는 중행군자와 함께할 수 없다면, 적어도 아첨하지 않는 광자나 견자와 함께하고 싶다고 하였다.

공자에게 '아첨하지 않음'이 인(因)이었다면, '배움을 이룸'은 과(果)였다. 또 광자와 견자가 인(因)이었다면, 함께 배울 수 있는 사람은 연(緣)이었다. 인간에게 중행군자나 중행대인(中行大人)은 최종 목적지가 될 수 없다. 지금은 성인으로 불리는 공자조차도 스스로를 중행군자라 칭하지 않았다. 중행군자와 중행대인은 언제나 그것을 지향하려는 노력과 그것에 가까워져 가는 과정 속에 있는 것이다.

그리고 중행군자로 나아가는 첫걸음은 광자나 견자로부터 뗄 수 있다. 미친 듯이 진취적인 이후라야 어딘가에 미칠 수 있다. 일단 미친 이후라야 그칠 수 있다. 그친 이후라야 주변과 나눌 수 있다. 반드시 하지 않는 게 있어야 한눈을 팔지 않을 수 있다. 일단 한눈을 팔지

않아야 아첨하지 않을 수 있다. 아첨하지 않아야 나의 신념과 나의
배움과 나의 사람, 곧 나의 인연들에 진정으로 당당하며 또 감사할
수 있다.

크게 만드는 철학,
작게 만드는 안목

애공문사어재아哀公問社於宰我 재아대왈宰我對日.

"하후씨이송夏后氏以松, 은인이백殷人以柏, 주인이율周人以栗,

왈사민전율日使民戰栗."

자문지왈子聞之日.

"성사불설成事不說, 수사불간遂事不諫, 기왕불구旣往不咎."

– 「팔일八佾」편 제21장

애공이 재아에게 상징하는 나무에 대해 물으니 재아가 대답했다.

"하후씨는 소나무로 상징했고, 은나라 사람들은 측백나무로 상징했고, 주나라 사람들은 밤나무로 상징했으니, 이는 백성들이 전율토록 하기 위함이었다고 합니다."

공자께서 이 말을 들으시고 말씀하셨다.

"이루어진 일이라 따지지 않으며, 끝난 일이라 말하지 않으며, 이미 지난 일이니 허물하지 않겠다."

관계를 따스하게 만들어주는 칭찬의 힘

세상에는 크게 두 부류의 사람이 있다. 첫째는 크게 만드는 사람이고, 둘째는 작게 만드는 사람이다. 나는 어렸을 때부터 남 칭찬하기를 좋아했다. 남 칭찬하기를 좋아하는 사람의 특징은 자신이 칭찬받기를 좋아한다는 것이다. 예컨대 상대방의 옷을 칭찬할 때는 내 옷에 대해 긍정적으로 평가해달라는 무언의 신호가 들어 있다. 일종의 보상 심리라고 보아도 무방하다.

'침소봉대(針小棒大)'란 말이 있다. '바늘만큼 작은 것을 몽둥이만큼 큰 것으로 포장한다'는 뜻이다. 칭찬을 즐겨 하는 사람들은 종종 침소봉대한다는 오해를 받는다. 하지만 적어도 사람에게만큼은 침소봉대에 가까운 칭찬을 해주는 것도 나쁘지 않다. 이러한 칭찬은 누군가에게 자신이 큰사람이라는 느낌을 받도록 해주기 때문이다.

사회복지사로서 청소년 학생들과 대화를 나눠야 할 때가 있다. 청소년들은 대개 처음에는 데면데면하기 그지없다. 청소년기란 원래 자기 한 몸을 열심히 핥기도 바쁜 시기다. 가정이나 학교생활에 쉽사리 말 못할 문제가 있는 청소년들이라면 더욱 그렇다. 그래서 청소년들과의 첫 만남에서 찬바람이 쌩쌩 부는 일은 지극히 당연한 현상이며 각오해야 마땅한 일이다. 이럴 때 얼어붙은 공기를 따스하게 녹여주는 한마디가 바로 칭찬이다.

알아주는 사람을 위해 목숨을 바친다

사마천의 『사기열전』에는 예양이라는 인물이 등장한다. 예양은 춘추시대와 전국시대의 과도기를 살았던 진(晉)나라 사람이었다. 그는 일찍이 범씨와 중항씨의 두 주군을 섬겼다. 하지만 범씨와 중항씨는 예양에게 별다른 역할을 맡기지 않았다. 그러자 예양은 범씨와 중항씨를 떠나 다시 지백이라는 인물을 섬겼다. 지백은 예양을 몹시 존중하고 또 총애했다. 훗날 지백은 조양자라는 인물과 권력을 두고 다툼을 벌이다 조양자에게 살해되었다. 조양자는 죽은 지백의 두개골에 옻칠을 하여 자신의 술잔으로 삼았다.

그러자 예양은 먼저 이름을 바꾸고 스스로 죄수의 몸이 되어 조양자의 별궁 뒷간에서 벽을 바르는 징역을 맡았다. 예양은 늘 몸에 비수를 품고 다니며 조양자를 단칼에 찔러 죽일 기회만을 엿보았다. 하루는 뒷간에 들른 조양자가 알 수 없는 살기를 느끼고 벽을 바르는 죄수 전원을 심문하였다. 예양의 차례가 되자 그의 품에서 비수가 나왔다. 조양자가 비수를 품고 다닌 까닭을 묻자 예양은 이렇게 답했다. "지백의 원수를 갚기 위함이다." 조양자의 신하들이 그 자리에서 예양을 죽이려 하자 조양자가 말렸다. "예양은 의로운 사람이니 그냥 놔두어라. 내가 조금 더 삼가고 피하면 그만이다." 결국 조양자의 신하들은 예양을 풀어주었다.

얼마 뒤, 예양은 이번에는 온몸에 옻칠을 하여 문둥이처럼 꾸미고, 또 숯을 삼켜 목을 쉬게 한 다음 저잣거리에 나가 구걸을 하였다. 장을 보러 시장에 나왔던 예양의 아내도 자신의 남편을 알아보지 못했다. 하루는 아내조차 알아보지 못했던 예양을 어느 친구가 알아보았다. "자네는 예양이 아닌가?" 예양이 답했다. "바로 나일세." 예양의 친구가 그 자리에서 목놓아 울며 말했다. "자네의 실력과 재능이면 조양자의 신하가 되더라도 그는 반드시 자네를 아끼고 또 누구보다 총애할 걸세. 정 복수가 하고 싶거든 그렇게 조양자에게 가까이 접근한 뒤에 일을 치러도 되지 않는가? 왜 자기 몸을 해치고 스스로에게 고통을 주면서까지 이토록 어리석은 방법을 택하는가? 이것이 쉬운 일을 어렵게 만들고, 가까운 길을 멀리 돌아가는 게 아니면 무어란 말인가?" 예양이 답했다. "일단 남의 신하가 되어 그 사람을 섬기면서 다른 한편으로는 그를 죽이려 한다면, 이는 한 군주를 섬기며 두 마음을 품는 것이네. 내가 이렇게까지 하는 까닭은 지백의 원수를 갚기 위함도 있지만, 후대에 남의 신하가 되어서 두 마음으로 군주를 섬기는 자들에게 부끄러움을 알도록 하기 위함도 있네."

며칠 후 조양자가 외출하자 예양은 평소 조양자가 지나다니는 다리 밑에 숨어서 그를 기다렸다. 조양자가 다리 가까이에 이르자 돌연 그가 타고 있던 말이 놀라 뒷걸음질했다. 조양자가 말했다. "이는 필시 예양 때문이다." 조양자가 사람을 시켜 주변을 수색하니 온몸에 옻칠을 한 예양이 끌려왔다. 조양자는 즉시 예양을 꾸짖었다. "예양네 이놈, 너는 일찍이 범씨와 중항씨를 섬겼다. 하지만 지백이 범씨와 중항씨를 죽여 없앴음에도 너는 범씨와 중항씨를 위해 지백에게 복수하지 않았다. 복수는커녕 오히려 지백의 심복이 되어 지백을 잘 섬겼다. 이제는 다만 범씨와 중항씨 대신 지백이 죽게 되었을 뿐이다. 그런데 어째서 너는 유독 나에게만 복수의 칼을 들이미는 것이냐?"

예양이 답했다. "내가 일찍이 범씨와 중항씨를 모신 것은 사실이다. 하지만 범씨와 중항씨는 모두 나를 그저 그런 보통 사람으로 대우했다. 그래서 나 역시 그들에게 보통 사람으로서 보답했다. 하지만 지백은 나를 특별한 사람으로 대우했다. 그래서 나 역시 지백을 위해 특별하게 보답하는 것뿐이다." 그러자 조양자는 눈물을 흘리며 말했다. "예양이여. 지백을 위한 특별한 보답도 이 정도면 되었고, 내가 그대를 용서한 것도 이 정도면 충분하다. 그대를 또 풀어줄 수 없음을 용서하라." 조양자는 이렇게 말하고 예양에게 자신이 입고 있던 옷을 벗어주었다. 그러자 예양은 지백에 대한 복수의 의미로 칼을 뽑아 조양자의 옷을 세 번 찌른 뒤, 칼에 엎어져 스스로 목숨을 끊었다. 예양이 죽었다는 소식을 듣고 나라의 모든 뜻있는 선비들이 눈물을 흘리며 울었다.

예양이 복수를 다짐하며 했다는 말은 아직까지 전해져 내려오고 있다. '**사위지기자사**(士爲知己者死) **여위열기자용**(女爲說己者容)'. '선비는 자기를 알아주는 사람을 위해 목숨을 바치고, 여인은 자기를 사랑해주는 사람을 위해 얼굴을 꾸민다'란 뜻이다. 우리는 누군가를 알아주거나 사랑해줄 때, 이러한 마음을 칭찬으로써 표현한다. 그래서 칭찬에는 늘 인정과 사랑의 의미가 담겨 있다. 인정의 마음이 담긴 칭찬은 보통의 선비를 역사에 길이 남을 특별한 선비로 만든다. 사랑의 마음이 담긴 칭찬은 보통의 여인을 둘째가라면 서러울 정도의 미녀로 만든다. 칭찬을 싫어하는 사람은 있을 수 없다. 모든 인간은 인정과 사랑을 필요로 하기 때문이다. 그래서 사람에게 칭찬은 그 사람을 큰 사람으로 만들어줄 수 있는 가장 좋은 방법이다.

인정은 큰 사람을 만들고, 금지는 작은 사람을 만든다

반면에 세상에는 누군가를 작게 느껴지도록 만드는 사람도 있다. 이런 사람의 특징 가운데 하나는 삶에 금지가 많다는 것이다. 금지에는 늘 강요와 명령이 내재해 있다. 그래서 칭찬의 반대말은 비난이 아니라 금지다. 예컨대 자녀에게 비난을 쏟아내는 부모는 드물다. 하지만 많은 것을 금지하는 부모는 결코 드물지 않다. 금지는 금지된 것에 대한 더욱 강렬한 욕망을 낳는다. 그래서 지혜롭지 못한 부모는 자녀를 금지하지만 지혜로운 부모는 자녀를 칭찬한다. 금지를 받으며 자란 아이는 억눌린 욕망에 사로잡혀 결국 스스로를 조절하지 못하는 작은 사람이 되고 만다. 반면 칭찬을 받으며 자란 아이는 건강한 방식으로 자신의 욕망을 해소하며, 또 스스로를 조절할 수 있는 큰 사람이 된다.

철학의 목적은 세상을 큰 안목으로 바라볼 수 있는 지혜의 형성에 있다. 큰 안목을 가진 사람은 누군가 성과를 내면 그 성과 이상의 것을 인정한다. 누군가 실수를 하면 그 실수를 사랑으로 품어준다. 이렇게 인정과 사랑을 받은 사람은 더욱 큰 사람이 된다. 하지만 작은 안목을 가진 사람은 누군가 성과를 내더라도 그 성과의 아쉬운 점을 이야기한다. 누군가 실수라도 하면 그 실수의 반복을 철저히 금지한다. 이처럼 금지와 제한을 받은 사람은 더욱 작은 사람이 되고 만다.

하루는 노나라의 어린 왕 애공이 공자의 제자인 재아(宰我)를 만났다. 애공은 재아에게 지난 역사 속의 여러 나라를 상징했던 나무들에 대해 물었다. 재아는 이렇게 말했다. "하나라를 상징했던 나무는 소나무였고, 은나라를 상징했던 나무는 측백나무였습니다. 그리고 주나라를 상징했던 나무는 밤나무입니다." 재아는 공자의 제자 가운데 자공과 더불어 언변에 뛰어났던 제자로 널리 알려져 있다. 언변이 뛰어난 사람들은 자신의 말솜씨를 지나치게 믿는 까닭에 가끔 말실수를 하기도 한다.

하나라는 소나무, 은나라는 측백나무, 주나라는 밤나무. 이처럼 재아가 역사에 기록되어 있으므로 누구나 알 수 있는 사실만을 말했다면, 『논어』의 이 대목에 공자가 등장할 까닭은 없었을 것이다. 하지만 재아는 이런 말을 덧붙였다.

"주나라를 상징하는 나무가 밤나무인 이유는 백성들로 하여금 전율케 하기 위함입니다."

공자 당시에는 밤나무를 의미하는 율(栗) 자와, 두려워한다는 뜻을 지닌 율(慄) 자를 따로 구분하지 않고 썼다. 그래서 재아는 주나라가 밤나무로 상징되는 이유를 자기 마음대로 해석하여 갖다 붙였다. 어린 왕의 환심을 사기 위해서였다. 아마 재아의 말을 들은 애공은 이런 생각을 했을지도 모른다.

'모름지기 좋은 정치란 백성들이 두려워 벌벌 떨도록 만드는 정치로군. 앞으로 나는 백성들이 두려워하는 왕이 되어야겠다. 그러기 위해선 나 역시 뭔가 두려움의 의미를 지닌 상징물을 하나 먼저 세우는 게 좋겠군.'

애공과 재아의 대화를 전해 들은 공자는 입을 다물 수 없었다. 아무리 어린 왕에게 잘 보이고 싶은 마음이 큰 안목을 가렸다지만, 사랑하는 제자가 한 대답이라고는 믿어지지 않았다. 하지만 제자가 큰 안목을 잃었다고 해서 스승인 자신까지 큰 안목을 버릴 수는 없었다. 공자는 스승이라는 권위에 힘입어 강제와 억압, 명령과 비난으로써 제아를 금지하는 대신 이렇게 말했다. **"이미 이뤄진 일이라 따지지 않으며, 이미 끝난 일이라 말하지 않으며, 이미 지나간 일이라 허물하지 않겠다."** 공자의 이 말은 금지가 불러일으킬 수 있는 그 어떤 반성보다도 더 처절한 반성을 재아에게 가져다주었을 것이다. 비록 큰 실수를 저지른 제자였지만, 공자는 끝끝내 재아를 사랑으로 품어주었다. 마지막까지도 제자에 대한 믿음의 끈을 놓지 않았다. '내가 이 정도만 말해도 재아는 충분히 내 뜻을 알아들을 수 있을 것이다.' 공자의 이 마음은 재아에게는 더할 나위 없는 인정이며 또 칭찬이었다.

맹자의 사단을 모두 갖춘 사람의 큰 안목

공자에게는 제자의 실수를 큰 안목에서 바라보고 큰 안목으로 대처할 수 있는 지혜가 있었다. 훗날 공자의 뜻을 이어 자신의 철학을 전개한 맹자는 사람의 마음씨를 네 가지로 분류했다. 이를 인간을 인간일 수 있게 하는 네 가지 단서, 즉 '사단(四端)'이라 한다.

사단의 첫째는 측은지심(惻隱之心)으로 맹자는 측은지심을 인(仁)의 단서라고 하였다. 측은지심은 '남의 불행을 불쌍하게 여기는 마음'을 말하고, 인은 '세상은 나 혼자 사는 곳이 아니란 사실을 앎'을 뜻한다. 맹자에 따르면 남의 불행을 가련하게 여길 수 있는 사람만이 세상은 더불어 사는 곳이라는 생각을 실천에 옮길 수 있다.

사단의 둘째는 수오지심(羞惡之心)으로 맹자는 수오지심을 의(義)의 단서라고 하였다. 수오지심은 '자기의 잘못을 부끄러워하고 남의 잘못을 미워하는 마음'을 말하고, 의는 '사사로움이 없는 공정함'이다. 맹자에 따르면 자기 잘못을 부끄러워할 줄 알고, 남의 잘못은 미워할 줄 아는 사람만이 사사로움에 치우치지 않은 공정한 생각을 실천으로 옮길 수 있다.

사단의 셋째는 사양지심(辭讓之心)으로 맹자는 사양지심을 예(禮)의 단서라고 하였다. 사양지심은 '자신을 내세우지 않고 남에게 양보할 수 있는 마음'을 말하고, 예는 '세상에 나도 주인공 그리고 너도 주인공'의 태도다. 맹자에 따르면 자신을 내세움이 없고, 남에게 양보할 줄 아는 사람만이 세상 모두 주인공이란 생각을 실천에 옮길 수 있다.

사단의 넷째는 시비지심(是非之心)으로 맹자는 시비지심을 지(知)의 단서라고 하였다. 지(知)와 지(智)는 율(栗)과 율(慄)처럼 공자나 맹자 당시에는 같은 의미로 사용했던 한자이며, 맹자의 사단을 설명할 적 에는 지(知) 자를 쓰는 것이 더 적절하다. 시비지심은 '맞고 틀림을 가릴 수 있는 마음'을 말하고, 지는 '사리를 분별할 수 있는 능력'이 다. 맹자에 따르면 옳고 그름을 가릴 수 있는 사람만이 사리분별을 실천으로 옮길 수 있다.

큰 안목을 가진 사람은 맹자의 사단을 모두 동원할 수 있는 사람 이다. 공자는 재아의 말이 시비지심과 지의 관점에서는 잘못되었으 나, 다른 관점에서는 그렇지 않을 수도 있음을 알고 있었다. 그래서 자신의 잘못을 스스로 부끄러워할 수 있도록 일깨우고 품어주었다.

작은 안목을 가진 사람은 대체로 맹자의 사단 가운데 어느 것 하나 에만 지나치게 주목한다. 특히 시비지심과 지의 관점에서만 세상을 바라보고자 하는 경향이 있다. 이들은 자기가 옳다는 생각에 도취해 인간을 인간답게 하는 단서에는 시비지심 외에도 다른 게 있다는 사 실을 간과한다. 이들은 끊임없이 자신만의 잣대로 세상을 판단하고 또 규정지으며, 나아가 이로써 남들을 제한한다. 반대로 큰 안목을 지닌 사람은 그 자체로 위대한 철학자다. 위대한 철학자는 남의 허물 을 드러내지 않고 오히려 장점을 찾아내 인정하고 사랑하니, 이것이 드러나면 칭찬이 된다. 군자와 소인의 분기점은 칭찬과 금지에 있다 고 해도 과언이 아니다.

인성이 부족한 사람에게
필요한 삶의 자세

자위중궁왈子謂仲弓曰.

"리우지자성차각犁牛之子騂且角,

수욕물용雖欲勿用 산천기사저山川其舍諸?"

－「옹야雍也」편 제4장

공자께서 중궁을 평하며 말씀하셨다.

"얼룩소의 송아지라도 색이 붉고 뿔이 좋다면,

비록 쓰지 않고자 하여도 산천의 신이 그것을 버려두겠는가?"

인간이 가질 수 있는 가장 큰 희망은 바로 믿음

한때 랜덤박스가 유행했다. 안에 무엇이 들었는지 알 수 없다는 게 랜덤박스의 매력이다. 랜덤박스를 손에 넣은 사람은 호기심에 부풀어 오른다. 랜덤박스 속에 든 물건은 값어치가 높은 것도 있고 낮은 것도 있다. 대수롭지 않은 물건이 나오면 사람들은 실소를 머금고, 예상치 못했던 진귀한 물건이 나오면 횡재한 기분에 큰 웃음을 터뜨린다.

랜덤박스의 역사는 무척 오래됐다. 저 옛날 그리스 신화에도 랜덤박스가 등장한다. 바로 판도라의 상자다. 판도라는 올림포스 최고신 제우스가 인간 세상에 내려보낸 최초의 여성이다. 판(pan)이란 '모든(all)'을 의미하며 도라(dora)는 '선물(gift)'을 의미한다. 판도라는 '모든 선물을 다 받았다'는 뜻이다. 제우스는 판도라의 결혼 선물로 피토스(pithos)를 주었다. 피토스는 큰 항아리를 말한다. 판도라의 상자는 원래는 판도라의 항아리였던 셈이다. 판도라가 결혼 선물로 받은 피토스 안에는 인간 세상의 갖가지 불행이 들어 있었다.

판도라의 남편 에피메테우스는 아내에게 무슨 일이 있어도 상자를 열어선 안 된다고 당부했다. 하지만 인간에게는 하지 말라고 하면 더 하고 싶은 본능이 있다. 날이 갈수록 판도라의 호기심은 커졌다. 어느 날, 판도라는 남편이 외출한 사이 결국 상자를 열고 말았다. 판도라의 상자가 드디어 열리고 만 것이다. 판도라가 상자를 열자 그 속에 있던 별의별 것들이 다 쏟아져 나왔다. 인간 세상은 한순간에 고통과 질병, 질투와 욕심, 교만과 허영 등으로 가득 찼다. 소스라치게 놀란 판도라는 얼른 상자의 뚜껑을 닫았다.

어쩔 줄 몰라 허둥지둥하는 판도라의 귀에 가냘픈 목소리가 들렸다. "꺼내주세요. 저도 좀 꺼내주세요." 이제는 더 나빠질 것도 없다는 생각에 판도라는 다시 상자를 열었다. 그렇게 마지막으로 인간 세상에 나온 것이 바로 '희망'이었다. 희망을 뜻하는 라틴어 앙코라(áncŏra)는 닻이라는 뜻이다. 닻이 없는 배는 바다에 정박할 수 없다. 마찬가지로 희망이 없는 인간은 세상에 정착할 수 없다. 인간에게 가장 큰 희망은 믿음이다. 인간에게 믿음이란 스스로에 대한 믿음이자, 다른 사람에 대한 믿음이며, 또 세상에 대한 믿음이다.

태초부터 선하지도 악하지도 않다

공자는 누구보다 자신을 믿었고, 다른 사람들을 믿었으며, 또 세상을 믿었던 인물이다. 그래서 공자의 가장 큰 위대함은 학식과 권위에 있지 않고, 인간과 세상을 향한 희망적인 태도에 있다. 원래 동양 철학에는 선악(善惡) 개념 자체가 없었다. 동양에서 선의 반대말은 악이 아니라 늘 불선(不善)이었다. 이는 『논어』의 핵심인 인(仁) 개념에서도 마찬가지다. 인의 반대말은 악이 아니라 불인(不仁)이다.

'악하다'와 '선하지 않다', 또 '악하다'와 '인하지 않다'는 일견 같은 듯하지만 분명히 다른 말이다. 이 세상에 마냥 악하기만 한 사람은 없다. 아무리 큰 잘못을 저지른 사람에게도 한줄기 선한 의지는 내재할 수 있다. 또 마냥 선하기만 한 사람은 없다. 아무리 많은 선행을 베푸는 사람에게도 분명히 선하지 못한 부분은 있다. 인간이란 기본적으로 완벽할 수 없기 때문이다.

동양인들은 인간의 불완전함을 부끄러워하지 않았다. 오히려 불완전한 인간의 모습을 자연스럽게 받아들이고 덜 불완전해지고자 노력했다. 이때 가장 필요한 게 인간에 대한 믿음과 희망이었다. 공자도 그랬다. 공자에게는 천사 같은 사람이라도 선한 의지를 계속하여 갈고 닦지 않으면 언제든 불선에 빠질 수 있다는 믿음이 있었다. 비록 악마 같은 사람이라도 그에게 선한 영향력이 닿으면 다시 선으로 돌아갈 수 있다는 희망이 있었다. 나는 이런 동양의 사유가 참으로 멋있게 느껴지는데, 우리말에서 '멋'과 '맛'은 같은 의미다. 인간과 세상을 선과 악으로 양분하지 않는 문화는 우리 동양의 고유한 맛이기도 한 셈이다.

하지만 언제부턴가 우리 사회에서도 흑백논리가 성행하고 있다. 많은 사람이 세상을 선 아니면 악으로 규정지으려 한다. 특히 학교에서는 맹자의 성선, 순자의 성악, 고자의 성무선악 개념을 수학 공식처럼 학생들에게 주입시킨다. 그러나 맹자가 주장하는 성선이란 인간의 본성이 짐승에 비하여 선하다는 것이지, 모든 인간이 무작정 선함을 의미하지 않는다. 그러므로 맹자의 성선은 '그래도 인간이 불선보다는 선을 지향하도록 설계된 존재'라는 믿음으로 받아들여야 한다. 순자의 성악 역시 마찬가지다. 순자가 주장하는 성악이란 평범한 사람의 본성이 거룩한 사람인 성인(聖人)에 비하여 불선하다는 것이지, 모든 인간이 무작정 불선함을 뜻하지 않는다. 순자의 성악 역시 '아마도 인간은 선보다는 불선에 쉽게 물들도록 설계된 존재'라는 믿음인 셈이다.

맹자의 성선과 순자의 성악을 종합한 게 고자의 성무선악이다. 맹자와 순자가 인간 그 자체에만 주목했다면, 고자는 환경까지를 고려했다. 고자는 주어진 환경에 따라서 인간의 본성은 선을 지향하도록 발달할 수도, 또 불선을 지향하도록 발달할 수도 있음을 지적했다. **현대사회를 살아가는 인간을 조명하기에 가장 알맞은 입장은 단연 고자다. 인간을 바라보는 현대사회의 기본 관점은 '환경 속의 인간(Person In Environment)', 즉 인간 행동과 사회 환경은 언제나 상호 작용한다는 것이기 때문이다.**

중궁(仲弓)은 공자의 제자 가운데 예절과 덕행에 뛰어났기로 잘 알려진 인물이다. 공자는 「옹야」편 첫머리에서 이렇게 말했다. '옹야가사남면(雍也可使南面)'. '옹은 남면하게 할 만하다'란 뜻이다. 중궁의 본명은 염옹(冉雍)이며, 남면이란 '남쪽을 바라보고 앉는다'는 뜻이다. 예로부터 동양의 왕들은 늘 남쪽을 바라보고 앉았다. 그러므로 중궁은 남면하게 할 만하다는 말은 중궁은 왕 노릇을 하기에도 부족함이 없다는 뜻이다. 스승이 제자에게 보낼 수 있는 찬사 가운데서는 최고인 셈이다.

그러나 이랬던 중궁에게도 불완전함은 있었다. 가장 치명적인 약점은 바로 환경이었다. 중궁은 출신이 몹시 비천했다. 요샛말로 하면 중궁은 흙수저 축에도 끼지 못할 정도였다. 아예 수저가 없었다는 표현이 더 적절할 것이다. 특히 중궁의 아버지는 소문난 망나니였다.

욕을 입에 달고 살며 걸핏하면 술에 취해 폭력을 휘둘렀다. 그래서 사람들은 중궁의 아버지를 보면 슬금슬금 피해 다니기 바빴다. 공자는 왕 노릇을 하기에도 부족함이 없는 자신의 제자가 아버지로 인해 상처받는 모습을 볼 때마다 늘 가슴이 아팠다. 그래서 공자는 이렇게 말했다. **"비록 얼룩소의 송아지라도 색이 붉을 수 있다. 또 얼룩소의 송아지라도 뿔이 좋을 수 있다."** 예로부터 얼룩소는 그 무늬가 잡스럽다는 이유로 제사에 쓸 수 없었다. 그 애비에 그 자식일 거라는 사람들의 선입관으로부터 자유롭지 못했던 중궁에게 공자는 다시 이렇게 말했다. "색이 붉고 뿔이 좋기만 하다면 하늘과 땅이 가만히 내버려두겠는가!" 중궁에게 스승의 이 한마디는 크나큰 위로와 격려가 되었다.

사람이 변하지 않는다는 그릇된 믿음

'사람은 무슨 일이 있어도 절대 변하지 않는다'라는 말이 마치 위대한 진리처럼 여겨지는 세상을 우리는 살아가고 있다. 이 말은 한편으로는 맞고 한편으로는 틀리다. 모든 인간에게는 타고난 성질이 있다. 이를 천성(天性)이라고 한다. 예로부터 동양에서는 천성을 '본연지성(本然之性)'이라고 하였다. 말 그대로 '본래 그러한 성질'이라는 뜻이다. 이러한 본연지성은 하늘이 부여한 것이므로 절대 바뀌지 않는다. 그런 점에서 사람이 변하지 않는다는 말은 맞는 말이다.

하지만 사람에게는 성질만 있는 것이 아니다. 모든 인간에게는 성질도 있지만 동시에 성격도 있다. 성격은 형성되는 것이며 변화하는 것이다. 동양에서는 인간의 성격을 '기질지성(氣質之性)'이라고 하였다. 언제든 변할 수 있다는 뜻이다. 그런 점에서 사람이 변하지 않는다는 말은 틀린 말이다.

마지막으로 사람에게는 성질과 성격 외에도 성품이 있다. 인간의 성품은 본연지성과 기질지성, 그리고 환경 간 상호 작용의 결과물이다. 성격처럼 성품 역시 형성되며 또 변화한다. 예컨대 아무리 선한 성질을 타고난 사람이라도 선하지 못한 성격에 계속 노출되면, 그의 성품은 불선해질 수밖에 없다. 또 아무리 불선한 성질을 타고난 사람이라도 선한 성격과 계속 교류하다 보면, 그의 성품은 선해질 수 있다. 그런 점에서 사람이 변하지 않는다는 말은 틀린 말이다. **대개 우리는 성질을 '인성'이라 하고, 성격을 '인격'이라 하며, 성품을 '인품'이라 한다.**

앞서 철학이란 큰 안목으로 세상을 바라볼 수 있는 지혜라고 하였다. 작은 안목을 가진 사람은 인간에게 인성이 있다는 사실만을 안다. 그들은 인간과 세상을 선악으로 양단한다. 하지만 큰 안목을 지닌 사람은 인간에게 인성 외에도 인격과 인품이 있다는 사실을 안다. 그래서 비록 인성에 부족함을 발견하더라도 인격과 인품에 대한 믿음과 희망의 끈을 놓지 않는다.

어쩌면 중궁은 불선한 인성을 타고났을지도 모른다. 하늘은 부모라는 인간을 통해 인성을 내리기 때문이다. 하지만 중궁에게는 부모 외에도 공자라는 스승이 있었다. 그래서 중궁은 스승을 통해 인격을 형성하고 배움을 통해 인품을 완성할 수 있었다. 이런 중궁을 보며 공자는 인성에 부족함이 있으면 사람들은 그를 도외시하더라도, 인격과 인품이 훌륭하면 세상이 가만히 놔두지 않는다고 하였다.

판도라의 상자는 이미 오래전에 열렸다. 고통과 질병, 질투와 욕심, 교만과 허영으로 가득한 세상이지만 지혜로운 사람은 열린 판도라의 상자 속에서 희망을 발견한다. 먼저 자신의 인격을 도야하고 인품을 가지런히 하는 데 매진한다. 나아가 이들은 자신이 힘써 가꾼 선을 바탕으로 다른 사람들과 세상의 선에 적극적이며 능동적으로 이바지한다. 그렇게 지혜로운 사람이 많은 세상은 선한 세상으로 거듭나게 되며, 지혜롭지 못한 사람이 많은 세상은 불선한 세상으로 전락하고 만다.

아무것도 모르는 사람의
지혜로움

자왈子曰.

"오유지호재吾有知乎哉? 무지야無知也.

유비부문어아有鄙夫問於我 공공여야空空如也.

아고기양단이갈언我叩其兩端而竭焉."

– 「자한子罕」편 제7장

공자께서 말씀하셨다.

"내가 아는 게 있는가? 나는 아는 게 없다.

보잘것없는 사람이 내게 묻더라도 텅 비어 있는 것과 같다.

나는 두 상황을 살피고 있는 힘을 다해 적절하게 할 뿐이다."

답정녀에 대한 옛사람들의 정의

'답정녀'라는 말이 유행이다. '답은 정해져 있으니, 너는 대답만

하면 된다'의 줄임말이다. 답정녀에게 장점이 있다면 그만큼 뚜렷한 소신을 가지고 있다는 것이다. 당연히 단점은 다른 사람의 이야기를 들으려고 하지 않거나, 듣더라도 듣는 척하는 데 그친다는 것이다.

일찍이 동양에서는 세상의 소리를 성(聲), 음(音), 악(樂)의 세 가지로 분류했다. 성(noise)은 정제되지 않은 자연의 소리를 말한다. 물소리, 새소리, 바람 소리 등은 모두 성이다. 반면에 음(sound)은 사람의 소리를 말한다. 『예기』「악기(樂記)」편은 이렇게 말했다. '범음자(凡音者) 생어인심자야(生於人心者也)'. '무릇 음이란 사람의 마음에서 생겨나는 것'이란 뜻이다. 그러므로 음이란 정확히 말하면 '어떤 사람의 마음 소리'다.

마음속에서 생겨난 뜻과 생각을 전달하는 수단이 바로 '언어(言語)'다. 하지만 엄밀히 따지면 언(言)과 어(語)는 조금 다르다. '언'이 '말[言] 혼자 오도카니 서 있는 모양'이라면 '어'는 '말[言] 옆에 그 말을 듣는 나[吾]도 함께 서 있는 모양'이다. 이처럼 '언'의 초점은 대체로 일방적인 '나'의 생각에 맞춰져 있다. 반면에 '어'는 쌍방 간 활발하게 교류함을 의미한다. 이런 까닭에 '음'은 언어 가운데 '언'에 가깝다.

끝으로 악(harmony)이란 언어 가운데 '어'에 가까운 것이다. '어'에서 주체가 되는 것은 늘 '우리'다. 『예기』「악기」편은 악을 이렇게 규정했다. '악자(樂者) 통윤리자야(通倫理者也)'. '악이란 인간 세상의 윤리에 다 통하는 것'이라는 뜻이다. 『예기』에 따르면 인간 세상의 윤리란 '너'에 있지도 않고, '나'에 있지도 않으며, 다만 '우리'에 있는 셈이다. 예악의 핵심은 '세상에 너도 주인공 그리고 나도 주인공의 마음'이라고 하였다. 너와 내가 모두 주인공이라는 마음을 가질 때 비로소 '우리'는 탄생할 수 있다. 우리로 나아가기 위해서 가장 필요한 마음은 다름 아닌 조화로움[和]이다. 조화를 이루지 않고는 모두는커녕 누구도 주인공이 될 수 없기 때문이다. 결국 악의 다른 말은 곧 화(和)다.

또 『예기』 「악기」편은 이렇게 말했다. '**지성이부지음자**(知聲而不知音者) **금수시야**(禽獸是也) **지음이부지악자**(知音而不知樂者) **중서시야**(衆庶是也) **유군자위능지악**(唯君子爲能知樂) **부지성자불가여언음**(不知聲者不可與言音) **부지음자불가여언악**(不知音者不可與言樂)'. '성만을 알고 음을 모르는 사람은 짐승과 다름없고, 음만을 알고 악을 모르는 사람은 그저 그런 소인에 불과하며, 오직 군자만이 악을 알 수 있다. 성을 알지 못하는 사람과는 음을 말할 수 없고, 음을 알지 못하는 사람과는 악을 말할 수 없다'란 뜻이다.

이런 관점에서 답정너는 음만을 알고 악은 모르거나 혹은 음밖에 모르면서 악을 아는 체하는 사람이 된다. 답정너는 함께 더불어 악을 말할 수 없는 사람으로 안타깝게도 '그저 그런 소인'이거나 '군자인 체하는 소인'에 불과하다. 답정너와 더불어 군자의 도를 논할 수 없음은 너무도 자명한 일이다.

귀를 열어야 지혜가 들린다

성을 들을 수 있는 능력을 문(聞)이라고 한다. 문이란 '귀의 문'이라는 뜻으로 말 그대로 귓구멍이다. 그러므로 '귓구멍'이 달린 사람은 누구나 '성'을 들을 수 있다. 음을 들을 수 있는 능력을 청(聽)이라고 한다. 청이란 '올바르게[直] 듣는다'는 뜻이니, 머리로 들음을 뜻한다. 우리 몸에서 옳고 그름을 판단하는 기관은 머리이기 때문이다. 그런즉 '머리'가 달린 사람이라면 누구나 '음'을 들을 수 있다. 귓구멍을 통해 들어온 성을, 머리를 통해 음으로 전환하는 모임을 우리는 청문회(聽聞會)라고 부른다. 그래서 청문회에 참석한 사람들은 자신의 귀로 들어온 남의 말을, 자신의 머리를 동원해 해석하기에 바쁘다.

악을 들을 수 있는 능력을 경청(傾聽)이라고 한다. 경청이란 말 그대로 '귀를 기울여 듣는다'는 뜻이다. 멀리서는 아름답게 들렸던 소리가 가까이서 들어보면 형편없기도 하다. 또 멀리서는 난잡하게 들렸던 소리가 가까이서 들어보면 뜻깊기도 하다. 아름다움 속에서 형편없음을 가려내고, 난잡함 속에서 의미를 찾아내는 것이 바로 우리의 '마음'이다. 그러므로 '문'이 너의 입을 통해 들려온 '너의 소리'이고, '청'이 나의 머리를 통해 해석된 '나의 소리'라면, '경청'은 너와 나의 마음 그 모두에 귀를 기울인 '우리의 소리'다.

철학의 목적은 큰 안목으로 세상을 바라보는 것이다. 큰 안목으로 세상을 바라보기 위해서는 먼저 큰 귀로 세상을 들을 수 있어야 한다. 공자는 「위정」편에서 이렇게 말했다. **'다문궐의(多聞闕疑) 신언기**

여즉과우(愼言其餘則寡尤) **다견궐태(多見闕殆) 신행기여즉과회(愼行其餘則寡悔)**'. '많이 듣되 의심스러운 부분은 버리고, 그 나머지를 말하면 잘못하는 일이 적을 것이다. 많이 보되 위태로운 부분은 버리고, 그 나머지를 행하면 후회하는 일이 적을 것이다'라는 뜻이다. 또 「술이」편에서 이렇게 말했다. **다문(多聞) 택기선자이종지(擇其善者而從之) 다견이식지(多見而識之) 지지차야(知之次也)**'. '많이 듣고 그 가운데 선한 것만 골라 따르고, 많이 보고 선함이 무엇인지를 알게 된다면 지혜로움에 버금갈 것이다'란 뜻이다. 여기서 지혜로움에 버금간다는 말은 넓은 귀가 열려 큰 안목을 갖추게 되었다는 얘기다.

지혜로워지고자 하는 사람은 일단 많이 듣고 많이 보아야 한다. 보거나 듣는 것 가운데 어느 것 하나만 할 수 있다면 먼저 많이 들어야 한다. 실제로 사람이 죽을 때 보고(눈), 냄새 맡고(코), 맛보고(혀), 느끼고(피부), 듣는(귀) 오감(五感) 가운데 가장 늦게 그 기능을 잃는 것이 귀라고 한다. 그래서 큰 안목의 형성에는 넓은 귀가 절대적이다. 넓은 귀를 가진 지혜로운 군자는 소리에 '성음악'이 있음을 알아서 문과 청, 그리고 경청을 모두 동원해 세상을 듣는다.

텅 비어 있음을 지향하는 성인의 삶

공자는 '나는 아무것도 아는 게 없다'라고 하였다. 세상에 아무것도 모르는 사람은 존재하지 않는다. 적어도 모든 인간이 '나는 언젠가 죽게 된다'는 사실만큼은 분명하게 알고 살아간다. 공자는 누구보다 자기 자신을 사랑했고, 또 다른 사람들을 사랑했으며, 세상을 사랑한 인물이었다.

공자는 다만 '아무것도 아는 게 없는 듯한 삶의 태도'를 강조했을 뿐이다. 그래서 스스로를 '텅 비어 있는 듯하다'고 하였다. 악기(樂器)도 그렇다. 큰 소리를 내는 악기일수록 그 속은 텅 비어 있다. 이런 악기는 다른 악기들이 마음껏 목청 높여 소리를 낼 수 있도록, 기다릴 줄 안다. 하지만 소리를 낼 땐 어느 악기보다도 묵직하게 낸다. 이것이 속이 텅 빈 악기의 내공이며, 속이 텅 빈 악기가 조화로움을 실천하는 방식이다.

사람도 마찬가지다. 텅 비어 있는 사람이란 욕심을 비워낸 사람을 뜻한다. 욕심으로 가득 찬 사람은 결코 조화로움과 악을 실천할 수 없다. 욕심의 다른 말은 나만 주인공이 되고 싶다는 마음이기 때문이다. 하지만 욕심을 버린 사람은 욕심이 빠져나간 자리에 다른 주인공들을 위한 공간을 마련할 수 있다. 그러므로 욕심이 하나도 없는 사람은 온 세상과 전 우주를 품을 수 있는 큰마음의 소유자다.

또 공자는 아무리 보잘것없는 사람이 묻더라도 자신은 언제나 텅 비어 있을 따름이라고 하였다. 공자가 말하는 보잘것없는 사람이란 그저 욕심밖에는 채울 줄 모르는 소인을 뜻한다. 요샛말로 하면 답정녀와 같은 사람이다. 답정녀 역시 자신만이 옳다는 끝없는 욕심에 사로잡혀있기 때문이다. 이는 소리로 따지자면 성음 외에는 듣지 못하는 귀와도 다름없다.

공자는 악으로써 세상 전체를 품고자 죽을 때까지 노력한 인물이었다. 성음을 통해 자신만의 명쾌한 해답을 찾아낸 사람을 우리는 위인(偉人)이라고 한다. 그러므로 위인의 길은 배움으로써 채움에 있다. 나아가 악을 통해 나 자신을 텅 비우고 그 자리에 너를 위한 세상을 개척한 사람을 우리는 성인(聖人)이라고 한다. 그런즉 성인의 길은 비움으로써 배움에 있다.

마지막으로 공자는 이렇게 말했다. "나는 언제나 군자와 성인을 적절하게 살펴 다만 세상의 조화로움에 힘쓸 따름이다." 앞서 악을 듣는 귀는 경청하는 귀라고 하였다. 공자는 누구보다도 세상 모두의 소리를 경청했다. 그렇게 온 세상을 경청하며 공자는 텅 빈 상태에 이르기까지 끊임없이 자기 자신을 비워나갔다.

어차피 이 세상에 정답이란 없다. 세상 모두는 각자의 삶에서 주인공이며, 주인공의 삶에서 주인공이 가는 길은 언제나 옳기 때문이다. 유일한 정답이 있다면 그것은 세상 모든 주인공들의 길을 존중하고 인정할 수 있는 태도일 것이다. 그리고 이러한 삶의 태도를 가지려면 스스로를 텅 비워내는 경청에 힘써야 한다. 경청은 자신의 잘못을 스스로 바로잡을 수 있는 기회를 제공한다. 또 경청은 성음밖에 듣지 못하는 귀를 열어 악도 들을 수 있게끔 돕는다. 그러므로 경청을 경험한 소인에게는 대인군자로 거듭날 가능성이 열리고, 다시 경청하는 위인에게는 성인으로 나아갈 길이 열린다.

제3부

우리

부모님께 진정으로
효도하는 방법

자유문효子游問孝 자왈子曰.

"금지효자今之孝者 시위능양是謂能養.

지어견마至於犬馬 개능유양皆能有養.

불경不敬 하이별호何以別乎?"

—「위정爲政」편 제7장

자유가 효를 묻자 공자께서 말씀하셨다.

"오늘날 사람들이 생각하는 효란 부모 봉양 잘하는 것을 말한다.

그러나 사람들은 개나 말까지도 다 봉양하고 있다.

공경함이 없다면 무엇으로 구별되겠는가?"

효의 원칙과 규범에 대하여

우리나라 사람들에게 가장 익숙한 유교적 개념 가운데 하나가 바로 효(孝)다. 과거로부터 우리 동양 문화권에서는 자식 된 도리로서 효를 제일로 쳤다. 마을마다 효자각을 세워 효부와 효자의 정신을 기리고, 다른 자식들로 하여금 그들을 본받게 하였다. 조선의 성군을 두 사람만 꼽으라고 하면 많은 이가 조선 전기에서는 세종을, 후기에서는 정조를 거론한다. 정조의 업적은 드러난 것만도 무척 많지만, 정조가 성군으로 자리매김하기까지는 그의 효성 역시 한 역할을 톡톡히 하였다. 정조는 요절한 아버지 사도세자를 위해 지금의 수원 지역에 화성행궁을 짓고 생을 마친 다음까지도 아버지 옆자리에 묻혔다.

대대로 전해 내려오는 우리 설화의 단골 소재 역시 다름 아닌 효다. 아버지를 위해 인당수에 몸을 던진 심청이를 필두로, 지극한 효성으로 한겨울 허허벌판에서 홍시를 발견한 아들이 있는가 하면, 손가락을 잘라 어머니에게 그 피를 마시게 하였더니 어머니의 병이 말끔히 나았다는 현대의 과학이나 의학으로는 도무지 설명하기 어려운 이야기도 허다하다. 설화란 늘 교훈이 목적이지 그 사실 여부가 중요한 것은 아니므로 설화에 담긴 신비로움은 그대로 수용함이 미덕이다. 분명한 것은 오랜 세월 우리 민족이 역사 문화적으로 효의 가치를 숭상하였고 그 전통은 아직 이어지고 있다는 사실이다. 그러나 여전히 많은 이에게 효의 참의미는 모호하며 효의 기준 역시 지극히 주관적이다. 예컨대 누구는 좋은 대학에 들어간 딸을 보고 효녀라 하고 또 누구는 돈 잘 버는 아들을 일러 효자라 한다.

효의 원칙과 규범을 설명하는 『효경(孝經)』에는 '**신체발부수지부모**

(身體髮膚受之父母) **불감훼상효지시야**(不敢毁傷孝之始也) **입신행도양명어후세**(立身行道揚名於後世) **이현부모효지종야**(以顯父母孝之終也)'라는 대목이 등장한다. '무릇 신체의 털 한 가닥 피부 한 조각까지도 모두 부모로부터 받은 것이니, 감히 몸과 마음을 해치거나 상하게 하지 않는 것이 효의 시작이며, 몸과 마음을 자립시켜 마땅히 도(道)를 실천하고, 후대에 이름을 날려 부모를 드러내는 것이 효의 끝이다'라는 뜻이다. 크게 다치거나 부모보다 먼저 세상을 떠나지 않음이 효의 시작임은 당연하다. 특히 여러 정신질환으로 고통받는 사람들이 많은 현대사회에서는 몸을 다치지 않는 것만큼이나 정신을 온전하게 지키는 것 역시, 큰 효다.

사람들은 난사람을 보든 못난 사람을 보든, 또 된 사람을 보든 못된 사람을 보든 '뉘 집 자식인고?' 하고 묻는다. 이때 사회적 물의를 일으켜 세간의 관심을 끌기보다는 훌륭한 일을 도모하여 남들의 칭찬을 얻음으로써 '뉘 집 자식인고?' 물음을 받는 것이 더 나음은 자명한 사실이다. 문제는 행도(行道)다. 동양에서 '도'란 마치 서구의 하느님처럼 인간의 의식으로는 도저히 간파할 수 없는 거대한 개념이다. 효에도 도가 있다. 그것을 우리는 효도(孝道)라 한다.

효도에 대해 정확히 알아야 하는 이유

최근에 아내가 아이를 낳았다. 아내의 산후조리를 돕기 위해 또 아직 신생아인 손주를 돌보기 위해 장모님이 오셨다. 그런데 방에 틀어박혀 글을 쓰고 있노라면 문밖에서 아내와 장모님이 티격태격하는 소리가 멈추질 않는다. 하루는 가만히 방문에 달라붙어 아내와 장모님의 대화를 들어보았다. 장모님은 애를 낳은 지 얼마 안 된 자식이 그저 편히 누워 쉬는 대신 자꾸 어머니를 돕겠다 나서는 것이 불만이고, 아내는 환갑이 지난 어머니가 살림과 육아를 한꺼번에 도맡아 하다 행여나 몸을 상하기라도 하면 어쩌나 걱정이다. 참다못해 방문을 열고 나가면 '그대는 어서 들어가 글이나 잘 쓰라'는 불호령이 아내와 장모님의 입에서 동시에 떨어진다.

장모님께는 딸이 아무것도 하지 않고 그저 쉬기만 했으면 좋겠다는 기대가 있고, 아내에게는 어머니가 육아와 살림, 두 가지 짐을 홀로 짊어지겠다 우기지 않았으면 좋겠다는 기대가 있다. 아내와 장모님은 서로 사랑하기 때문에 다투는 셈이기도 하다. 하지만 기대가 있으면 자연스레 따라오는 것이 실망이다. 삶이란 결코 기대대로 흘러가지 않는다. 그리고 실망 뒤에는 서운함이 남는다. 아내는 자신이 생각하는 효를 장모님이 실천하지 못하게 하니 서운하고, 장모님은 장모님이 생각하는 효를 아내가 실천하지 않으니 서운하다. 이것이 바로 우리가 효도에 대해 정확하게 알아야 하는 이유다.

자유(子游)가 공자에게 효를 물었다. 자유는 우리가 흔히 공문십철(孔門十哲)로 분류하는 공자의 애제자 열 사람 가운데 하나다. 자유가 공자에게 물었던 효는 효성이나 효행, 효심 등 효의 일부가 아니라 효 그 자체, 곧 효도라고 보더라도 무방하다. 공자는 많은 사람이 으레 효라고 하면 부모를 잘 봉양하는 것을 떠올리지만, 단순히 부모를 봉양하는 것만으로는 효도에 이를 수 없다고 지적했다. 공자는 효도에 대한 '관념'이 아니라 효도에 대한 '개념'이 필요함을 역설한 것이다. 관념이란 뭔가를 보고 내 머릿속에 떠오르는 생각이다. 예컨대 같은 광경을 보고도 사람마다 떠오르는 생각은 다를 수 있다. 그래서 관념은 언제나 주관적이고 상대적이다. 하지만 개념은 늘 객관적이며 보편적이다. 공자 시대에도 많은 이가 효에 대하여 어렴풋한 관념만을 갖고 있었던 듯하다.

공자는 효도에 대한 정확한 개념을 제시하고자 개와 말을 예시로 든다. 아내와 결혼식을 올릴 때, 나는 학생이었던 까닭에 자력으로는 아무런 혼수도 장만할 수 없었다. 직장이 있는 아내가 은행에 가서 주택담보대출을 받고, 그 외 모든 부대비용은 부모님들이 대주셨다. 그렇게 부모님으로부터 경제적 도움을 받고 나니, 대관절 나는 나이 서른이 되기까지 무엇을 하느라 돈 한 푼이 없는가 하는 생각이 절로 들었다. 최대한 빨리 졸업해 직장을 잡고 돈을 벌어야겠다고 다짐했다.

부모님이 사는 집과 신혼집은 멀지 않았기 때문에 우리는 수시로 부모님 댁에 들락거렸다. 아내는 임신을 해서 몸이 무거운데도 불구하고 일주일에 서너 번씩 시댁에 가자고 먼저 졸라댔다. 나도 주말만 되면 처가댁에 들러보자며 모처럼 늦잠 자는 아내를 흔들어 깨웠다. 그렇게 몇 달이 흘렀다. 아내와 나는 우리도 모르는 새 점점 수척해졌다. 아내가 일하는 시간과 내가 학교 수업에 참석하는 시간을 제외하면 거의 모든 시간을 시댁과 처가댁에 오가느라 허비했다. 점차로 피로가 쌓였고 아내와 나는 종종 서로가 서로에게 예민해졌다.

처가댁에 가면 장모님과 장인어른이 왜 임산부가 점점 야위어 가느냐 걱정했고, 시댁에 가면 어머니와 아버지가 그 몰골로 무슨 공부를 하겠느냐고 아우성쳤다. 하루는 어머니가 나를 따로 불렀다. 너희 가정에 지금 무슨 일이 있는 것 아니냐고 물었다. 그 무렵에는 어머니를 마주하기만 해도 가슴에서 뭔가 뜨거운 것이 울컥했다. 내가 대뜸 울기 시작하자 어머니도 울었다. "대체 무슨 일인지 말을 해야 알지. 뭐가 그렇게 힘든데." 나는 오랜 기간 부모님 속을 지독히도 썩인 아들이었다. "그게 아니라 엄마 집도 사주고, 아빠 차도 사주고, 좋은데 데려가서 갈비도 사주고 빨리 그래야 하는데……." 말을 잇기 어려울 정도로 눈물이 난 적은 처음이었다. 자식이 울면 부모는 한숨부터 나온다. 가만히 앉아 계시던 아버지가 나지막이 입을 열었다.

"아들아, 우리는 네가 기르는 개가 아니다."

순간 망치로 머리를 한 대 얻어맞은 듯하였다. 바로 그날, 나는 집에 돌아와 『논어』를 펴고, 자유와 공자의 대화를 읽었다.

진짜 효도는 서로를 공경하는 것

자유가 공자에게 효도의 본질을 묻자 공자는 '공경'이라고 답했다. 경(敬)에는 여러 가지 뜻이 있는데 그 가운데 하나가 바로 절제다. 절제되지 않은 마음은 마냥 급하기만 하다. 무사의 칼을 생각해보자. 빠른 칼은 적의 급소를 찌르지만, 급한 칼은 자신을 해칠 따름이다. 빠름과 급함은 비슷한 듯 다르다. 빠름은 시간을 효율적으로 쓰는 것이고, 급함은 동요하는 마음을 절제하지 못해 시간을 허비하는 것이다. 아내와 나는 빠른 길을 급하게 찾느라 아까운 시간을 허비하고 있었다. 진짜 부모를 공경하는 사람은 먼저 제 마음을 절제하여, 그로써 부모의 마음을 편안하게 해드리는 자다. **그래서 봉양을 할 수 있는 자식은 많지만, 진실로 공경을 실천할 수 있는 자식은 드물다.**

아내와 함께 장모님을 처음 만났을 때, 나는 한 쌍 어버이가 더 생겼다는 마음으로 두 분을 '잘 봉양하겠다'고 하였다. 하지만 돌이켜 생각해 보니 그때 장차 두 분을 '잘 공경하겠다'고 했다면 더 좋지 않았을까 싶다. 애견 호텔도 있고 강아지 유치원도 있는 세상이다. 그러나 반려동물을 애지중지 키우는 사람은 있어도 반려동물을 공경하는 사람은 없다. 공경이라는 표현은 어디까지나 사람에게 해당하는 것이기 때문이다. 사람과 짐승의 가장 큰 차이는 스스로 그 마음을 절제할 수 있는가 없는가에 달려 있다. 참된 부모는 자식의 마음을 편안하게 해주는 부모다. 그리고 자식으로서 할 수 있는 가장 큰 효도는 부모의 마음을 편안하게 해드리는 것이다.

부모와 자식이 서로 편안할 수 있는 가장 좋은 길은, 그래서 부모는 효도를 받고 자식은 효도를 할 수 있는 가장 좋은 방법은 부모와 자식이 서로 독립하는 것이다. 여기서 독립이란 비단 경제적 물질적 독립뿐 아니라 부모 자식 상호 간의 온전한 정신적 독립을 말한다. 부모의 가치관이 무조건 옳은 것이라 믿고 그것만을 따라하는 사람은 주인의 꽁무니를 쫓아다니는 개와 다를 바 없다. 자식을 믿지 못하고 장성한 자식의 주위를 빙빙 도는 부모는 자식을 개 취급하는 것이다.

모든 부모는 동시에 자식이며, 많은 자식은 동시에 부모다. 우리말에 '내리사랑은 있어도 치사랑은 없다'고 하였다. 하지만 내리사랑이 곧 치사랑이다. 공자의 말처럼 효도의 본질이 공경에 있다면, 효도는 반드시 부모를 향한 자식의 마음만은 아니다. 효도는 일방적으로 주거나 받기만 하는 게 아니라 주거니 또 받거니 하는 것이다. 그래서 자식을 향한 부모의 마음도 효도가 될 수 있다. 부모 역시도 그들 부모와의 관계 속에서 그 효도의 정신을 물려받았다. 부모는 자식을 키우고 자식은 부모를 공경하는 것이 아니다. 부모와 자식이 '서로' 공경하는 것이다. 그러기 위해서는 급하지 않은 마음의 여유와 절제가 필요하다.

살리는 말, 죽이는 말

자왈子曰.

"도청이도설道聽而塗說 덕지기야德之棄也."

– 「양화陽貨」편 제14장

공자께서 말씀하셨다.

"길에서 듣고 길에서 말하면 덕을 버리게 된다."

덧붙이지 않았으면 싶은 말

우리는 종종 '주워들었다'는 표현을 쓴다. 대개 내가 하는 말이 정확한가, 아니면 그렇지 않은가 자신이 없을 때 쓰는 표현이다. 하루는 자공이 공자에게 군자에 대해 물었다. 그러자 공자는 **'선행기언(先行其言) 이후종지(而後從之)'**라 하였다. '먼저 그 말하려는 것을 행하고, 그다음에 말은 따라오는 것이다'라는 뜻이다. 공자에 따르면 군자의 덕목은 말보다 행실, 즉 실천이 앞서는 것이다. 우리가 흔히 '다닐 행(行)' 자로 알고 있는 행의 의미는 동양에서는 대개 실천을 의미한다.

아내와 결혼하기로 결심하고 처가댁에 처음 방문했을 때의 일이다. 당시에 나는 생채식을 고집하고 있었다. 옥수수와 감자 등 구황작물, 그리고 각종 과일이 내 주식이었다. 아내에게 내 식습관에 대해 들은 장모님이 한 상 가득 과일을 내왔다. 그때까지 살아오며 그렇게 각양각색의 과일을, 그것도 한자리에서 먹은 적은 처음이었다. 장인어른은 가부장적이며 엄격한, 전형적인 그 시대 한국 아버지였다. 고향은 어딘지, 부모님은 두 분 다 건강하신지, 현재 하는 일은 무엇인지 등 장인어른의 질문이 이어졌다. 장인어른과 나의 일문일답이 끝나갈 때쯤 장인어른이 말했다. "처음에 자네 모습을 사진으로 봤을 땐 사실 무척 실망했네." 순간 나는 자리에서 벌떡 일어나 "죄송하게 됐습니다. 아무래도 제가 못 올 곳을 온 모양입니다." 하고 싶은 충동을 강하게 느꼈다.

하지만 세상사 역지사지(易地思之)라고 하지 않았던가. 입장을 바꾸어 생각해 보니 장인어른의 말도 이해가 되었다. 내가 지나온 삶과 모습들은 유튜브라는 대중매체를 통해 이미 어느 정도 세상에 드러나 있었다. 따지고 보면 실망했다는 장인어른의 말은 무척 순화된 것이었다. 나는 이내 그날 장인어른의 말을 내 기억 속에서 지워버렸다.

아내와 결혼한 지 석 달쯤 지났을 때였다. 장인어른의 생신을 축하하기 위해 처가에 갔다. 날이 날인지라 기쁨에 겨워 한창 분위기가 무르익었을 때, 장인어른이 말씀하셨다. "결혼해서 잘 사는 모습을 보니 좋네. 하기야 아직 석 달밖에 안 됐기 때문에 조금 더 지켜봐야겠지만." 유향이 편집한 『전국책(戰國策)』과 사마천의 『사기(史記)』 등에는 다음과 같은 고사성어가 등장한다. '화사첨족(畫蛇添足)'. '뱀을 그리고 거기에 발을 더한다'란 뜻으로 줄여 '사족(蛇足)'이라고도 한다. 전국시대의 일이다. 한 구두쇠가 제사를 모신 뒤에 술 한 잔을 내놓으며 제사에 참석한 여러 하인에게 말했다. "모두 고생했으니 나누어 마시게." 구두쇠가 물러가자 하인들 가운데 한 명이 다음과 같이 제안했다. "술 한 잔을 여럿이 나눠 마셔봤자 간에 기별도 안 가겠네 그려. 그러지 말고 우리 땅바닥에 뱀을 그리기로 하세. 그래서 제일 먼저 뱀을 그린 사람이 이 술을 혼자 다 마시면 어떻겠나?" 다른 하인들도 모두 찬성했다.

하인들은 저마다 땅바닥에 뱀을 그리기 시작했다. 이윽고 가장 먼저 뱀을 그린 하인 하나가 재빨리 술잔을 집어 들고 이렇게 말했다. "이 술은 내가 마시겠네. 내가 그린 뱀을 한번 보게. 어떤가? 멋지지 않은가? 심지어 발도 있네!" 그때였다. 두 번째로 뱀 그림을 완성한 하인이 술잔을 빼앗아 단숨에 마셔 버리곤 이렇게 말했다. "이 사람아, 세상에 발 달린 뱀이 어디 있나?" 그렇다. 뱀을 그리기로 하였으면 뱀만 그리면 그만이다. 빨리 그리는 것보다 중요한 것은 정확하게 그리는 것이다. 물론 장인어른이 노파심에 하신 말씀임을 안다. 하지만 그날, 조금 더 지켜봐야겠다는 장인어른 말씀이 내게는 사족으로 들렸다.

　하루는 어머니를 모시고 아내와 함께 외식을 하러 갔다. 음식을 맛있게 먹고 있는데 어머니가 장인어른과 같은 말을 했다. "물론 계속 두고 봐야겠지만 둘이 잘 사는 모습을 보니 안 먹어도 배가 다 부르다." 나는 어머니의 말이 채 끝나기도 전에 "엄마!" 하고 고함을 질렀다. 다른 테이블에서 식사하던 사람들이 일제히 나를 쳐다봤을 정도로 큰 목소리였다.

말 잘하는 사람의 첫 번째 조건

　자공이 공자에게 평생토록 실천하면 좋을 한마디가 있다면 말해 달라고 하자 공자는 **'기소불욕(己所不欲) 물시어인(勿施於人)'**이라고 대답했다. '내가 싫은 것을 남에게 베풀지 말라'는 것이다. 이는 저 유명한 공자의 '서(恕)' 개념이기도 하다. 용서하다는 뜻으로 많이 알려진 이 서(恕) 자를 풀면, 같은[如]+마음[心]이 된다. 용서란 같은 마음이다. 저 사람에게도 나와 꼭 같은 마음이 있고, 그래서 내가 느끼는 마음을 저 사람도 느낄 것이라고 생각하는 게 용서의 본질이다. 실제로 이 마음을 품게 되면 죽어도 용서할 수 없을 것 같았던 많은 일이 의외로 간단히 풀어지기도 한다.

　우리말에 '아 다르고 어 다르다'고 하였다. 또 '말 한마디에 천 냥 빚 갚는다'고도 하였다. 말에는 일단 한번 입 밖으로 나오면 주워 담을 수 없다는 특성이 있다. 그래서 말의 중요함은 아무리 강조해도 지나침이 없다. 특히 말에는 그냥 듣게 되는 말이 있고, 그 저의를 파악하며 듣게 되는 말이 있다. 예컨대 나는 아내를 그냥 사랑한다. 그래서 아내가 무슨 말을 하더라도 그냥 듣는다. 하지만 나는 장인어른을, 아내를 세상에 있게 해준 아내의 아버지기 때문에 사랑한다.

이는 아내도 마찬가지일 것이다. 아내는 나를 그냥 사랑한다. 내가 무슨 말을 하더라도 아내는 늘 그냥 듣는다. 하지만 아내가 내 어머니를 사랑함은 내가 장인어른을 사랑하는 것과 같은 이유에서일 것이다. 말을 할 때 가장 유념해야 할 것은 말에서 사족을 빼는 일이다. 정말 말을 잘하는 사람이란 웅변을 쏟아낼 수 있는 달변가가 아니다. 정확히 하고자 하는 말을 사족 없이 하는 사람이다. 말이란 어디까지나 의사소통의 도구다. 말속에 아무리 대단한 철학적 개념들이 난무하더라도 다른 사람이 알아듣지 못하면 그 말은 혼자서 벽에 대고 하는 말이나 다름이 없다.

항간에 떠도는 이야기를 경계해야 하는 이유

공자는 길에서 듣고 길에서 말하게 되면 덕을 해친다고 하였다. 『논어』의 이 대목은 '도청도설(道聽塗說)'이라는 고사성어로도 잘 알려져 있다. 비슷한 말로는 '가담항설(街談巷說)'이 있다. '거리에 떠돌아다니는 말'이라는 뜻이다. 공자가 길에서 듣고 길에서 말하는 것을 경계한 이유는 길에 돌아다니는 말에는 사족이 많이 붙어있기 때문이다.

말에는 반드시 출처가 필요하다. 말을 종이에 옮긴 것이 글이다. 특히 논문 등 정확한 지식 전달을 목적으로 하는 글이 있다. 이러한 글을 쓸 때 일견 불필요해 보이는 각주와 참고문헌 등을 주렁주렁 적는 이유도 다 그 출처를 명확하게 알도록 하기 위함이다. 출처가 있다는 것은 다른 말로 책임의 소재가 있다는 것이다.

내게는 장인어른과 어머니의 사족이 서운하게 느껴졌던 까닭이 있다. 나는 먼저 온 힘을 다해 실천을 했다. 아내와 잘 사는 모습을 보이고자 하였고, 실제로 아내와 나는 잘 살았다. 적어도 예식장의 하객들 앞에서 아내에게 맹세했던 바로 그 서약을 나는 단 한 순간도 어기지 않고자 노력했다. 이는 아내와 나 모두 마찬가지다. 나는 결혼식을 올리며 아내에게 딱 한 마디밖에는 하지 않았다. 사족을 달기 싫었기 때문이다. 식장에서 나는 아내에게, 이 세상에 나도 주인공이지만 당신도 주인공이란 사실을 늘 잊지 않겠다고 했다. 이는 공자가 말하는 예(禮)의 본질이기도 하다. 나는 일단 그것을 실천했고, 그 이후에 내 말이 따라오도록 힘썼다.

하지만 장인어른은 실망하시기 전에 내게 실망스럽다고 말씀하였고, 더 두고 보기 전에 먼저 아직 이르다고 말씀하였다. 그리고 우리 어머니 역시 내 아내에게 똑같은 우를 범했다. 물론 나는 장인어른이 지금은 실망을 기대로 바꾸었으리라 믿는다. 그리고 우리 어머니도 이만하면 되었다고, 충분하다고 생각하리라 믿는다. 공자는 항상 인간이 덕을 해칠까 두려워하였다. 덕이란 곧 능력이다. 예컨대 덕이 많은 사람은 어떠한 능력으로 충만한 사람이다. 인간은 저마다 각기 다른 많은 능력을 지니고 있다. 어떤 사람은 수완이 뛰어나 장사를 잘하고, 또 어떤 사람은 머리가 좋아 학문에 도가 텄다. 그리고 어떤 사람은 소위 말하는 피지컬이 훌륭하기도 하다. 동양에서 몸(피지컬)과 맘(마음)은 같은 말이다. 예로부터 몸과 맘을 모두 '뭄'이라고 하였다.

사람의 마음이 발휘할 수 있는 가장 큰 능력 가운데 하나는 서로가 서로를 신뢰할 수 있는 능력이다. 어떤 말은 오해를 불러일으키기도 하지만 어떤 말은 오해를 종식시키기도 한다. 그 사람의 말을 신뢰하면 오해가 풀리고, 그 사람의 말을 신뢰하지 않으면 오해가 쌓인다. 그리고 신뢰는 믿음으로부터 온다. 나는 공자가 말하는 덕이 인간의 인간에 대한 신뢰라고 생각한다. **도청도설과 가담항설이 아무리 나돌더라도 사람들끼리 서로 신뢰할 수 있다면, 도청도설과 가담항설은 그 믿음 앞에 무력하다.**

엄밀히 말하면, 이 세상에 사실이란 없다. 인간은 누구나 자신이 믿는 것을 진실이라고 여길 따름이다. 친구가 여자친구를 데리고 왔다면 인간적으로 잘 대해주는 것이 좋다. 이는 한 여성을 믿는 것이 아니라 내 친구의 안목을 믿는 것이다. 자녀가 결혼할 배우자를 데리고 오면 그에게 실망하지 않는 것이 좋다. 이는 낯선 청년을 믿는 게 아니라, 내 자녀의 선택을 믿는 것이다. 결혼할 사람이 자신의 부모를 소개해주면 그들을 내 부모라 생각하는 것이 좋다. 이는 겪어보지 않은 어른을 믿는 것이 아니라 내 배우자 될 사람의 근본을 믿는 것이다. 신뢰 앞에서 사족은 없는 것과 같으며, 믿음 앞에서 도청도설과 가담항설은 갈 곳을 잃는다.

부족하지도 과하지도 않은
적당한 인생

자공문子貢問.

"사여상야숙현師與商也孰賢?"

자왈子曰.

"사야과師也過 상야불급商也不及."

왈曰.

"연즉사유여然則師愈與?"

자왈子曰.

"과유불급過猶不及."

– 「선진先進」편 제15장

자공이 물었다.

"사와 상은 누가 낫습니까?"

공자께서 말씀하셨다.

"사는 지나치고, 상은 미치지 못한다."

자공이 말했다.

"그렇다면 사가 더 낫습니까?"

공자께서 말씀하셨다.

"지나친 것은 미치지 못하는 것과 같다."

어리석음으로 특별했던 지난날들

'양극단을 달린다'. 우리가 일상에서 종종 쓰는 말이다. 다른 말로는 '끝을 봐야 직성이 풀린다'라고도 할 수 있다. 나는 어렸을 때부터 이런 이야기를 참 많이 들었다. 실제로도 그랬다. 뭐든 한번 시작하면 끝장을 보지 않곤 못 배겼다. 학교 숙제든, 학원 숙제든 일단 시작했다 하면 끝날 때까지 잠을 자지 않았다. 새벽이 되도록 씨름을 해도 문제가 풀리지 않으면 제 분에 못 이겨 울기도 하였다. 가족이 전부 달라붙어 그까짓 것 좀 안 해도 세상 큰일 나지 않는다며 달랬다. 그러면 나는 상관하지 말라며 외려 소리를 빽 내질렀다.

끝장을 보는 성격이 발동하는 건 인간관계에서도 마찬가지였다. 친구를 사귀어도 대개 한 친구와 끝장을 봤다. 예컨대 여럿이 함께 어울릴 순 있었다. 하지만 그중 한 친구는 반드시 나와 가장 친해야 했고, 나 역시 그와 제일 친해야 했다. 중학교에 가서는 끝장을 보는 성격이 싸움으로 옮겨붙었다. 보통은 같은 학교에 다니는 친구들과 몇 번 쌈박질을 하고, 학교 짱 정도를 하면 그만이다. 하지만 나는 전국 각지의 짱과 다 붙어보기 전에는 직성이 풀리지 않을 것 같았다.

그러던 중 한 지역의 짱이 나를 이겨버렸다. 그 친구가 중간에 잘 끊어줬으니 다행이다. 그렇지 않았더라면, 나는 전국 방방곡곡의 짱을 다 찾아내 붙어보겠다며 설쳤을 것이다. 더 나이가 들고는 이 고질병이 술로 전염됐다. 언제부턴가 한번 술을 마시기 시작하면 끝장을 봤다. 술이 동나든지 아니면 내가 정신을 잃든지 둘 중 하나였다. 그런데 10년간 중독자로 살아보니 술이 동나는 일은 없었다.

인간의 정신에는 늘 한계라는 것이 있다. 한계가 있는 것으로 한계가 없는 것을 정복하려는 사람은 어리석은 사람이다. 모든 중독에는 공통점이 있다. 사람으로 하여금 마치 '내가 특별한 무언가가 된 것만 같다'는 느낌을 들게 만든다는 것이다. 특별한 것은 좋다. 하지만 기왕 특별할 것 같으면 지혜로움으로 특별한 것이 좋지, 어리석음으로 특별할 필요는 없다.

지나치지도 과하지도 않은 삶의 지혜, 중용

하루는 자공이 공자에게 물었다. "사(師)와 상(商) 중에 누가 더 낫습니까?" 아마 다른 사람 평가하기를 좋아하는 자공의 비교병이 또 도졌던 것 같다. 여기서 사는 공자의 제자인 자장(子張)을 말한다. 그리고 상은 역시 공자의 제자인 자하(子夏)를 말한다. 자장의 본명은 전손사(顓孫師)고, 자하의 본명은 복상(卜商)이다. 자장은 공자의 제자 가운데 가장 인물이 좋았다고 알려져 있다. 즉 자장은 희대의 미남자였다. 그리고 자하는 공자의 다른 제자인 자유와 더불어 문학에 뛰어났기로 유명하다. 만일 자공이 "사는 인물이 출중한데, 상은 글재주가 뛰어나군요." 하고 말했다면 어쩌면 공자는 그저 빙그레 웃고 말았을지도 모를 일이다. 하지만 자공은 제자로서 자장과 자하 중에 누가 더 똑똑한지를 묻고 있다. 어쩌면 자공은 "자장과 자하보다도 네가 제일 낫다!" 하는 말을 듣고 싶었는지도 모른다.

자공의 질문에 공자는 이렇게 답한다. "사는 지나치고, 상은 미치지 못한다." 때때로 자장은 너무 앞서 나가서 일을 그르치고, 자하는 너무 삼가다 기회를 놓친다는 뜻이다. 질문을 던진 자공은 사업가의 기질이 다분한 사람이었다. 그래서 자공에게는 주어진 기회를 잘 살리는 것이 가장 훌륭한 능력이었다. 자공의 눈에는 위험을 무릅쓰고서라도 기회를 창출하는 자장이 지나치게 경계하다 기회를 놓치는 자하보다는 더 나은 사람으로 보였다. 그래서 다시 물었다. "그렇다면 자장이 더 낫다는 말씀이시군요." 그러자 공자가 말했다. "지나친 것은 미치지 못하는 것과 같다."

공자의 마지막 대답은 저 유명한 '과유불급(過猶不及)'의 유래가 되었다. 꽤 많은 사람이 과유불급을 '지나친 것은 부족한 것만 못 하다'는 의미로 알고 있다. 하지만 과유불급이란 '지나친 것과 부족한 것은 같다'는 뜻이다. 우리가 일상에서 과유불급만큼이나 자주 쓰는 표현이 있으니 바로 '중용(中庸)'이다. 중용이란 과연 무엇일까? 어떤 사람들은 중용이라고 하면 일직선상의 정중앙을 떠올린다. 20센 티미터 자가 있다고 하면, 거기서 대강 10센티미터쯤 되는 지점을 떠올리는 것이다. 하지만 엄밀히 따지면 그것은 중용이 아니라 단순히 중(中)이다.

동양 철학을 하는 방법 가운데 하나는 '장구지학(章句之學)'이다. 장구지학이란 훈고학(訓詁學)의 일종으로, 쉽게 말해 문장을 해석하는 작업이다. 예컨대 『논어』를 읽다 보면 잘 이해되지 않는 대목이 등장하기도 한다. 과거에는 그럴 때 『논어집주(論語集註)』를 찾아 읽었다. 『논어집주』는 대표적인 장구지학으로, 『논어』에 대한 해설을 수록한 책이다. 마찬가지로 『맹자』에 대한 해설을 『맹자집주(孟子集註)』라 하고, 『대학』에 대한 해설은 『대학장구(大學章句)』라 부른다.

중국 역사상 장구지학에 가장 정통했던 인물이 바로 주자다. 『중용장구(中庸章句)』에서 주자는 중용을 이렇게 설명한다. **'중자(中者) 불편불의(不偏不倚) 무과불급지명(無過不及之名), 용(庸) 평상야(平常也)'**. '중이라는 것은 치우치지도 않고 기울지도 않아, 지나침도 없고 또 미치지 못함도 없음을 말하며, 용은 늘 그러함이다'라는 뜻이다.

그리고 주자의 스승인 정자는 다시 중용을 이렇게 설명했다. **'불편지위중(不偏之謂中) 불역지위용(不易之謂庸)'**. '치우치지 않음을 중이라 말하고, 바뀌지 않음을 용이라 이른다'는 뜻이다. 이처럼 주자와 정자의 설명에 따르면 중용의 뜻은 과불급, 즉 '지나치지도 또 미치지 못함도 없는 상태를 늘 유지하고자 노력함'이 된다.

우리말에 '뭐든지 적당히 하라'고 하였다. 이처럼 대부분의 사람은 중용이 중요하다는 사실을 이미 알고 있다. 그래서 공자는 「요왈」 편에서 '윤집기중(允執其中)'이라고 하였다. '진실로 그 중용을 잡으라'는 뜻이다. 또 공자는 『중용』에서 '군자중용(君子中庸) 소인반중용(小人反中庸)'이라고 하였다. '군자는 중용을 지키되 소인은 중용에 반한다'는 뜻이다. 이처럼 중용은 군자의 덕목으로도 계속 강조되어 왔다. 그만큼 중용을 실천하기가 어렵고 제대로 실천할 수 있는 사람이 없는 까닭이다.

과연 나는 그칠 준비가 되어 있는가

그렇다면 중용을 실천하는 가장 좋은 방법은 무엇일까? 『순자』 「수신(修身)」편에는 다음과 같은 대목이 등장한다.

'부기일일이천리(夫驥一日而千里) 노마십가즉역급지의(駑馬十駕則亦及之矣) 장이궁무궁(將以窮無窮) 축무극여(逐無極輿) 기절골절근(其折骨絶筋) 종신불가이상급야(終身不可以相及也) 장유소지지(將有所止之) 즉천리수원(則千里雖遠) 역혹지혹속(亦或遲或速) 혹선혹후(或先或後) 고위호기불가이상급야(胡爲乎其不可以相及也).'

'무릇 천리마는 하루에 천 리를 간다지만, 걸음이 느린 말이라도 열흘을 가면 역시 천 리를 갈 수 있다. 유한한 것으로 무한하고자 하며, 또 끝이 있는 것으로 끝이 없는 것을 쫓고자 한다면, 그 뼈마디가

다 쪼개어지고 근육과 심줄이 다 끊어지더라도 죽을 때까지 도달할 수 없을 것이다. 하지만 '그칠' 수 있다면 비록 천 리가 멀다 한들 어떠하리. 때론 느릴 수도 있고 빠를 수도 있지만, 그리고 앞서거나 또 뒤서거나 할 수도 있지만, 언젠간 반드시 그 목표에 도달할 수 있을 것이라'는 뜻이다.

『순자』의 이 대목은 '노마십가(駑馬十駕)'라는 고사성어의 유래이기도 하다. '당나귀처럼 느리고 또 재주가 둔한 사람이라도 만일 꾸준히 노력하고 게으름만 피우지 않는다면, 천리마처럼 빠르고 또 재주가 뛰어난 사람과도 어깨를 나란히 할 수 있다'는 의미로 많이 사용되어 왔다. 이 노마십가의 비유를 통해 순자가 궁극적으로 말하고자 했던 가치는 바로 중용이었다.

우리는 곧잘 스스로 천리마이기를 바라는 것 같다. 때로는 당나귀 같이 아둔한 내 자신이 못 견디게 미울 때도 있다. 하지만 아이러니하게도 목적지가 없고 멈출 줄 모르는 천리마는 죽음을 맞닥뜨릴 뿐이다. 반대로 목적지가 있고 멈출 줄 아는 당나귀는 큰 이변이 없는 한 천수를 누린다. 이처럼 순자의 노마십가 비유에는 정말로 중요한 진짜 교훈이 담겨 있다. 바로 '목표'와 '그침'이다. 그리고 이 두 가지는 중용을 실천하는 훌륭한 방법이기도 하다. 『순자』에 등장하는 천리마에게는 달린다는 목적이 있지만, 구체적인 목표가 없다. 그러나 당나귀에게는 달린다는 목적도 있지만, 천 리라는 목표도 있다.

양극단을 달리는 사람들에게는 특징이 있다. 스스로도 힘들지만 주변을 더 힘들게 한다는 것이다. 대개 이들이 힘들게 하는 주변 대상은 이들을 사랑하거나 혹은 이들이 사랑하는 사람이다. 내게는 아직도 끝을 봐야 직성이 풀리는 성미가 있다. 그래서 중용을 실천하는 일은 언제부턴가 내 삶의 목적이 되었다. 그리고 내게는 그 목적을 위한 목표도 생겼다. 첫째, 적어도 내 자녀만큼은 나처럼 중독자의 길로 빠지지 않았으면 좋겠다. 둘째, 적어도 내 아내가 나로 인해 부끄럽지는 않았으면 좋겠다. 그러기 위해선 나 스스로 부끄럽지 않아야 한다. 배우자란 늘 또 다른 나 자신이기 때문이다. 셋째, 적어도 우리 부모님이 나 때문에 근심하진 않았으면 좋겠다. 「위정」편에서 맹무백이라는 인물이 효(孝)를 묻자, 공자는 '부모유기질지우(父母唯其疾之憂)'라고 하였다. '부모로 하여 오직 그 자녀의 질병만을 걱정하게끔 하는 것이다'라는 뜻이다. 이때 공자가 말하는 질병이란 인간의 힘으로 예방하거나 고칠 수 없는 병을 말한다. 결국 최상의 효란 부모의 걱정을 덜어드리는 일이다.

마지막으로 '과연 나는 그칠 준비가 되어 있는가' 하고 스스로 물어본다. 훗날 자녀가 중독으로부터 자신을 지킬 내면의 힘이 충분히 생기면, 나는 자녀에 대한 개입을 그칠 생각이다. 지나친 개입은 지나치게 개입하지 않는 것과 같기 때문이다.

아내에게 내 남편이 나를 부끄럽게 하지 않으리란 확신이 생긴다면, 나는 바짝 감아쥔 삶의 고삐에서 서서히 힘을 풀 생각이다. 지나친 긴장은 지나치게 긴장이 없는 것과 같기 때문이다.

부모님께 사고뭉치 아들에 대한 염려가 질병밖에 남지 않게 된다면, 이제는 내가 부모님을 위해 근심할 생각이다. 지나치게 받기만 한다면 아무것도 받지 않은 것과 같기 때문이다.

중용의 실천, 그 첫 단추는 과유불급을 깨달음에 있다.

척하지 않아서
척척 흘러가는 삶

자왈子曰.

"숙위미생고직孰謂微生高直?

혹걸혜언或乞醯焉,

걸저기린이여지乞諸其隣而與之."

– 「공야장公冶長」편 제23장

공자께서 말씀하셨다.

"누가 미생고를 정직하다고 말했는가?

어떤 사람이 그에게 식초를 얻으러 가자,

그의 이웃에게서 빌어다 주었다."

아는 척을 하지 않는 게 아는 것

대학원에서 상담을 배울 때였다. 기말고사가 다가오자 상담을 지도해주신 교수님께서 이렇게 말씀하셨다. "사실 이론으로 배운 상담은 아무런 쓸모가 없습니다. 상담받으러 오는 사람들은 대개 이론에서 벗어난 사람들이기 때문이지요. 이번 학기 기말 과제는 나만의 상담 기법을 한번 만들어보는 것입니다." 교수님 말씀이 끝나자 많은 학생이 한숨을 쉬었다.

당시 몇 날 며칠 머리를 싸맨 끝에 만들어낸 상담 기법이 '척척상담'이었다. '척하지 않아서 척척 흘러가는 상담'이라는 뜻이다. 나는 척척상담의 영감을 노자로부터 얻었다. 흔히 노자나 장자 등 도가 철학에 관한 이야기를 들으면 가장 먼저 떠오르는 개념이 바로 '무위자연(無爲自然)'이다. 최근 SNS에 자연에서 편하게 쉬는 모습을 찍어 올리고 무위자연이라고 소개하는 경우가 있는데, 무위자연의 진짜 의미란 이런 것이다. 무위란 한마디로 '척'하지 않는 것이다. 그리고 자연이란 '척'하지 않아서 자연스러운 것이다. 만일 아무것도 하지 않는 게 무위라면, 우리는 무위를 실천하기 위해 숨도 쉬지 말아야 한다. 하지만 숨을 쉬지 않으면 인간은 곧 죽고 만다. 노자나 장자쯤 되는 사람들이 인간을 죽게끔 만드는 방법을 철학이라고 말했을리는 없다. 자연도 마찬가지다. 세상에는 산과 들, 강과 바다처럼 명사로서의 자연만 있는 것은 아니다. 특히 자연이라는 표현이 사람에게 쓰일 때, 대개 그 의미는 자연스러움이라는 형용사적 의미다.

하루는 친구들과 모여 대화를 나누는데 '성괴'라는 표현이 자주 들렸다. 나는 유행어에 느린 편이라 어렸을 때부터 곧잘 친구들에게 놀림을 받곤 하였다. 또 놀림을 받으면 어쩌나 싶은 마음에 옆에 앉은 친구에게 속삭이듯 물었다. "성괴가 뭐야?" 그러자 그 친구가 큰 소리로 말했다. "야, 애 좀 봐. 성괴가 뭔지도 모른다. 성괴 진짜 몰라? '성형 괴물'이잖아!" 나는 언짢은 마음을 삭이며 이번엔 친구 모두에게 다시 물었다. "그러니까 성형 괴물이 뭐냐고. 성형 수술을 너무 많이 한 사람? 아니면 성형 수술 때문에 부작용이 생긴 사람?" 그러자 다른 친구가 이렇게 답했다. "뭐긴 뭐야. 그냥 딱 봐도 성형한 티가 나는 애들이지."

그날 집에 돌아오며 성형한 티가 난다는 건 무슨 뜻일까 고민해보았다. 곰곰이 생각하다 보니 '부자연스럽다'는 말이 떠올랐다. 공자는 「위정」편에서 자로에게 이렇게 말했다. "그대에게 앎이란 무엇인지 가르쳐주겠다. **아는 것을 안다고 하고, 모르는 것을 모른다고 하는 것. 그것이 바로 아는 것이다.**" 나는 성괴란 말을 몰랐다. 하지만 내가 모른다는 사실을 친구들이 알게 되면 놀림감이 될까 봐 옆에 있는 친구에게 조용히 물어보았다. 많은 사람이 함께하는 자리에서 특정 친구와 귀엣말을 주고받는 것은 부자연스러운 일이다. 어쨌든 나는 '아는 척'을 하고 싶었다.

마음에 성형이 필요한 사람들

우리말 '얼굴'은 '얼꼴'과 같은 말이다. 그리고 '얼'은 '마음'을 의미한다. 외모에 콤플렉스가 있으면 병원을 찾아 성형 수술을 받으면 그만이다. 그러나 진짜 얼굴, 즉 '마음 꼴'에 콤플렉스가 있으면 문제가 복잡해진다. 마음 꼴의 콤플렉스는 사람을 척하게 만들고, 그래서 부자연스럽게 만들기 때문이다. 정말로 얼굴 성형 수술에 성공한 사람은 성형한 곳을 성형했다 말하고, 성형하지 않은 곳을 성형하지 않았다 말한다. 이런 사람은 척하지 않으니 부자연스러울 것도 없다. 그래서 매사 당당하고 다른 사람으로부터 상처를 받지도, 또 다른 사람에게 상처를 주지도 않는다.

미생고(微生高)는 공자와 같은 노나라 사람이었다. 그는 정직하기로 유명했다. 하지만 공자는 미생고를 정직하지 않은 사람이라고 비판했다. 하루는 어떤 사람이 미생고네 집에 식초를 조금 얻으러 갔다. 당시에 식초는 매우 귀했다. 아마 미생고에게 식초를 빌리러 온 사람은 이렇게 생각했을 것이다. '그래도 미생고 정도 되는 사람의 집에는 내게 빌려 줄 정도의 식초는 있겠지.' 그러나 미생고의 집에는 식초가 없었다. 이웃들 눈에 보여졌던 것과는 달리 실상은 미생고의 형편이 그리 좋지 못했기 때문이다. 자신의 집에 식초가 없다는 사실을 들키기 싫었던 미생고는 식초를 빌리러 온 사람에게 잠시 기다리라고 하였다. 그러곤 다른 이웃을 찾아가 먼저 자신이 식초를 빌렸다. 결국 미생고는 그렇게 빌어온 식초를 자신의 것인 양 내주었다. 미생고는 식초가 있었던 '척'했던 것이다. 그리고 아마 미생고에게 식초를 빌리러 왔던 사람은 뭔가 부자연스러움을 느꼈을 가능성이 높다. 없는 것을 있다고 말하는 사람은 대개 있는 것도 없다고 말한다. 그런 사람은 아무것도 가지지 못한 사람과 같다. 그에게는 정직한 마음이 결여되어 있기 때문이다.

모든 사람은 정직할 때 가장 자연스럽다. 우리가 자연을 좋아하는 까닭도 자연은 척하지 않고 인간을 속이는 법도 없기 때문이다. 척하지 않음과 자연스러움의 가치를 귀하게 여겼던 이는 노자와 장자만이 아니다. 공자 역시도 척하지 않아서 자연스러운 삶을 지향했다. 그래서 제자들에게도 그렇게 가르쳤고 공자 자신도 그렇게 살고자 노력했다. 그 까닭은 척하지 않아서 자연스러운 사람이야말로 가장 정직한 인간이기 때문이다. 우리 속담에 '하나를 보면 열을 안다'고 하였다. 공자는 미생고의 식초 일화를 듣고 미생고가 척하고 부자연스러운 인물임을, 그래서 정직하지 못한 사람임을 알았다.

모든 사람을 영원히 속일 수는 없다

문득 미생고와 이름이 비슷한 미생(尾生)이라는 인물이 떠오른다. 실제로 어떤 이들은 미생고와 미생이 같은 인물이라고 주장하기도 한다. 미생 역시 공자 시대의 노나라 사람이었다. 하루는 미생이 한 여성과 다리 밑에서 만나기로 하였다. 그런데 약속한 시간이 되어도 여성은 나타나지 않았다. 엎친 데 덮친 격으로 갑자기 하늘에서 억수 같은 비가 내렸다. 삽시간에 강물이 불어났다. 하지만 미생은 약속을 지키겠다는 일념 하나만으로 다리 기둥을 꽉 붙들었다. 결국 미생은 그렇게 다리를 붙든 채 익사하고 말았다. 이는 저 유명한 '미생지신(尾生之信)'의 고사이기도 하다. 해석하면 '미생의 신뢰'라는 뜻이다.

'척'하는 사람의 말과 행동에는 '아무도 모를 거야'라는 생각이 깃들어 있다. 그래서 '척'의 또 다른 말은 '아무도 모르겠지라는 생각'이다. 그러나 속담에 '낮말은 새가 듣고 밤말은 쥐가 듣는다'고 하였다. 그래서 예로부터 우리 동양에서는 늘 '사지(四知)'를 말했다. '넷은 안다'는 뜻이다. 여기서 넷은 하늘과 땅, 그리고 당사자인 너와 나를 의미한다. 아무도 모를 것 같은 일조차도 늘 넷은 알고 있다. 그래서 지혜로운 사람은 정직한 태도로 삶을 살아가며 비밀을 만들지 않지만, 정직하지 못한 사람은 '아무도 모를 거야'라는 생각에 '척'하며 비밀을 만드는 어리석음에 빠진다.

만일 미생고가 '지금 우리 집에는 식초가 없다'고 솔직하게 고백했다면 어땠을까? 또 미생이 만나기로 약속한 여성을 다리 위로 올라와 기다렸다면 어땠을까? 적어도 미생고는 없음이 부끄러워 자신의 마음을 속이는 더한 부끄러움을 만들진 않았을 것이다. 미생은 죽음이 두려운 자신의 마음을 인정함으로써 더한 부끄러움은 피할 수 있었을 것이다. 세상에 죽음이 두렵지 않은 사람은 아무도 없기 때문이다.

미국 제16대 대통령인 에이브러햄 링컨은 이렇게 말했다. **"모든 사람을 잠시 속일 수는 있다. 또 몇 사람을 영원히 속일 수도 있다. 하지만 결**

코 모든 사람을 영원히 속일 수는 없다." 기말과제를 검토한 교수님 말씀이 귓전을 스친다. "자네의 척척상담 말일세. 상담을 하는 사람과 상담을 받으러 온 사람 모두에게 꼭 필요한 태도구먼. 수고 많았네."

우리는 모두
누군가의 우주다

자왈 子曰.

"사부모 事父母 기간 幾諫.

견지부종 見志不從

우경불위 又敬不違

노이불원 勞而不怨."

－「이인里仁」편 제18장

공자께서 말씀하셨다.

"부모를 섬길 땐 넌지시 간해야 한다.

부모 뜻이 내 말을 듣지 않음을 보더라도

더욱 공경하여 부모 뜻을 어기지 말고

수고롭더라도 원망하지 말아야 한다."

어미 오리를 보며 배운 살림의 고단함

우리는 종종 '살림을 잘한다'라는 표현을 쓴다. 살림이란 '살리다'라는 뜻이다. 가끔 아내와 동네 개천을 산책하다 보면 쉬고 있는 청둥오리들을 볼 수 있다. 하루는 개천을 걷는데 새끼 오리 열한 마리를 데리고 있는 어미 오리가 눈에 보였다. 자그만 새끼 오리들이 물에 둥둥 떠 있는 모습이 제법 신기해 시간 가는 줄 모르고 한참을 서 있었다. 위로 조금 올라가니 거기에도 새끼 오리들이 있었다. 이번엔 여덟 마리다. "우리 부부는 애 하나 키우기도 이렇게 쉽지 않은데, 오리가 우리보다 낫네 그려." 괜히 아내에게 농을 던지니 아내가 씩 웃으며 말했다. "그걸 이제 알았어?" 아빠 오리는 어디론가 날아가 버렸지만 나는 이렇게 가정을 잘 지키고 있지 않느냐, 시답잖은 유세를 부려볼까 하다 말을 삼켰다.

얼마 후 개천에 또 나가보았다. 아무리 눈을 씻고 찾아봐도 열한 마리 가운데 세 마리가 보이질 않았다. 아마 고양이에게 잡아 먹혔거나 불의의 사고를 당한 모양이었다. 다행히 작디작던 새끼들은 어느새 어미만큼 덩치가 커져 있었다. 날개만 덜 자랐다 뿐이지 멀리서 보면 누가 새끼고 누가 어미인지 알기 어려울 정도였다. 누구보다도 새끼 여덟 마리를 건사한 어미 오리가 대견했다. 어미 오리도 스스로 뿌듯한지 천방지축 새끼들 한가운데서 고개를 빳빳이 세우고 있었다. 마치 지나가는 사람들에게 뽐내는 것 같았다. '이것 좀 보세요. 비록 세 마리를 못 지켰지만 이렇게 새끼 여덟을 잘 살렸지요. 어때요? 이 정도면 내 살림이 훌륭하죠?' 하면서 말이다. 아내와 나는 긍정의 의미로 박수를 쳐주었다.

위로 올라가보니 반대로 새끼 여덟 마리를 낳은 어미 오리는 풀이 죽어 있었다. 이 오리 곁에는 새끼가 세 마리밖에 없었다. 다섯 마리나 잃어버린 모양이었다. 그래서 그런지 이 어미 오리는 새끼들에게 별 관심이 없어 보였다. 그저 하릴없이 먼 산을 바라보거나 괜히 냇물에 고개를 처박기 일쑤였다. 살림에 실패한 것도 서러우니 괜히 손가락질 말고 빨리 가던 길이나 가라며 재촉하는 듯했다. 이번에도 아내와 나는 박수를 쳐주었다. 그래도 셋을 살리지 않았느냐는 위로와 격려의 박수였다. 집에 돌아오는 길에 아내와 나는 다시 서로에게 박수를 쳐주었다. 우리도 살림 한번 잘해보자는 용기와 희망의 박수였다.

모든 부모는 아이의 우주다

한국 전쟁 당시의 일이다. 눈보라가 매섭게 몰아치던 추운 겨울이었다. 퇴각하던 한 미군 병사의 귀에 아기 울음소리가 들려왔다. 울음소리를 따라가니 갓난아이가 눈 속에 파묻혀 있었다. 일찍이 맹자는 이렇게 말했다. "사람에게는 다 견딜 수 없는 마음이라는 게 있다. 견딜 수 없는 마음이란 이런 것이다. 사람이라면 젖먹이가 별안간 우물 속으로 기어 들어가는 것을 보았을 때 슬프고 두려우며 측은한 마음을 갖게 된다. 이는 그 젖먹이의 부모와 잘 지내고 싶어서도 아니고, 마을 사람들과 친구들에게 칭찬을 받고 싶어서도 아니며, 훗날 젖먹이를 보고도 가만히 있었다며 안 좋은 소문이 날까 싶어서도 아니다. 그러므로 만일 이처럼 측은하게 여기는 마음이 없다면 그것은 사람이 아니다."『맹자』「공손추상(公孫丑上)」편에 등장하는 이 내용은 저 유명한 '유자입정(孺子入井)'과 '불인지심(不忍之心)', '측은지심(惻隱之心)'의 유래가 되는 대목이다. 유자입정이란 '젖먹이가 우물로 들어갈 때의 마음'이라는 뜻이다. 또 불인지심은 '차마 견딜 수 없는 마음'이라는 뜻이며, 측은지심은 '딱하고 가엾게 여기는 마음'이라는 뜻이다.

전쟁터에서 싸우는 군인도 다 사람이다. 군인이라고 하여 불인지심과 측은지심이 없을 리 만무했다. 미군 병사는 허겁지겁 눈을 파헤쳤다. 그런데 눈을 파헤치던 미군 병사는 이내 소스라치게 놀라고 말았다. 그 아이가 알몸 여인의 품에 안겨 있었기 때문이다. 알몸 여인은 그 아이의 어머니였다. 피란을 가던 중 눈밭에 고립되자 어머니는 입고 있던 옷을 모두 벗었다. 자신의 체온으로 아이를 살리기 위해서였다. 다행히 아이는 살았지만 어머니는 얼어 죽고 말았다. 미군 병사는 아이를 품에 안고 어머니의 주검을 한쪽으로 옮긴 뒤 표시해두었다. 그리고 아이를 미국으로 데려갔다.

아이는 미국에서 무럭무럭 자라 청년이 되었다. 수십 년 뒤, 미군 병사는 이제는 어른이 된 아이와 함께 다시 한국 땅을 밟았다. 그리고 청년을 자신이 아이를 발견했던 그 장소로 데려갔다. 청년에게 그 곳은 자기 어머니의 무덤이기도 했다. 미군 병사로부터 이야기를 전해 들은 청년은 그 자리에서 자신이 입고 있던 옷을 모두 벗었다. 그리고 그 옷들로 어머니의 무덤을 덮어주었다. "어머니, 그날 나 때문에 얼마나 추웠어요." 미군 병사는 그때를 떠올릴 때마다 모성의 위대함을 실감했다고 말했다. 또 자신이라면 그렇게 하지 못했을 거라고 했다. 세상에는 오직 어머니만이 할 수 있는 일도 있는 법이다.

아이가 생기고 얼마 지나지 않았을 때, 아내가 한 말이 아직도 기억에 남는다. "내 몸에서 심장이 두 개 뛰어." 나로서는 죽을 때까지 공감하기 어려울 말이다. 어머니와 아버지는 다르다. 아이 돌보는 아내를 보고 있자면, 눈보라 속에서 옷뿐 아니라 자기 피부까지도 벗겨 내 줄 것 같다. 아빠인 나는 과연 그렇게 할 수 있을까, 아직은 잘 모르겠다. 아이가 뱃속에 있을 때, 아이의 귀에 어머니의 자궁 소리가 어떻게 들리는지 체험할 기회가 있었다. 유튜브 등에 '자궁 소리'를 검색하면 누구라도 할 수 있는 체험이다. 자궁 소리를 듣고 있자니 문득 이런 생각도 함께 들었다. '인간이 아무것도 없이 우주에 나갈 수 있다면 이런 소리가 들리지 않을까?' 우주가 하는 일은 생명을 살리는 일이다. 그래서 우주는 오늘도 열심히 살림을 하고 있다. 아이들에게 모든 부모는 우주다. 그래서 부모의 주된 역할은 아이의 몸과 마음을 잘 살리는 데 있다.

어머니라는 우주를 대하는 못난 자식의 성급함

가끔 우리 부모는 어떤 우주였는지를 돌이켜본다. 아버지는 우주복을 입지 않고는 대하기 어려운 데가 있는 우주였다. 어머니 역시 여러 가지 여건으로 인해 마냥 평온하기만 한 우주는 아니었다. 그래도 두 우주가 자식 셋을 건사했으니 어쨌든 살림에 실패하지는 않은 셈이다.

초등학교 때였다. 하루는 다니던 수학 학원에서 수업 분위기를 흐려 선생님께 꾸지람을 들었다. 나는 집에 돌아와 내가 수업 분위기를 흐렸다는 이야기는 쏙 빼고 이렇게 말했다. "엄마, 아무래도 선생님이 나를 좀 미워하는 것 같아." 다음 날 학원에 가니 선생님이 나에게 유독 친절하게 대해줬다. 나는 어머니가 밖에서 학원 선생님을 따로 만났다는 얘기를 어른이 다 돼서야 알았다. 그 선생님이 느꼈을 억울한 심정을 생각하면 아직도 미안한 마음이 든다.

또 이런 일도 있었다. 군에 입대하기 전 한동안 다니던 헬스 체육관에서 카운터를 보던 여직원이 있었다. 아직도 그 이유를 알 순 없지만, 그 아가씨는 이상하리만치 나에게만 인사를 하지 않았다. 차별 대우는 언제나 사람의 감정을 상하게 한다. 운동을 마치고 집에 돌아온 나는 어머니에게 하소연 아닌 하소연을 했다. "엄마, 헬스장에 카운터 보는 여직원이 있는데 말이야. 참 이상하지? 다른 회원들한테는 그렇게 살갑게 인사도 잘하고 그러면서 나만 보면 못 본 체한다니까? 문신 때문에 그런가?" 가족의 생명력은 다름 아닌 대화에 있다.

가족인 어머니를 믿고, 정말이지 아무 생각 없이 쏟아낸 말이었다.

다음 날 체육관을 찾은 나는 몹시 당황할 수밖에 없었다. 생전 말한마디 주고받은 적 없던 그 여직원이 나를 보자마자 반갑게 인사를 건넸던 것이다. "어서오세요. 그러잖아도 어제 어머니라는 분이 다녀가셨는데, 제가 회원님 문신이나 이런 것 때문에 인사를 안 드린 건 아니고요. 그냥 제가 회원님이 조금 어려웠나 봐요." 나는 얼굴이 홍당무처럼 빨갛게 달아오를 수도 있다는 말을 그때 처음으로 실감했다. 나는 대답을 하는 둥 마는 둥 하고는 운동도 하지 않은 채 집으로 내달렸다. 집에 도착하니 어머니가 왜 이렇게 빨리 왔느냐는 표정으로 나를 바라보았다.

나는 곧 온 집안이 떠나가라 고함을 질렀다. "엄마는 도대체 생각이 있는 사람이야, 없는 사람이야? 내가 엄마를 믿고 그냥 한 말을 가지고 그 여직원한테 찾아가? 진짜 엄마는 창피하게 왜 이래? 내 체면은 생각도 안 해? 어렸을 때 그 수학 학원 선생님한테도 그러더니. 엄마는 도대체 뭐 하는 사람이야?" 어머니는 어리둥절한 표정으로 그저 나를 빤히 바라보기만 하였다. 한참 만에 어머니가 입을 열었다. "아니, 그게 아니라, 나는 그냥 혹시 누가 문신이나 이런 것 때문에 괜히 우리 아들 나쁜 사람으로 볼까봐. 우리 아들이 얼마나 착한데." 나는 말문이 막혀 문을 쾅 닫고는 집을 나와버렸다.

공자는 부모를 대할 땐 넌지시 간해야 된다고 하였다. 여기서 '넌지시 [幾]'란 자세히 살펴본다는 뜻이며, '간(諫)'함이란 호소한다는 뜻이다. 돌이켜 보면 나는 인생을 살아오며 어머니에게 참으로 많은 것을 호소했다. 하지만 늘 호소하기에만 급급했지, 어머니의 심정을 자세히 살피지는 못했다. 또 공자는 부모의 뜻이 내 말을 따라 주지 않더라도 더욱 공경하여 부모 뜻을 어기지 말라고 하였다. 부모의 뜻은 자식을 살리는 데 있다. 특히 우리 세대의 어머니들은 대개 살림이 주된 일이자 삶의 목적이었다. 어쩌면 우리 어머니는 그저 자신의 일에 충실했던 것인지도 모른다. 다름 아닌 내 자식의 기(氣)가 살지 못하고 죽었다는데, 어머니는 가만히 있기가 못내 어려웠을 것이다.

늙은 부모에게는 자식이 우주다

공자는 「계씨」편에서 이렇게 말했다. '생이지지자(生而知之者) 상야(上也) 학이지지자(學而知之者) 차야(次也) 곤이학지(困而學之) 우기차야(又其次也) 곤이불학(困而不學) 민사위하의(民斯爲下矣)'. '태어나면서부터 아는 사람은 최상이다. 배워서 아는 사람은 그다음이다. 어려움을 겪어서 배우는 사람은 또한 그다음이다. 하지만 어려움을 겪고도 배우지 못하는 사람은 곧 최하가 된다'라는 뜻이다. 나는 아직도 나자신을 어려움을 겪고도 배우지 못하는 '곤이불학'이라고 생각한다.

군대에서 첫 외박을 나왔을 때였다. 집에 도착한 나는 군복을 벗자마자 온갖 하소연을 늘어놓았다. 말 그대로 눈물 어린 호소를 했던 셈이다. 한바탕 쏟아내고 나자 마음이 조금은 편안해졌다. 다음 날,

나는 군에 복귀했다. 며칠이 지났다. 하루는 부대 초소에서 근무를 마치고 돌아온 선임이 나를 따로 불렀다. "너 며칠 전에 외박 다녀왔지? 너 혹시 집에 가서 죽는소리했냐? 웬 아주머니 한 분이 초소 앞에서 계속 왔다 갔다 하시길래, 뭐 때문에 그러시냐고 여쭤봤더니 네어머니라 그러시던데. 못 들어오신다고 했더니 자기도 안다고, 그냥 와본 거라고, 그렇게 한참을 계시다가 조금 아까 돌아가셨어. 너 집에 뭐 두고 왔냐?"

이후로 작은 소동이 한 차례 있었고, 나는 의무관 등 간부들 앞에서 이렇게 말했다. "내가 무슨 짓을 할지 나도 장담할 수 없습니다. 온 부대에 불을 질러버리고 나는 저 국기 게양대에 군화 끈으로 목을 매 자결하고 싶은 심정입니다." 그날 저녁 부대에는 없던 소방팀이 생겼다. 그리고 선임병 두 명이 화장실에 갈 때조차 나를 따라다녔다. 나는 그로부터 한 달여 만에 부적응자로 분류되어 사회복무요원의 신분이 되었다. 사실 도대체 왜 그렇게까지 했는지는 이 글을 쓰는 지금도 잘 모르겠다. 나는 그냥 되도록 빨리 집에 가고 싶었다. 그래서 초소 앞을, 애타는 마음으로 서성거렸을 어머니를, 꼭 좀 한번 안아주고 싶었다.

공경의 다른 말은 곧 '인내'다. 인내란 참고 견딘다는 뜻이다. 그래서 「이인」편의 '자왈(子曰) 사부모(事父母) 기간(幾諫) 견지부종(見志不從) 우경불위(又敬不違) 노이불원(勞而不怨)'은 우리말로 쉽게 표현하면 이렇게 된다. '부모를 대할 땐 부모를 자세히 살피며 호소해야 한다. 자식을 살리고자 하는 부모의 마음이 내 마음과 같지 않음을 보더라도 더욱 참고 견뎌서 매사 부모 마음을 헤아리고자 노력하고, 그래서 설령 내 마음이 수고롭더라도 부모를 원망하지는 말아야 한다'. 생각해 보면 나는 어머니의 참을 수 없고 견딜 수 없는 행동을 원망하기만 했다. 내 마음의 수고로움을 참고 견딜 수 없었기 때문이다. 반면에 어머니의 마음은 한평생 나 때문에 견딜 수 없고, 참을 수 없었을 뿐 아니라, 수고롭기까지 하였다.

어린 자식에게는 부모가 우주지만, 늙은 부모에게는 자식이 우주다. 어리석은 사람은 내 우주는 왜 이 모양 이 꼴이냐며 하소연하기 바쁘고, 그래서 자신의 마음이 얼마나 수고로운지를 호소하기에 급급하다. 하지만 지혜로운 사람은 인내를 갖고 자세히 살핌으로써 우주를 살리는 데 이바지한다. 살림은 일방적으로 받는 것이 아니다. 진짜 아름다운 세상은 서로가 서로를 살리는 세상이다. 이제 나는 내 우주의 기를 좀 살려주고 싶다. 문득 국가가 나를 위해 뭘 해줄지를 묻기에 앞서, 내가 국가를 위해 뭘 할 수 있는가를 고민하자던 어느 정치가의 말이 떠오른다. 이제는 내 우주가 나를 어떻게 참고 견딜 수 없게 만들지, 그래서 어떻게 우주를 원망할지를 생각하기에 앞서 나는 내 우주를 어떻게 잘 살필 것인지, 또 어떻게 참고 견딜 것인지, 어떻게 우주를 덜 수고롭게 해줄지를 생각해야 할 때다.

호칭에 예민한
사람들의 한계

방군지처邦君之妻 군칭지왈부인君稱之曰夫人,

부인자칭왈소동夫人自稱曰小童,

방인칭지왈군부인邦人稱之曰君夫人,

칭저이방왈과소군稱諸異邦曰寡小君,

이방인칭지異邦人稱之 역왈군부인亦曰君夫人.

-「계씨季氏」편 제14장

임금의 아내를 임금이 부를 땐 부인이라 하고,

임금 아내가 스스로를 부를 땐 소동이라 하며,

백성들이 부를 땐 군부인이라 하고,

다른 나라에서 부를 땐 과소군이라 하며,

다른 나라의 백성들이 부를 땐 역시 군부인이라 한다.

내 나라, 내 문화에 자긍심을 가져야 하는 이유

하루가 다르게 시대가 변하고 있다. 이런 시대적 분위기 속에서 우리의 인식도 나날이 변하고 있다. 언제부턴가 '동방예의지국'이란 말을 들으면 왠지 시대에 부합하는 말이 아니란 느낌을 받는다. 어느덧 사람들은 '예의'란 말보다 서구식 표현인 '에티켓'에 익숙해졌다. 요새는 외국어에 능통한 사람도 많아졌다. 그런 사람들을 보면 마음에서 알 수 없는 존중심 비스름한 것이 생기는 게 사실이다.

지금 이 책을 읽는 사람들은 대부분 인종적으로 동양인에 속할 것이다. 글을 쓰고 있는 나 역시 뼛속까지 동양인이다. 그런데 많은 이가 동양인으로 태어나 동양을 흠모하지 못한다. 서양을 숭앙한다. 잘못된 일까진 아니지만 슬픈 일이다. 자기의 부모나 집안을 자랑스러워하지 못하고 남의 부모나 집안을 무작정 동경함과 다름없기 때문이다. 동양과 서양, 인종과 민족을 사사건건 구분할 필요는 없다. 하지만 스스로를 존중하지 못하는 사람은 내 가정, 내 민족, 내 나라, 내 문화에도 소극적이다. 이와 달리 스스로를 존중하는 사람은 먼저 내 가정, 내 민족, 내 나라, 내 문화에 자긍심을 갖는다. 그리고 이를 바탕으로 다른 이들의 그것도 존중한다.

프랑스 사람들은 외국인이 외국말로 뭔가를 물으면 뻔히 알아들으면서도 전혀 모르는 체하는 경우가 많다고 한다. 이는 일부러 외국인을 골탕 먹이기 위함이 아니다. 적어도 우리나라에 왔으면 우리말로 소통하자는 정중하지만 당당한 요청이다. 당당함과 교만함은 질적으로 다르다. 또 겸손함과 비굴함 역시 완전히 다른 개념이다. 당당하고 겸손한 사람은 남을 존중하고 자신을 내세우지 않는다. 하지만 교만하고 비굴한 사람은 남을 무시하고 자신도 무시한다.

우리나라가 동방예의지국이라는 증거

우리나라가 여전히 동방예의지국이냐고 누군가 물으면, 나는 그렇다고 답하고 싶다. 증거는 많다. 우리나라는 아직도 가정 윤리가 살아 있는 나라다. 가정 윤리란 가부장적인 아버지와 엄격한 어머니의 '일방적인 가정 질서 확립'을 뜻하지 않는다. 가정 윤리란 온 가족이 함께 모여 식사할 수 있는 분위기를 말한다. 식사를 하며 가족들은 하루 동안 자신에게 일어난 일을 서로 공유한다. 이렇게 가정 윤리란 별게 아니다. 가정 윤리란 가족 구성원 모두가 함께 연결되어 있다는 느낌이다.

또 우리나라에서는 여전히 복잡할 정도로 다양한 존칭이 기능하고 있다. 예컨대 '할아버지께서 돌아가셨다'와 '할아버지가 죽었다'는 같은 말이지만 전혀 다른 느낌을 준다. '어머니가 밥을 먹는다'와 '어머니께서 진지를 잡수신다'는 표현 역시 그 의미는 같지만 느낌은 다르다. 예란 '세상에 나도 주인공 그리고 너도 주인공'의 마음이라고 하였다. 또 예수의 황금률이 '남이 너희에게 해주기를 바라는 그대로 너희도 남에게 해주어라'라는 것이었다면, 공자의 황금률은

'네가 바라지 않는 바를 남에게 베풀지 말라'는 것이었다. 이는 저 유명한 공자의 서(恕) 개념이기도 하다. 서란 용서한다는 뜻이다.

실제로 용서에는 소극적 용서와 적극적 용서가 있다. 소극적 용서는 나에게 잘못한 누군가에게 불쌍한 마음을 갖고, 그 사람의 잘못을 눈감아주는 것이다. 적극적 용서는 누군가 내게 저지른 것과 같은 잘못을, 적어도 나는 남에게 똑같이 하지 않는 것이다. 예수의 황금률과 공자의 황금률은 모두 인간 세상을 살아감에 꼭 필요한 진리다. 다만 군이 따지자면 공자의 황금률이 더 예의 본질에 가깝다. 예수는 '남이 나에게 해주기를 바라는 그대로 먼저 남에게 해주라'고 하였는데, 여기엔 한 가지 문제의 소지가 있다. '다른 사람이 나에게 이렇게 해줬으면' 하는 마음에 먼저 다른 사람에게 해준 무언가가, 그 사람이 진정으로 원하는 것이리란 보장이 없기 때문이다.

공자의 황금률은 조금 다르다. 대개 인간이란 좋아하는 것은 각기 다르지만 싫어하는 것은 거의 비슷하다. 그래서 공자는 남이 좋아할 것이라 생각되는 뭔가를 베푸는 일도 중요하지만, 먼저 남이 싫어할 만한 일만큼은 행하지 않도록 각별히 조심할 것을 경고했다. 에티켓과 예는 이렇게 다르다. 에티켓의 초점은 나 자신에게 맞춰져 있다. 하지만 예는 그 초점을 나 자신에 앞서 다른 사람들과 또 '우리'에 둔다. 쉽게 말해 서양의 에티켓은 나 자신이 신사, 숙녀로 거듭나는 방법에 가깝다. 그리고 동양의 예는 먼저 남을 군자와 요조숙녀로 대우해주고, 그로써 온 세상이 함께 군자와 요조숙녀로 거듭남을 모색하는 길이다.

우리나라가 여전히 동방예의지국이란 증거는 또 있다. 요새는 제사 문화가 많이 사라졌다. 하지만 명절이나 기일이 되면 그날을 기념하며 자신의 뿌리를 돌아보는 문화만큼은 살아 있다. 동양에서 제사의 가장 주된 기능은 '생기충전(生氣充電)'이다. 말 그대로 활발하고 힘찬 기운을 충전한다는 뜻이다. 좋은 기운을 충전함에는 감사하는 마음만 한 게 없다. 제사상에 무엇을 차리고 또 차린 것을 어떻게 놓을지, 옷은 무엇을 입을지 등은 사실 별로 중요하지 않다. 평소에 그리웠던 가족들을 만나서 함께 부모와 조상의 사랑과 은혜를 기리고, 감사하는 마음을 가질 수만 있다면 그걸로 족하다. 그러면 일상생활을 열심히 하느라 쌓였던 긴장과 피로도 눈 녹듯 사라진다. 현대사회에 만연한 경쟁과 비교로 인하여 떨어졌던 자신감 역시 회복할 수 있다.

차례나 제사를 지낼 땐 모두가 함께 참여함이 무엇보다 중요하다. 잘난 가족이라고 해서 특별 대우를 하고 못난 가족이라고 해서 차별 대우를 한다면 불화를 조장함에 그칠 뿐이다. 제사나 차례는 어디까지나 화합과 감사의 장에 불과하다. 하늘은 인간들이 서로 함께 잘 지낼 때 가장 기뻐한다. 부모와 조상도 마찬가지다. 자식과 후손들이 함께 화목하다면 더 바랄 게 없다. 그래서 훌륭한 집안은 제사의 본질인 감사와 화목을 챙기고, 촌스러운 집안은 제사의 말단인 형식과 방법에 매달린다. 물론 가장 좋은 제사는 내용과 형식이 조화를 잘 이룬 제사다.

공자는 「옹야」편에서 이렇게 말했다. '**질승문즉야**(質勝文則野) **문승질즉사**(文勝質則史) **문질빈빈**(文質彬彬) **연후군자**(然後君子)'. '마음의 본질이 형식적 예의범절을 앞서면 촌스럽고, 형식이 본질을 너무 앞서면 사치스럽다. 본질과 형식이 잘 어울린 다음에야 군자답다'라는 뜻이다.

사소한 것에 연연하는 사람들의 작은 마음

아울러 공자는 상황과 주체에 따라 다르게 불리는 '임금 아내'의 여러 가지 호칭을 소개한다. 예컨대 임금은 자신의 아내를 부를 때 부인(夫人)이라고 높여 부른다. 하지만 임금의 아내가 스스로를 부를 땐 소동(小童)이라고 낮춰 부른다. 백성들이 자기 나라에서 자기 임금의 아내를 부를 땐 군부인(郡夫人)이라 높여 부른다. 그러나 다른 나라에서 자기 임금의 아내를 부를 땐 과소군(寡小君)이라 낮춰 부른다. 그리고 각 나라의 모든 백성은 다른 나라 임금의 아내를 군부인(郡夫人)이라 높여 부른다.

사실 부인이니, 소동이니, 군부인이니, 과소군이니 하는 명칭들은 그 자체로는 별로 중요하지 않다. 늘 관건이 되는 것은 이름에 담겨 있는 정신이며, 이름을 부르는 사람의 마음이다. 세계적으로 경칭과 존칭이 가장 잘 발달한 나라가 한국과 중국, 일본이다. 한중일 삼국은 유교 문화권이란 공통점을 지녔다. 하지만 현대인들에게 유교는 유교 문화권을 살아가면서도 마냥 어색하기만 하다. 심지어 어떤 사람은 유교란 말을 듣기만 해도 신경질적인 반응을 보인다. 그럼에도 나는 유교가 세상에서 제일가는 아름다운 문화라고 생각한다. 유교의 바탕은 예이며, 예의 본질은 상호 존중에 있기 때문이다.

동양인들은 '우리'란 말을 즐겨 한다. 다른 사람에게 어머니를 소개할 적에도 '내 어머니'라 하지 않고 '우리 어머니'라 말한다. 또 손님이 집에 찾아오면 '내 집'에 잘 오셨다 하지 않고 '우리 집'에 잘 오셨다 한다. 이것이 언어를 통해 여실하게 드러나는 서양과 동양의 근본적인 차이다. 동양인들은 예로부터 남과 나를 구분하지 않았다. 남과 나를 비교하지도 않고, 세상 모든 존재들을 차별하지 않았다. 게다가 '우리' 안에서의 경쟁은 더욱 무의미하게 여겼다. 물론 앞선 기술이나 과학 지식 등 서구의 좋은 문물은 받아들이고 또 힘써 배워야 한다. 그래서 그것들을 우리만의 것으로 만들어야 한다.

하지만 무턱대고 우리의 아름다운 문화를 포기해서는 곤란하다. 누가 봐도 더 아름다운 것을 마치 거추장스러운 것인 양 평가절하하고, 누가 봐도 덜 아름다운 것을 마치 우수한 것인 양 떠받드는 풍조는 더욱 꼴사납다. 그래서 공자는 「안연」편에서 이렇게 말했다. **'군자성인지미(君子成人之美) 불성인지악(不成人之惡) 소인반시(小人反是)'.** '군자는 남의 아름다운 점을 성숙시켜 주고, 남의 덜 아름다운 점은 더 나아가지 못하게 하지만, 소인은 이와 반대로 한다'는 뜻이다.

사소한 것에 연연하며 자신의 지식과 예법에 도취한 사람들이 있다. 이런 사람들은 가족 간의 호칭과 사회 구성원 간의 명칭에 민감하다. 예컨대 '하다'와 '하셨다'에서 '셨' 자의 있고 없음에 지나치게 의존한다. 또 '부장'과 '부장님'에서 '님' 자의 있고 없음에 따라 자신의 권위가 달라진다고 생각한다. 그러나 예란 어디까지나 군자와 대인의 도리다. 군자나 대인은 모두 큰일을 중요하게 생각한다. 일찍이 자공은 **'현자(賢者) 지기대자(識其大者) 불현자(不賢者) 지기소자(識其小者)'**라 하였다. '현명한 사람은 그 큰 것을 기억하고, 현명하지 못한 사람은 그 작은 것만을 기억한다'는 뜻이다. 또 자하는 **'대덕불유한(大德不踰閑) 소덕출입가야(小德出入可也)'**라 하였다. '큰 덕이 한계를 넘지 않으면 작은 덕은 왔다 갔다 해도 괜찮다'는 뜻이다.

마지막으로 공자는 이렇게 말했다. **'군자지덕(君子之德) 풍(風) 소인지덕(小人之德) 초(草) 초상지풍(草上之風) 필언(必偃)'.** '군자의 덕은 바람이고, 소인의 덕은 풀이다. 풀 위에 바람이 불면, 풀은 반드시 바람을 따라 쓰러진다'란 뜻이다. 문질빈빈(文質彬彬)에서 문과 질, 즉 형식과 내용은 모두 중요하다. 하지만 내용이 바람이라면 형식은 풀이다. 마음과 정신이 큰 덕이라면 경칭과 존칭 등의 호칭은 작은 덕이다. 그리고 큰일을 먼저 하면 작은 일은 저절로 처리될 것임은 공중화장실에 놓인 변기조차도 아는 소리다.

일찍이 석가모니는 어머니인 마야 부인의 옆구리로 태어나 일곱 걸음을 걸은 뒤, 오른손을 들고 멈춰 서서 이렇게 말했다고 한다. '천

상천하유아독존(天上天下唯我獨尊) 삼계개고아당안지(三界皆苦我當安之)'. 해석하면 '온 세상에 나 아님이 없고 그러한 나는 오직 존귀하며, 삼계가 고통이니 내 마땅히 이를 편안하게 하리라'라는 뜻이다. 사람이 어떻게 옆구리로 태어날 수 있으며, 태어나자마자 걷고 말할 수 있는지 딴지 거는 사람은 작은 덕에 눈이 멀어 큰 덕을 보지 못하는 사람이다.

'세상'을 한마디로 줄이면 '우리'가 된다. 동양적 관점에서는 나 아님도 없고, 너 아님도 없으며, 그저 우리만이 있을 따름이다. 그리고 우리는 모두 전부 나름대로 힘들고 또 괴롭다. 옆집에 사는 나는 늙어서 힘들다. 앞집에 사는 나는 장애를 가져서 괴롭다. 뒷집에 사는 나는 자식이 공부를 못해서 근심이다. 그리고 길을 가다 우연히 마주친 나는 최근에 부모를 잃어서 슬프다. 내가 모여서 우리가 되고, 세상이 곧 우리다. 그래서 대인군자는 '나를' 편안케 함에 힘쓰고, 소인은 '나만' 편안케 함에 전념한다. 지금 우리의 마음가짐은 정녕 아름다운 동방예의지국의 마음인지 돌아보아야 할 때다.

백 세 시대를
갈등 없이 살아가는 법

자왈子曰.

"애지愛之, 능물로호能勿勞乎?

충언忠焉, 능물회호能勿誨乎?"

－「헌문憲問」편 제8장

공자께서 말씀하셨다.

"사랑한다면, 수고롭게 하지 않을 수 있겠는가?

진심이라면, 깨우쳐주지 않을 수 있겠는가?"

'버릇없다'는 말에 담긴 권위 의식

'백 세 시대'라고들 한다. 사람의 평균 수명을 백 세로 잡더라도 무방한 시대가 되었다는 것이다. 자연스레 반평생은 오십이 되었다. 온 가족이 모여 환갑잔치를 벌이는 일도 드물어졌다. 환갑(還甲)은 간지

(干支)가 서로 짝을 이루어 육십갑자(六十甲子)를 한 바퀴 돌았음을 의미한다. 간은 곧 천간(天干)이다. 말 그대로 하늘의 기운을 뜻한다. 갑을병정무기경신임계(甲乙丙丁戊己庚辛壬癸)의 십간(十干)이 천간이 된다. 지는 곧 지지(地支), 땅의 기운을 뜻한다. 자축인묘진사오미신 유술해(子丑寅卯辰巳午未申酉戌亥)의 십이지(十二支)가 지지가 된다. 자신이 태어난 간지로 다시 돌아오면 사람은 예순한 살이 된다. 그래 서 환갑의 다른 말은 회갑(回甲)이다.

의술이 지금처럼 발달하지 못했던 과거에는 당연히 평균 수명도 지금보다 훨씬 짧았다. 환갑을 경험하고 세상을 뜨는 이들도 적었다. 불과 얼마 전까지만 해도 환갑 어른의 위상은 요즘의 백 세 어르신 과 맞먹었다. 요즘이 백 세 시대라면, 이때는 환갑 시대였던 셈이다. 그런데 어느덧 환갑 어른은 노인 축에도 끼지 못하는 사회가 되었다. 지금은 반평생을 오십이라고 하지만, 환갑 시대엔 반평생을 서른으 로 보았다. 또 결혼을 일찍 하는 조혼(早婚) 풍습이 있었다. 그래서 서 른 즈음이 되면 이미 손주를 보고 조부모가 되는 이들도 있었다.

대체로 한 세대를 30년 정도로 본다. 사람은 30년 가까이 살면 으 레 이런 말을 하기 시작한다. "요즘 애들은 버릇이 없어." 구십 노인 에겐 요즘 애들에 육십 대와 삼십 대가 모두 포함된다. 또 육십 어른 의 입장에선 동시대의 삼십 대들이 마냥 철없어 보인다. 이제는 새파 란 청년으로 분류되는 삼십 대들에게도 나름의 관점은 있다. 실제로 삼십 대에 접어든 나는 '우리 땐 저러지 않았다'며 혀를 끌끌 차는 친구들을 자주 목도한다. 물론 모든 사람에게는 저마다의 생각과 때가 있다. 그래서 어느 세대가 옳고 그른지, 어느 세대가 좋고 나쁜지 알 길은 없다. 다만 그럴 때마다 내게는 문득 '삼십 대에 이미 할아버지, 할머니가 되었던 과거의 유전자가 아직도 우리 몸속에 남아 흐르고 있는 모양이다' 하는 생각이 들 뿐이다.

대개 예의가 없어서 못마땅할 때, 그래서 나도 모르게 혀를 끌끌 차게 될 때, 우리는 '버릇없다'라고 말한다. 그런데 우리 사회에서 '버릇없다'는 말은 대개 윗사람들의 전유물이다. 나이가 지긋한 어르신이나 학교 선배, 또 직장 상사가 버릇없다고 말하는 것은 자연스럽다. 하지만 젊은 사람이나 동년배 또래끼리, 혹은 아랫사람이 버릇없다고 말하는 것은 부자연스럽다. 이러한 현상에 유교 문화가 반영되어 있음은 한 번쯤 짚고 넘어갈 필요가 있다. 그 원인을 제대로 알면 점점 심각해지는 세대 갈등에 유연하게 대처할 수 있을지도 모른다.

갈등과 분열을 심화시키는 부재의 시대

우리는 곧잘 유교와 유학을 혼동한다. 유교란 유가적(儒家的) 문화를 뜻한다. 그리고 유학이란 유가적(儒家的) 배움과 가르침이다. 올바른 문화는 올바른 배움과 가르침으로부터 확립된다. 하지만 언제부턴가 우리 사회는 유학을 포기했다. 그 대신 제도권 교육에 필요한 배움과 가르침만을 강조했다. 모든 교육이 대학 입시와 취업 등에만 지나치게 편중되었다. 좋은 대학에 들어가고 좋은 직장에 취직해서 잘 먹고 잘사는 일은 무척 중요하다. 그러나 인간은 어디까지나 더불어 사는 존재다. 인간을 인간답게 더불어 살 수 있도록 돕는 것은 내 한 몸의 안락보다는 아름다운 문화의 힘이다.

나이가 한 살만 많아도 그것을 대단한 벼슬처럼 여기는 '애들은 빠져'식의 문화와 직급이 하나만 높아도 윗사람의 말에는 무조건 순종해야 한다는 '까라면 까'식의 문화는 세대 간의 갈등을 낳았다. 여성의 주된 역할은 어디까지나 집안일과 돌봄이며, 얌전하고 조심해야 한다는 '무릇 여자란'식의 문화는 젠더 간 갈등을 낳았다. 자본주의 사회에서 물질이 풍족한 사람은 양반이고 그렇지 못한 사람은 천민이라는 '천민자본주의'는 사회 계층 간의 갈등을 낳았다. 그리고 언제부턴가 시작된 유학의 부재는 이런 갈등과 분열을 봉합하기는 커녕 오히려 심화시키고 있다. 이제는 다시 유학의 본질에 대하여 차분히 생각해 보아야 할 때다.

유학의 본질은 항상 인(仁)에 있다. 인이란 '내가 있는 이곳은 나 혼자 사는 세상이 아님을 단 한순간도 잊어버리지 않는 것'이다. 쉽게 말해 인이란 '더불어 사는 세상임을 매 순간 기억하는 것'이다. 인으로부터 다시 '예악(禮樂)'이 나온다. 예란 '세상에 나도 주인공 그리고 너도 주인공의 마음으로 죄는 것'이라고 하였다. 또 악이란 '세상에 나도 주인공 그리고 너도 주인공의 마음으로 푸는 것'이라고 하였다. **우리는 유교 문화권을 살아가면서도 인의 의미를 정확하게 알지 못한다. 인을 모르기 때문에 예악도 알지 못한다. 그래서 언제부턴가 우리 사회는 그저 내 마음에 들지 않으면 '예악이 없다'고 표현하는 사회가 되어버렸다.** 내 생각과 다른 생각을 가진 사람은 전부 예의가 없는 사람이 되어버렸다. 내 세대와 다른 생각을 가진 세대는 전부 버릇없는 세대가 되어버렸다. 내 성별과 같지 않은 성별은 전부 못마땅한 성별이 되어버렸다. 나만큼 가지지 못한 사람은 전부 근본 없는 사람이 되어버렸다. 그러다 보니 유학의 본질인 '함께로서의 우리'는 사라지고 오로지 '나로서의 우리'만이 남게 되었다.

공자는 사랑하면 수고롭다고 하였다. 사랑에는 반드시 예가 있어야 한다. 예란 나도 주인공 너도 주인공의 마음으로 쬐는 것이다. 나 사로 쬘 때는 손이 수고롭지만, 예로 쬘 때는 마음이 수고롭다. 우리 역사상 예로부터 비롯된 사랑을 가장 잘 실천했던 인물이 바로 석봉 한호, 그러니까 한석봉의 어머니다. "나는 떡을 썰 테니 너는 글을 쓰거라." 어머니의 따뜻한 품이 그리워 한밤중에 산을 내려온 아들에게 석봉의 어머니가 건넨 첫마디였다. 어머니의 떡은 가지런했지만, 석봉의 글씨는 삐뚤빼뚤했다. 석봉의 어머니는 석봉을 쫓아냈다. 나는 떡 써는 주인공의 역할을 똑바로 해냈지만, 너는 글씨 쓰는 주인공의 역할을 똑바로 해내지 못했다는 게 그 이유였다.

석봉 어머니의 마음에는 인(仁)이 자리하고 있었다. 세상에 석봉과 석봉 어머니, 단 둘만 살았다면 석봉의 어머니는 아들을 위해 당장에 밥을 차리고 따뜻한 이부자리를 마련해주었을 것이다. 그러나 늘 그래왔듯 석봉 당시에도 이 세상은 많은 주인공이 더불어 살아가는 세상이었다. 더불어 사는 세상에서 똑바로 주인공의 역할을 할 수 없는 아들은 장차 스스로 당당할 수 없고, 또 다른 주인공들을 힘들게 할 터였다. 그래서 석봉의 어머니는 눈물을 머금고 석봉을 예로써 죄는 진짜 사랑을 실천했다. 그 사랑을 실천하느라 석봉 어머니와 석봉의 마음은 모두 무척 수고로웠다.

공자는 진심으로 대한다면 깨우쳐준다고 하였다. 석봉 어머니의 훈육은 일견 모질어 보였지만, 그 속에 담긴 마음만큼은 진심이었다. 그 진심 덕택에 석봉은 깨우침을 얻고 세기의 서예가로 거듭나 역사에 이름을 남길 수 있었다. 어머니의 가르침을 수용하고 멋진 주인공으로 거듭난 석봉의 일화는 여전히 세상의 다른 많은 주인공에게 깨우침을 전하고 있다.

인과 예악의 마음으로 사람을 품는 어른

천국이란 별게 아니다. 한 사람도 빠짐없이 서로가 서로를 사랑하며 살 수 있다면, 그곳이 곧 천국이다. 이는 지옥도 마찬가지다. 한 사람도 빠짐없이 서로가 서로를 미워하며 산다면, 그곳이 다름 아닌 지옥이다. 사람은 누구나 천국에 살고 싶다. 지옥에 살고 싶은 사람은 아무도 없다. 세상이 천국에 가까워지려면 우리는 먼저 더불어 사는 세상임을 매 순간 기억하고자 노력해야 한다. 그리고 세상에 나만 주인공 너는 엑스트라의 마음이 아닌, 세상에 나도 주인공 너도 주인공의 마음으로 죄거나 풀어야 한다. 이러한 마음가짐을 회복할 수 있는 사람이 많아질수록 세상은 더욱 살만해질 것이다.

성인에는 두 가지 뜻이 있다. 첫째는 성인(聖人), 거룩한 사람이라는 뜻이다. 예수, 공자, 석가모니, 소크라테스 등 모든 인류의 모범이 되는 사람을 우리는 성인이라고 한다. 둘째는 성인(成人), '사람이 되었다'는 뜻이다. 현대사회에서는 대략 스무 살을 전후로 성인식을 치르고 있다. 하지만 아무리 나이가 많아도 사람이 되지 못하면 그는 성인이 아니다. 또 나이는 어려도 사람이 되었다면 그는 어엿한 성인이다. **유학에서 사람이란 인과 예악의 마음을 품을 수 있는 존재를 뜻한다.**

그러므로 누구나 사람이 되면 버릇이 있고, 사람이 되지 못하면 버릇이 없다. 사람이 되면 입가엔 미소가 생기고 미간의 주름이 펴지지만, 사람이 되지 못하면 혀를 끌끌 차게 되고 인상이 늘 못마땅하다. 사람이 된 세대는 내 마음이 수고롭더라도 다른 세대에게 예를 갖춤으로써 사랑을 실천한다. 내 마음이 수고롭더라도 무작정 비난하기보다는 진심으로 깨우쳐주고자 노력한다. 이는 남녀노소 부자와 빈자를 막론하고 누구나 마찬가지다. 사람이 된 세상은 우리가 함께 사는 세상이지만, 사람이 되지 못한 세상은 나만 홀로 사는 세상이다.

세상에서 가장
무서운 사람의 특징

계강자환도季康子患盜 문어공자問於孔子 공자대왈孔子對曰.

"구자지불욕苟子之不欲,

수상지雖賞之 부절不竊."

ㅡ 「안연顏淵」편 제18장

계강자가 도둑을 걱정하여 공자에게 묻자 공자께서 말씀하셨다.

"정말이지 그대가 원치 않는 것이라면,

비록 상을 준다고 하더라도 훔치지 않을 것입니다."

유한함으로 무한함을 충족시키려는 위태로움

네덜란드 속담에 '비에 젖은 사람은 비를 두려워하지 않는다'라고
하였다. 요즘 우리 세대에서는 '세상에서 제일 무서운 사람은 잃을
게 없는 사람이다'라고 한다. 비를 맞아 속옷까지 홀딱 젖은 사람이

더 이상 젖는 걸 걱정할 이유가 없듯이, 잃을 게 없는 사람은 더 이상 뭘 잃을까 두려워하지 않는다. 하지만 이 세상에 잃을 게 없는 사람이란 존재할 수 없다. 적어도 숨이 붙어 있는 사람이라면 절대로 잃어버리지 않고 싶은 한 가지가 있다. 바로 우리네 목숨, 즉 생명이다.

그런데 동양 철학에서 잃을 게 없는 사람이란 결코 돈이나 명예가 없는 사람을 말하는 게 아니다. 잃을 게 없는 사람은 욕심이 없는 사람을 뜻한다. 그러므로 세상에서 가장 무서운 사람은 욕심이 없는 사람이며, 가장 두려움이 없는 사람도 욕심이 없는 사람이다. 반면에 세상에서 가장 만만한 사람은 욕심이 그득한 사람이며, 가장 두려울 게 많은 사람도 욕심으로 가득 찬 사람이다.

언젠가 주한중국문화원에 들를 기회가 있었다. 중국문화원 담장에는 중국 철학의 대가 네 분이 비석으로 새겨져 있다. 유가 철학의 대가인 공자와 맹자, 그리고 도가 철학의 대가인 노자와 장자가 그들이다. 네 분의 대가들 옆에는 이분들의 사상이 집약된 글귀가 함께 쓰여있었다. 그 가운데 기억에 남는 것은 장자의 글귀다.

장자 옆에는 이렇게 적혀 있다. '**오생야유애(吾生也有涯) 이지야무애(而知也無涯)**'. '우리네 삶에는 끝이 있지만, 앎에는 끝이 없다'는 뜻이다. 이는 『장자』 「양생주(養生主)」편의 첫머리기도 하다. 이어 이런 대목도 등장한다. '**이유애수무애(以有涯隨無涯) 태이(殆已) 이이위지자(已而爲知者) 태이이의(殆而已矣)**'. '끝이 있는 삶을 가지고 끝이 없는 앎을 좇음은 위태로운 일이다. 그런데도 계속 앎을 추구한다면 더욱 위태롭게 될 따름이다'란 뜻이다.

장자가 말하는 '앎'이란 곧 '욕심'을 의미한다. 세상의 변하지 않는 진리는 '모든 것은 변한다'는 사실 뿐이다. 또 세상의 영원한 진리는 '영원한 것은 없다'는 사실 뿐이다. 우리네 삶은 끝을 향해 변화해 간다. 하지만 우리네 욕심은 끝없음을 향해 변화해 간다. 또 우리네 삶은 영원하지 않다. 하지만 욕심은 영원하다. 그래서 장자는 유한함으로 무한함을 충족시키려는 사람은 언제나 위태로울 수밖에 없다고 하였다.

비교와 경쟁이 만드는 진짜 지옥

외국의 한 중독 연구팀은 이런 실험을 했다. 먼저 작은 상자 두 개를 준비했다. 한 상자에는 마약이 섞인 물통을, 다른 상자에는 일반 물통을 넣어두었다. 이어서 연구팀은 각 상자에 생쥐 한 마리씩을 집어넣었다. 그렇게 몇 주일이 흘렀다. 관찰 결과, 마약이 섞인 물을 마시며 생활한 생쥐는 완전한 중독 상태에 빠졌다. 반면에 그냥 물을 마시며 생활한 생쥐는 건강했다. 여기까지는 누구나 예측할 수 있는 결과다.

연구팀은 다시 커다란 상자를 준비했다. 그리고 상자 곳곳에 마약이 섞인 물통과 일반 물통을 마구잡이로 배치했다. 물통 외에도 각종 치즈와 쳇바퀴 등, 생쥐들이 좋아할 만한 것들을 함께 구비했다. 그

다음 수십 마리의 생쥐를 집어넣었다. 그곳에서 생활하는 생쥐들은 피곤하면 안락한 휴게 공간에서 마음껏 쉴 수 있었다. 배가 고프면 여러 종류의 맛있는 치즈를 먹을 수도 있었다. 다른 생쥐들과 어울려 쳇바퀴를 돌리며 종일 놀 수도 있었다. 그곳은 쉽게 말해 생쥐들의 천국이었다.

결과는 놀라웠다. 커다란 상자 속에서 생활했던 생쥐들은 마약이 섞인 물과 그냥 물, 두 가지 모두에 노출될 수밖에 없었다. 생쥐들로서는 어떤 게 마약이 섞인 물인지, 그냥 물인지 알 길이 없었기 때문이다. 그러나 수십 마리의 생쥐 가운데 중독 상태로 치달은 생쥐는 단 한 마리도 없었다. 이 생쥐들은 분명히 마약이 섞인 물과 그냥 물을 번갈아 마시며 생활했지만, 한 마리도 빠짐없이 모두 건강했다.

연구팀은 결과를 이렇게 해석했다. 첫째, 생쥐나 사람이나 저 홀로 외로운 환경에 놓였을 땐 특정한 자극에 중독되기 쉽다. 둘째, 생쥐나 사람이나 다른 존재들과 마음껏 교류할 수 있다면 중독의 영향으로부터 자유로울 수 있다. 셋째, 생쥐나 사람이나 그들이 사는 세상이 특별히 욕심을 부리지 않아도 될 만큼 충분하고 여유롭다면 중독에 빠지지 않을 수 있다. 언젠가 중독을 공부하며 만났던 한 중독자는 이렇게 말했다. "내가 중독된 이것보다 더 재밌는 무언가가 있었더라면. 나는 이렇게 안 됐을지도 몰라요."

첫 번째 실험에 참여한 생쥐 두 마리에게는 세상에 오로지 물통과 자기 자신뿐이었다. 그 두 마리 생쥐의 삶에는 중독의 길과 중독이 아닌 길밖에 없었다. 그 두 가지 길 가운데 하나를 선택할 수 있는 최소한의 자유마저도 없었다. 그저 한 마리는 운이 좋아 중독을 면할 수 있었고, 다른 한 마리는 운이 나빠 중독에 빠질 수밖에 없었던 셈이다. 하지만 두 번째 실험에 참여한 생쥐들에게는 세상에 물통 말고도 많은 것이 있었다. 생쥐들에게는 충분한 먹거리가 있었고, 여가 활동을 즐길 수 있는 환경이 있었으며, 친구들이 있었다. 즉 두 번째 실험에 참여한 생쥐들에게는 삶의 여유와 선택의 자유가 있었다.

사실 우리 인간 역시 실험에 참여한 생쥐들과 크게 다를 바 없다. 세상에 태어나고 싶어서 태어난 사람은 아무도 없기 때문이다. 우리는 모두 어느 순간 그저 세상이라는 거대한 상자에 던져졌다. 분명한 것은 우리가 던져진 상자는 결코 첫 번째 실험과 같은 그런 상자는 아니라는 것이다. 비유하자면 첫 번째 실험에 참여한 생쥐들은 무인도에서 부모도 없이 저 홀로 태어난 인간과 같았다. 반면에 우리는 두 번째 실험과 같은 그런 상자에 던져졌다. 우리가 살아가는 세상은 틀림없이 많은 사람이 함께 어우러져 살아가는 세상이다.

그런데도 왜 우리는 여유와 자유를 누리며 살지 못하는 걸까? 인간에게는 생쥐에게는 없는 것이 있다. 바로 마음이다. 이 마음으로부터 욕심이 나온다. 욕심은 다른 생쥐의 치즈와 내 치즈를 비교하도록 만든다. 또 욕심은 다른 생쥐의 쳇바퀴보다 내 쳇바퀴가 더 낫기를 바라며 다툼을 조장한다. 이 다툼을 우리는 경쟁이라고 한다.

비교와 경쟁은 함께 나누고 함께 즐기며 살아도 충분한 세상을 아무리

독차지해도 부족한 세상으로 만들어버린다. 그래서 아흔아홉 섬을 가진 사람은 한 섬이 전부인 사람의 것을 빼앗으려 한다. 또 한 섬을 가진 사람은 결국 그 한 섬마저 빼앗겨 더욱 비참한 처지에 놓이게 된다. 그리고 그렇게 백 섬을 채운 사람은 누가 내 한 섬을 훔쳐 가면 어떻게 하나, 다시 아흔아홉 섬밖에 없게 되면 어떻게 하나, 평생을 전전 긍긍 불안에 떨며 살게 된다. 자신이 먼저 다른 사람의 한 섬을 훔쳤기 때문이다. 이런 까닭에 우리 속담에서도 '도둑이 제 발 저리고, 때린 놈은 다릴 못 뻗고 자도 맞은 놈은 다릴 뻗고 잔다'고 하였다.

나의 세상이 저 사람의 세상과 같지 않음을 인정할 것

계강자는 노나라의 대부(大夫)였다. 공자 당시에 대부란 이미 백 섬뿐 아니라 천 섬, 만 섬을 채운 사람이었다. 계강자는 잃을 게 많은 사람이었고, 그래서 도둑이 걱정됐다. 계강자가 이러한 고민을 공자에게 털어놓자 공자는 이렇게 말했다. **"당신이 원하지 않는 것이라면, 다른 사람들도 원하지 않을 것입니다."** 역사 속의 계강자는 진정으로 백성들을 위하는 대부가 아니었다. 그는 민생에 관심을 가지고 백성들에게 베풀기보다는, 자신의 사리사욕을 위해 가난한 백성들의 피폐한 삶을 더 쥐어짜는 하등의 정치를 하였다. 그러므로 그는 대부의 자리에 있으면서도 늘 불안했다.

그래서 공자는 모두가 불안한 세상이 아니라 누구나 편안한 세상을 만드는 데 힘쓰라고 조언했다. 계강자도, 공자도, 다른 사람들도 편안한 세상에 살기를 바라는 마음에 있어서는 다를 게 없기 때문이다. 공자는 도둑을 걱정하기에 앞서, 불안한 세상에 살고 싶지 않은 당신의 마음과 백성들의 마음이 같음을 알아야 한다고 하였다.

이어 공자는 이렇게 말했다. **"불안한 세상에는 도둑이 넘쳐나겠지만, 진실로 편안한 세상에는 상을 주겠다고 하여도 도둑질할 사람이 없을 것입니다."** 공자가 말하는 불안한 세상이란 욕심이 판치는 세상이다. 불안한 세상에는 벌을 무릅쓰고서라도 도둑질을 하려는 사람이 많다. 반면에 편안한 세상은 욕심이 없는 세상이다. 편안한 세상에는 상을 주겠다고 하여도 도둑질을 하려는 사람이 없다.

우리는 모두 원해서 태어나지도 않았고 또 원하는 세상에 태어나지도 못했다. '저 정도 되는 사람이라면 아마 세상 살맛 나겠지' 싶은 사람도 결코 원해서 태어나지 않았고, 원하는 세상에 태어나지 못했다. 다만 이러한 생각 가운데는 '나의 세상이 저 사람의 세상과 같았으면 좋겠다'는 욕심이 있을 따름이다. 이 욕심 때문에 어떤 사람은 중독에 빠지기도 한다. 또 어떤 사람은 분명히 큰 상자 속에 다른 이들과 함께 던져졌음에도 불구하고 스스로를 나만의 작은 상자 속에 가두기도 한다.

현대인들은 입을 모아 양심을 지키며 살기가 어려운 세상이 되었다고 한탄한다. 오히려 양심을 지키고자 노력하는 사람은 바보 취급을 받는다. 양심에 대한 생각도 각양각색이다. 어떤 사람은 길거리에

쓰레기를 함부로 버리지 않는 등 남에게 피해를 주지 않는 게 양심이라고 말한다. 어떤 사람은 자신의 삶에 떳떳하고 정직한 것이 양심이라고 말한다. 당장의 이익보다는 의리를 지키는 게 양심이라는 사람도 있다. 모두 맞는 말이다.

하지만 근본적으로 양심이란 욕심의 반대말이다. 욕심을 버리면 양심은 자연스레 회복된다. 욕심에 젖은 사람은 세상을 두려워하지만, 욕심마저 없는 사람은 세상이 그를 두려워한다. 그러므로 가장 무서운 사람은 욕심 대신에 양심으로 무장한 사람이다. 비에 젖은 사람은 비를 두려워하지 않고, 희망에 물든 사람은 미래가 두렵지 않고, 삶에 빠져든 사람은 삶이 두렵지 않다.

어느 사람과
오래 함께할 것인가

자왈子曰.

"인지과야人之過也 각어기당各於其黨.

관과觀過 사지인의斯知仁矣."

- 「이인里仁」편 제7장

공자께서 말씀하셨다.

"사람의 잘못은 각자의 무리에서 생긴다.

그 무리의 잘못을 보면 그 사람의 인함을 안다."

임금과 신하가 조화를 이루길 바랐던 탕평의 정신

인간은 무리를 지어 산다. 그래서 인간을 사회적 동물이라고 한다. 사회적이란 말은 무리를 지어 생활한다는 말과 같다. 옛말에 '가재는 게 편'이라고 하였다. 또 '팔이 안으로 굽지 밖으로 굽으랴'라고 하였다. 이는 같은 무리끼리는 어쩔 수 없이 편을 들게 되어 있음을 시사하는 말이다. 사람은 누구나 다른 사람보다는 나 자신과 더 가깝다. 다른 식구보다는 우리 식구가 더 편하다. 다른 반 친구보다는 우리 반 친구와 더 어울린다. 다른 학교 학생보다는 우리 학교 학생과 더 친하다. 다른 지역보다는 우리 지역에 더 눈이 간다. 다른 나라보다는 우리나라로 마음이 기운다.

그래서 다시 나오는 게 '고슴도치도 제 새끼는 예쁘다'는 말이다. 남의 나라보다는 내 나라가, 남의 고향보다는 내 고향이, 남의 학교보다는 내 학교가, 남의 식구보다는 내 식구가 더 예뻐 보이는 건 세상의 중심이 자기 자신에게 있기 때문이다. 그래서 사람은 남의 눈에 티끌은 보아도 자기 눈의 대들보는 잘 보지 못한다. 입장을 바꾸어 생각할 줄 아는 지혜로움이 필요함을 알면서도, 이를 실천으로 옮기기란 참으로 어려운 셈이다.

탕평채(荡平菜)라는 우리네 전통 음식이 있다. '탕평'이란 말은 『서경(書經)』「주서(周書)」 홍범편에서 유래됐다. 일찍이 서경에는 이렇게 기록되어 있다. **'무편무당(無偏無黨) 왕도탕탕(王道蕩蕩) 무당무편(無黨無偏) 왕도평평(王道平平)'.** '치우침이 없고 무리 지음이 없으면 임금의 길은 넓고 크며, 무리 지음이 없고 치우침이 없으면 임금의 길은 고르고 평평하다'란 뜻이다. 건국 이래 조선의 선비들은 관학과 사학, 훈구와 사림 등으로 나뉘었다. 시간이 흐름에 따라 그들은 다시 동인과 서인, 남인과 북인, 노론과 소론, 시파와 벽파 등으로 끊임없이 갈라졌다. 이러한 행태를 일러 뜻이 같은 패거리끼리만 친하게 지내는 붕당 정치라고 한다.

조선 20대 왕인 경종과 21대 왕인 영조는 숙종의 배다른 아들들이 었다. 경종의 어머니는 우리에겐 장희빈으로 잘 알려진 희빈 장씨였고, 영조의 어머니는 숙빈 최씨였다. 숙빈 최씨는 원래 궁중에서 청소 등의 잡일을 도맡아 하던 무수리였다. 그러다 숙종의 눈에 들어 영조를 낳았다. 당시엔 신분의 귀천이 분명했다. 실제로 영조는 무수리 어머니를 둔 자격지심에 평생을 시달렸다고 한다. 즉위한 지 4년 만에 경종이 세상을 뜨자, 영조는 형의 뒤를 이어 왕위에 올랐다. 그러자 숙종 때부터 서서히 고조되기 시작했던 붕당 정치가 극에 달했다. 경종을 지지했던 소론과 영조를 지지했던 노론 사이에 본격적인 파벌 다툼이 벌어진 것이다.

소론에 속한 신하들은 영조가 왕위에 대한 욕심 때문에 형을 독살했다는 음모론을 제기했다. 그러자 노론에 속한 신하들은 소론을 역적으로 몰아세웠다. 궁중에서는 하루도 조용할 날이 없었다. 영조 역시 노론과 소론 사이에서 갈등했다. 노론의 편을 들자니 소론이 제기하는 음모론이 마치 사실인 것처럼 비칠까 걱정이 앞섰다. 동시에 소론이 자신을 인정하지 않는 까닭은 자신의 비천한 출신 때문이라는 자격지심이, 영조로 하여금 소론과 가까워질 수 없도록 만들었다. 영조의 고민은 날이 갈수록 깊어졌다. 영조 입장에서는 신하들이 서로 맞부딪히는 주된 이유가 다름 아닌 자신에게 있었기 때문이다.

그러던 어느 날, 영조는 결단을 내렸다. 이미 친아들인 사도세자마저 붕당 정치의 희생 제물로 세상을 뜬 다음이었다. 영조는 모든 신하가 모인 자리에서 이렇게 선언했다. "오늘부터 노론과 소론을 막론하고 오직 실력 있는 신하들이 조정을 이끌도록 하겠다." 이 말에는 나라의 발전을 저해하고 백성들의 삶을 좀먹는 붕당 정치에 이제는 종지부를 찍겠다는 영조의 강한 의지가 담겨 있었다. 이날 영조가 신하들을 위해 차렸던 음식이 바로 탕평채였다. 탕평채는 청백적흑황(靑白赤黑黃)의 다섯 가지 오방색(五方色)이 두루 섞인 음식이다. 탕평채에는 자신을 비롯한 모든 신하가 부디 함께 조화를 이룰 수 있었으면 좋겠단 영조의 강한 바람이 깃들어 있었다. 하지만 애석하게도 이러한 붕당 정치는 오늘날까지 계속되고 있다.

나만의 기준과 판단이 사라진 통합의 세계로

『장자』「제물론(齊物論)」편에는 스승 왕예와 제자 설결의 대화가 수록되어 있다. 하루는 설결이 왕예에게 물었다. "선생님께서는 만물이 다 같이 그러하다고 여겨지는 근거를 아십니까?" 왕예가 답했다. "사람은 물속에서 자면 허리에 병이 생기고 몸이 말라 죽게 된다. 하지만 미꾸라지도 그런가? 사람은 나무 위에 올라가면 무서워 벌벌 떠는데 원숭이도 그런가? 그러면 사람과 미꾸라지와 원숭이, 이 셋 중에 누가 있는 자리가 올바른 자리인가?"

왕예가 이어서 말했다. "사람은 가축을 잡아먹고, 사슴은 풀을 뜯어 먹고, 지네는 실뱀을 달게 먹고, 솔개와 까마귀는 쥐를 좋아한다. 그렇다면 이 넷 중에 과연 누구의 입맛이 올바른 입맛인가? 또 수컷 원숭이는 암컷 원숭이와 짝을 짓고, 고라니는 사슴과 어울리며, 미꾸라지는 물고기와 함께 논다. 저 옛날 월왕이 사랑했던 모장과, 진나라 헌공이 사랑했던 이희를 사람들은 입을 모아 미인이라고 칭송했다. 하지만 그런 모장과 이희를 보더라도 물고기는 물속 깊이 도망치기 바쁘고 새들도 높이 날아 도망칠 뿐이며, 사슴들도 후다닥 달아날 따름이다. 그렇다면 사람과 물고기, 새와 사슴, 이 넷 중에 누가 정말 세상의 올바른 아름다움을 아는 것인가? 내가 보건대 어짊과 의로움의 기준, 그리고 옳고 그름에 대한 판단 역시 이와 같다. 모든 게 어지러이 뒤섞여 있을 뿐이다." 이처럼 수많은 기준과 판단들이 어지럽게 뒤섞여 있음을 장자는 '번연효란(樊然殽亂)'이라고 하였다. '울타리처럼 어수선하게 뒤섞여 어지럽다'는 뜻이다.

수박이 쪼개지듯 반으로 쩍 갈라진 남북 분단의 역사도 올해로 70년이 되었다. 이 비극을 미처 봉합할 새도 없이 우리나라는 여전히 붕당에만 매진하고 있다. 남북으로도 모자라 동과 서로, 또 보수와 진보로, 여당과 야당으로, 남과 여로, 노와 소로, 부자와 빈자로 쉼 없는 분열만을 거듭하고 있다. 악마를 뜻하는 라틴어 '디아볼루스(dǐábŏlus)'에는 분열과 소란이라는 뜻이 내포되어 있다. 악마란 머리에 소처럼 뾰족한 뿔을 달고 큰 날개를 펄럭이며 이리저리 공중을 날아다니는 허깨비가 아니다. 분열과 소란이 있는 곳이 악마가 있는 곳이며, 그곳이 곧 지옥이다.

『장자』「제물론」편에는 악마가 분열과 소란을 일으키는 방법이 잘 드러나 있다. 장자는 이렇게 말했다. '**이시기소비**(以是其所非) **이비기소시**(而非其所是)'. '그르다고 하는 것을 옳다 하고, 옳다 하는 것을 그르다 한다'는 뜻이다. 상대방이 틀렸다고 주장하는 것을 맞는다고 우기고, 또 상대방이 맞는다고 주장하는 것을 틀렸다고 우기면 세상에는 분열과 소란이 끊이지 않게 된다. 그래서 장자는 상대방이 그르다는 것을 옳다 하고, 옳다는 것을 그르다고 하려면 반드시 밝은 지혜로써 해야 한다고 했다. 동양 철학에서 밝은 지혜란 세상을 바라보는 큰 안목을 의미한다.

장자에게 큰 안목이란 세상을 향한 자신만의 기준과 판단을 빼는 것이었다. 사람만이 옳다는 기준과 판단을 뺄 수 있다면 우리는 미꾸라지와 원숭이도 또 사슴과 새도 이해할 수 있다. 사람끼리도 마찬가지다. 나만의 기준과 판단이 사라지면 세상의 많은 분열과 소란이 잦아들 수 있다. 모든 기준과 판단이 사라진 세상에서는 이윽고 세상 만물이 하나로 통합되는데, 장자는 이를 일러 '만물제동(萬物齊同)'이라고 하였다. 이는 '세상 만물이 함께 가지런해지다'라는 뜻으로 분열과 소란의 종식을 뜻한다.

세상에 홀로 잘못을 저지르는 사람은 없다

일찍이 큰 안목이 있었던 인물은 장자 말고도 또 있었다. 바로 공자다. 누구보다 분열과 소란이 없는 세상을 바랐던 것은 공자 역시 마찬가지다. 공자가 원했던, 모든 사람이 저마다 더불어 사는 세상임을 잊지 않는 세상, 즉 인(仁)한 세상이 바로 이런 세상이었다. 공자는 세상에 저 홀로 잘못을 저지르는 사람은 없다고 하였다. 인간의 모든 잘못이 그들이 속한 무리로부터 생겨난다고 하였다. 이런 발상은 서구 문화권에서도 크게 다르지 않다. 실제로 『성경』에 기록된 아담은 하느님이 하와를 만들기 전까지 저 홀로 아무런 죄를 짓지 않았다.

또 공자는 그가 속한 무리의 잘못을 보면 그 사람의 인함을 알 수 있다고 하였다. 인간 세상을 보면 그 세상을 살아가는 사람들의 인간성을 알 수 있다. 어떤 나라를 자세히 살펴보면 그 나라의 국민성이 보인다. 어떤 학교를 보면 그 학교를 다니는 학생들의 인성이 보이고, 어떤 집안을 보면 그 집안사람들의 품격이 보인다. 자식을 알고자 하면 먼저 그 부모를 보고, 그 사람을 알고자 하면 먼저 그 친구를 보라는 말은 그래서 나오게 되었다.

이는 다시 우리 동양에서 수신(修身)을 강조하는 근거가 된다. 수신이란 내 몸과 마음을 최선을 다해 갈고 닦는다는 뜻이다. 『대학』에는 이렇게 기록되어 있다. "한 집안이 어질면 온 나라에 어짊이 일어나고, 한 집안이 겸양하면 온 나라에 겸양이 일어난다. 한 사람이 탐욕스럽고 도리에 어긋나면 온 나라가 어지러워지니 그 계기가 이와 같다. 이를 일러 한마디 말이 큰일을 그르치고, 한 사람이 나라를 안정시킨다고 한다." '나 한 사람쯤은'과 '나 한 사람 따위가'의 마음이 온 세상을 어지럽힐 수도 있음을 경고하는 것이다.

지금 내가 속한 무리는 인(仁)한 무리인가를 돌아볼 필요가 있다. 우리는 내 친구가, 내 가정이, 내 학교와 내 직장이, 내 나라가, 그리고 우리 세상이 과연 '더불어 사는 세상'임을 기억하고 있는지 끊임없이 물어야 한다. 만일 세상이 그렇지 못하다면 그건 내 나라의 잘못이고, 우리나라가 그렇지 못하다면 그건 내가 속한 공동체의 잘못이며, 우리 집안이 그렇지 못하다면 그건 다름 아닌 내 잘못이다. 그러므로 우리에게 가장 시급한 일은 나부터 수신에 매진하고, 또 나부터 인(仁)한 마음을 잘 간직함에 있다.

제 4 부

세
상

우리는 모두
세상의 주인공이다

자입태묘子入大廟 매사문每事問 혹왈或曰.

"숙위추인지자지례호孰謂鄹人之子知禮乎?

입태묘入大廟 매사문每事問."

자문지왈子聞之曰.

"시례야是禮也."

－「팔일八佾」편 제15장

공자께서 태묘에 들어가 매사를 물으니 어떤 사람이 말했다.

"누가 추 땅 사람의 아들이 예를 안다고 했는가?

태묘에 들어가더니 매사를 묻더라."

공자께서 이 말을 듣고 말씀하셨다.

"그렇게 하는 것이 예다."

공자가 살고 싶어 했던 바로 그 나라

예로부터 우리나라와 우리 민족을 대표했던 정신적 가치가 있으니 바로 예(禮)다. 중국 사람들은 우리나라를 '동방예의지국(東方禮義之國)'이라 불렀다. 동방예의지국이라는 표현은 공자의 후손인 공빈(孔斌)이 우리나라와 관련한 이야기를 수록한 『동이열전(東夷列傳)』에 처음 기록되었다고 알려졌다. 정확히는 '동방예의지(東方禮義之) 군자국야(君子國也)', 동쪽의 예의 바른 군자들의 나라란 뜻이다. 심지어 공빈은 '오선부자(吾先夫子) 욕거동이(欲居東夷) 이불이위루(而不以爲陋)'라 하며 '나의 선조인 공자께서도 동이에서 살고자 하시며 그곳을 누추하게 여기지 않으셨다'고 진술했다. 물론 『동이열전』을 바라보는 역사적 시각은 분분하지만, 이는 중요하지 않다.

'중화사상(中華思想)'에 대하여 한 번쯤 들어보았을 것이다. 다른 말로는 '화이사상(華夷思想)'이라고도 한다. 중국인들은 예로부터 세상의 중심은 중국이며 자신들의 문화가 제일이라는 자부심을 가지고 살았다. 그래서 중국을 중심으로 동서남북의 사방을 각각 동이(東夷), 서융(西戎), 남만(南蠻), 북적(北狄)이라고 칭했다. 이(夷), 융(戎), 만(蠻), 적(狄), 글자는 다르지만 모두 오랑캐라는 뜻이다. 한마디로 중국인들은 한족인 자신들을 제외하고는 세상 천지를 다 오랑캐로 여겼다.

중화사상을 맹신하는 이들은 중국인이었던 공자가 진짜 오랑캐의 나라에 가서 살고 싶어 했겠느냐고 반문한다. 그러나 공자는 중국인이 아니다. 공자 당시에는 중국이라는 개념이 있지도 않았다. 중국이라는 개념은 청나라 말기에 들어 등장한 매우 근대적인 개념이다. 공자는 춘추(春秋)시대에 주(周)나라의 제후국인 노(魯)나라에서 나고 자란 노나라 사람이다. 지금의 산둥성에 위치했던 노나라는 황해를 사이에 두고 우리 한반도와 매우 인접했다. 우리 선조들이 예의에 밝았다면 공자가 동이, 즉 우리나라에 와서 살고 싶어 하지 않았을 이유가 없다. 우리는 공자가 살고 싶었던 바로 그 나라에 현재 살고 있다는 자부심을 가져도 좋다는 얘기다.

예를 모르는 공자의 거듭된 질문

하루는 공자가 태묘에 들어갔다. 태묘는 쉽게 말해 역대 왕들의 위패를 모신 사당이다. 우리나라에도 서울 종로에 가면 종묘가 있다. 종묘는 태묘와 같은 기능을 하는 장소다. 공자는 당대의 제사 전문가였다. 공자 당시의 제사는 요새 우리가 지내는 제사보다도 훨씬 그 절차와 형식이 복잡했다. 특히 나라에서 지내는 제사는 아무나 진행할 수 없었다. 이렇게 큰 제사에 전문가로 초청받아 참석하는 사람을 헌관(獻官)이라고 한다. 공자는 당시에 헌관으로 임명을 받아 태묘에 들어갔다. 그런데 공자가 태묘에 들어가 매사를 물으니 어떤 사람이 '누가 추 땅 사람의 아들을 가리켜 예 전문가라고 했느냐'라며 투덜거린다.

성균관대학에는 문묘라고 하여 공자의 위패를 모신 사당이 있다. 성균관대학은 우리나라에서 유학대학을 단과대학으로 독립시킨 유일한 대학이다. 유학대학 학생들은 학부생이건 대학원생이건 할 것 없이 모두 일 년에 두 번, 문묘에 바치는 분향례에 참석하도록 되어 있다. 분향례란 공자를 위시한 공자의 제자들과 공자의 손자인 자사, 아성 맹자 등 유교 성현들에게 바치는 제사다. 내가 학교를 다닐 당시 유학대학장이 늘 이 분향례에 헌관으로 참석했다. 그는 항상 분향례의 헌관 노릇을 능수능란하게 해냈다. 학생들은 물론이거니와 분향례를 구경하던 동네 주민에 이르기까지 칭찬을 아끼지 않았다.

한번 생각해 보라. 만일 분향례에 참석한 유학대학장이 문묘의 입구에 들어서면서부터 옷은 어디서 갈아입어야 하는지, 예복에 달린 끈은 어떻게 매듭을 짓는지, 신발은 그냥 구두를 신어도 되는지, 절은 몇 번을 해야 좋을지, 술은 입에만 대도 되는지, 온갖 것을 묻는다고 말이다. 사람들은 어떤 반응을 보일까? 아마 대다수는 어떻게 저런 사람에게 헌관을 맡겼는가 의아해할 것이다. 위에 등장한 어떤 사람이 투덜거린 까닭도 바로 이 때문이다.

아마 이 어떤 사람은 성대한 제사를 구경하기 위해 태묘를 찾았던 듯하다. 혹은 헌관급은 아니지만 제사에 참여하며 특정한 임무를 수행했던 사람이었을 수도 있다. 어찌 됐든 이 어떤 사람에게는 당대에 제사 전문가로 소문이 자자했던 공자에 대한 모종의 기대가 있었을 가능성이 높다. 그런데 막상 태묘에 도착한 공자는 입구에 들어서기도 전부터 매사를, 그야말로 하나부터 열까지 모든 것을 시시콜콜 묻느라 바쁠 뿐이다. 어떤 사람이 실망한 것도 십분 이해는 간다.

이 어떤 사람은 심지어 공자를 공자라고 부르지도 않는다. 공자에서 자(子) 자는 일반적으로 남성에게 붙이는 일종의 존칭이다. 우리말로 하면 선생님 정도의 뜻이 된다. 공자의 본명은 공구(孔丘)였지만 많은 사람이 그의 학식을 사랑하여 그를 공자, 즉 공 선생님이라고 불렀다. 이는 맹자, 장자, 주자 등도 모두 마찬가지다. 예컨대 맹자의 본명은 맹가(孟軻)고, 장자의 본명은 장주(莊周)며, 주자의 본명은 주희(朱熹)다. 『논어』에는 자왈(子曰)로 시작하는 문장이 무척 많이 등장하는데, 공자의 말씀만이 유일하게 '공' 자를 생략하고 바로 자왈(子曰)로 시작한다. 나머지는 모두 맹자 왈, 증자 왈, 묵자 왈 등으로 그 성(姓)을 병기한다.

더 이상 공자를 공자라 부르기 싫어진 이 어떤 사람은 공자를 예도 모르는 '추 땅 사람의 아들놈'이라며 비난한다. 공자의 아버지 숙량흘은 추 땅의 대부를 지냈던 사람이다. 공자와 숙량흘의 성씨가 다른 까닭은 공자가 숙량흘의 친자가 아니기 때문이 아니라, 성명이 공흘이었던 숙량흘이 숙량(淑梁)이라는 그의 자(字)로 더 많이 알려져 있었기 때문이다. 어쨌든 이쯤 되면 이 어떤 사람이 공자라는 인물을 처음부터 고깝게 생각하고 있었던 것은 아닌가 싶은 의심이 들 정도다.

예나 지금이나 사람들의 생각은 똑같은 모양이다. 성인인 공자도 결코 모든 사람으로부터 인정과 사랑을 받지는 못했다. 아직도 하늘에 대고 삿대질을 하거나, 공자가 죽어야 나라가 산다고 말하는 이들도 있다. 하물며 우리 같은 일반 사람들이야 더 말하면 입만 아플 뿐이다. 이 세상에는 나를 좋아하는 사람도 있지만 반드시 싫어하는 사람도 있다는 것, 그것이 진리일 따름이다. 누군가가 이 어떤 사람의 투덜거림을 공자에게 전했다. 그러자 공자는 담담하게 말한다. 그렇게 귀찮고 지겨울 정도로, 마치 아무것도 모르는 것처럼 묻고 묻고 또 묻는 것이 바로 예라고. 공자는 왜 그것이 예라고 했을까?

전문가면 전문가답게 일을 잘 처리하면 그만이다. 굳이 아는 것까지 물어가면서 일의 진척을 더디게 하는 것이 어째서 예가 되는가. 명색이 제사 전문가로 정평이 났던 공자가 태묘에서 지내는 큰 제사의 형식과 절차를 꿰뚫고 있지 않았을 리 없다. 공자를 단순히 예 전문가라 칭하지 않고 제사 전문가라고 이야기한 까닭은 공자 당시에는 가장 예가 필요했던 분야가 바로 제사였기 때문이다.

진짜 예는 다른 사람의 마음을 배려하는 것

서구인들은 예를 행동의 적절성(Behavioural Propriety) 정도로 번역한다. 패션계에서 말하는 TPO(time, place, occasion), 즉 때와 장소와 경우에 걸맞은 것 내지는 에티켓 정도다. 틀린 말은 아니지만 뭔가 부족하다. 만일 예가 단순히 서구인들이 말하는 에티켓 정도의 개념이라면 공자는 태묘에 들어가 적당히 인사를 하고 일사천리로 제례를 진행시키면 됐을 일이다. **하지만 동양에서 예란 '나도 주인공 그리고 너도 주인공'의 마음이다.** 공자가 태묘에 들어가 매사를 물었던 까닭도 바로 이 '나도 주인공 너도 주인공'의 마음 때문이다. 공자가 헌관으로 초청을 받아 가기 전까지 태묘에는 늘 제사철이 되면 제사를 주관하였던 다른 헌관과 그 헌관을 도와 제례에 참석했던 기존의 전문가들이 있었다.

만일 공자가 태묘에 들어서자마자 원래 제례를 주관했던 전문가들은 본체만체하고 내가 헌관으로 초청을 받아 왔으니 내가 제일 잘났다는 식의 독단으로 태묘 제례를 관장했다면, 기존의 전문가들은 풀이 죽거나 기분이 상했을 것이다. 나라에서 지내는 큰 제사에는 많은 인력이 필요하므로 공자 혼자만 잘났다고 해서 그 제례를 성공적으로 치를 수 있는 것도 아니다. 공자는 자신이 헌관으로 초청을 받은 태묘의 제례에 참석한 많은 이가 되도록 한마음으로 제례를 치를 수 있기를 바랐다.

그래서 공자는 다 알고 있었지만, 술 지게를 나르는 사람에게도 다가가 술이 얼마나 필요하겠느냐 묻고, 신발을 정리하는 사람에게도 신발은 어디서 벗는 것이 좋겠느냐며 은근슬쩍 말을 건넸다. 기존의 헌관에게는 공손한 태도로 이제까지 제례가 어떻게 진행되어 왔으며 또 오늘은 어떻게 진행하면 좋을지를 물었고, 다른 전문가들에게도 각자의 생각과 의향을 물었다. 어쩌면 이 모든 과정 중에 기분이 좋지 않았던 사람은 질투심과 의심에 눈이 멀어 어떻게든 공자의 명성에 흠을 내고, 공자의 행동을 하나하나 꼬투리 잡을 궁리만 하고 있었던 어떤 사람이었는지도 모르겠다.

주연으로 살 것인가, 조연으로 살 것인가

대개 우리는 예라고 하면 웃어른에게 공손하게 절을 하거나, 옷을 단정히 입거나, 지나치게 겸손한 모습 등을 떠올리기 쉽다. 하지만 이러한 것들은 사실 예의 본질과는 크게 관련이 없다. 내가 웃어른이 되었을 때 아랫사람이 나에게 공손하였으면 하는 마음으로 절을 하는 것은 괜찮다. 다른 누군가가 단정히 입고 왔으면 하는 자리에 나도 단정하게 입고 가는 것도 괜찮다. 이것은 예의 본질에 입각한 마음이다. 하지만 단순히 윗사람이라는 그 이유 하나만으로 대접받으려 하거나 다른 사람의 차림새를 지적하는 일은 결코 예의 본질이 아니다.

공자가 살았던 춘추시대도 크게 다르진 않지만, 특히 『동이열전』의 저자 공빈이 살았다고 알려진 전국시대는 중국 역사상 가장 혼란했던 시기였다. 이 나라가 저 나라를 침략하고, 제후들이 하루가 멀다 하고 스스로 천자 흉내를 냈으며, 신하가 섬기던 군주를 죽이는 일도 비일비재했던 그야말로 약육강식, 적자생존의 시대였다. 아마 공빈은 그러한 시대적 배경 속에서 태묘에 들어갔던 자신의 조상 공자를 기억하며 동방의 예의지국, 한반도를 부러워했을지도 모른다.

태묘에 들어갔던 공자는 헌관으로 임명받아 모든 과정을 주관하게 된 자신뿐 아니라 제례에 참석하는 다른 모든 사람이 주인공이라는 사실을 알고 있었다. 예란 '나도 주인공 그리고 너도 주인공'의 마음이라고 하였다. 우리네 삶도 마찬가지다. **이 세상은 한 사람 한 사람의 주인공들이 함께 더불어 살아가는 곳이다. 즉 모두가 주인공이다.** 그런 의미에서 태묘에 들어가 매사를 물었던 공자의 모습은 우리에게도 큰 시사점을 준다. 헌관인 나만 주인공이고 나머지는 모두 조연에 불과하다는 옹졸한 생각으로부터 자유로웠던 공자. 그리고 공자만 주인공이라는 생각에 스스로를 엑스트라로 전락시켰던 어떤 사람. 누구의 마음으로 살아갈지 선택하는 것은 우리의 몫이다.

끝으로 공자의 마음을 선택했던 백범 김구 선생의 한 문장을 소개하고 싶다. 『백범일지』 부록인 「나의 소원」에 적힌 글이다. "나는 우리나라가 세계에서 가장 아름다운 나라가 되기를 원한다. 가장 부강한 나라가 되기를 원하는 것은 아니다. 내가 남의 침략에 가슴 아팠으니, 내 나라가 남을 침략하는 것을 원치 아니한다. 우리의 부력은 우리의 생활을 풍족히 할 만하고, 우리의 강력은 남의 침략을 막을 만하면 족하다. 오직 한없이 가지고 싶은 것은 높은 문화의 힘이다." 김구 선생이 한없이 갖고 싶었다는 높은 문화의 힘이 다름 아닌 높은 '예'의 힘이라고 생각한다. 「나의 소원」에는 '나도 주인공 그리고 너도 주인공'인 예의 정신이 고스란히 녹아 있다.

강한 사람이 되기 위해
갖추어야 할 필수 덕목

자왈子曰.

"군자君子 화이부동和而不同,

소인小人 동이불화同而不和."

－「자로子路」편 제23장

공자께서 말씀하셨다.

"군자는 조화를 이루지만 똑같아지지는 않고,

소인은 똑같아지기를 좋아하지만 조화를 이루지는 못한다."

뿌리째 뽑아버린 선생님의 마음

어릴 적 내 별명은 '패션 테러리스트'였다. 친구들이 왜 나를 그렇게 불렀는지는 솔직히 아직도 모르겠다. 어쨌든 친구 한 녀석이 최초로 나를 그렇게 규정짓자 많은 친구가 그 말에 동의했다. 많은 사람이 입을 모아 그렇다고 하면 대개는 정말 그런 것이다. 시대에 따라 유행하는 것들이 다르다. 패션도, 음악도, 사회 분위기도 다 마찬가지다. 예컨대 내가 어렸을 땐 록 음악이 유행했고, 바지는 통이 넓은 게 인기였다. 소위 좀 논다는 학생들은 전부 교복 바지를 나팔바지처럼 수선했다. 머리는 구레나룻과 뒷머리를 얼마간 기르는 것이 유행이었다. 아직 학생인권조례가 통과되기 전이었다. 그래서 두발과 복장에 제한을 두는 학교가 많았다. 우리 학교도 그랬다. 나는 중학교 삼 년 내내 두발과 복장 검사를 피하고자 학교 담장을 넘어 다녔다. 교문 앞에는 으레 무서운 학생주임 선생님이 지키고 서 있었기 때문이다.

하지만 등굣길만 피한다고 만사가 해결되는 것은 아니었다. 하루는 복도에서 학생주임 선생님과 딱 마주쳤다. 학생주임 선생님은 복장은 왜 그따위고 머리는 또 왜 이렇게 길렀느냐며 나를 다그쳤다. 당장에 시정 명령이 떨어졌다. 나는 부아가 뒤집혀 그날로 머리를 빡빡 밀어버렸다. 그리고 나팔바지에 가까웠던 교복 바지를 쫄바지처럼 줄여버렸다. 다음 날, 나는 학생부에 또 끌려갔다. 학생주임 선생님은 이번엔 반항을 하느냐며 나를 나무랐다. 나는 나대로 따지기 시작했다. 머리를 길러선 안 된다고 하기에 짧게 잘랐다. 또 바지통이 커서는 안 된다고 하기에 좁게 줄였다. 그런데 문제 될 게 무엇이냐며 대뜸 언성을 높였던 것이다. 이 자리에서 맞아 죽는 한이 있더라도 할 말은 해야 분이 풀릴 것 같았다. 이윽고 나는 그놈의 규정이라는 게 정말로 있다면, 규정집을 내게도 보여 달라며 생떼를 부렸다.

학생부가 시끄러워지자 학생주임 선생님은 가만히 내 손을 잡고 운동장으로 향했다. 선생님을 따라가며 나는 속으로 생각했다. '그래, 오늘은 아주 널찍한 운동장에서 늘씬 두들겨 팰 작정이로구나. 까짓것 될 대로 되라지. 학교를 관두는 한이 있더라도 잘못을 비는 일은 결코 없을 거다.' 그렇게 마음을 먹자 그나마 있던 두려움마저도 사라지는 듯하였다. 학생주임 선생님과 나는 운동장 한편 구석에 나란히 앉았다. 한동안 먼 산을 바라보던 선생님이 천천히 입을 열었다. "너 아까 규정집 타령을 했지? 나도 그놈의 것이 어딨는지 도통 모르겠다. 우리 같은 사립 학교는 교장 말이 법이고, 교감 말이 규정이다. 교장이 옷 얌전히 입히라 성화를 부리고, 교감이 머리 단정히 깎이라 닦달하면 나라고 무슨 힘이 있겠냐. 듣자 하니 네가 우리 학교 짱이라며. 짱부터가 그러고 다니면, 다른 애들은 어떻게 되겠냐. 네가 진짜 짱이라면 가끔은 우리 선생들 생각도 좀 해줘야지." 그때까지 학생주임 선생님은 늘 내 마음속에서 타도의 대상이었다. 돌이켜 보면 학생주임 선생님에게 얻어맞기도 참 많이 맞았다.

하지만 그날은 어쩐지 학생주임 선생님에게 측은한 마음이 들었다. 나만 힘든 줄 알았는데, 선생님도 나름 힘들 수 있겠다는 생각 때문이었다. 이어 선생님은 손가락으로 운동장 저편에 있는 나무를 가리켰다. "저 나무를 좀 봐라. 저 혼자 잘 자라는 것 같아도 때가 되면 반드시 가지를 쳐줘야 해. 그래야 나무도 더 잘 자랄 수 있다. 머리도,

교복도 다 마찬가지다. 가지를 좀 치렀더니 아예 뿌리째 뽑아버리면 어떻게 하냐. 가끔은 솔직히 네가 걱정된다. 뭐가 돼도 될 놈인데, 깡패가 돼도 큰 깡패가 될까 봐, 그게 걱정이야." 말을 마친 선생님은 먼저 일어나 엉덩이를 툭툭 털었다. 그러더니 학교로 들어가 버렸다. 터덜터덜 걸어가는 그 뒷모습을 보고 있자니 괜스레 미안한 마음이 들었다. 하루는 신혼집을 정리하다 내 중학교 졸업 앨범을 들춰 본 아내가 내게 물었다. "왜 자기만 이렇게 머리를 빡빡 밀었어?"

세상과 조화를 이루는 화이부동의 정신

학교에서 내 마음대로 못 하니 억하심정이 생기고 보상 심리가 발동했다. 그래서 나는 그것들을 학교 밖에서 풀었다. 교문을 나서면 당장에 교복부터 벗어젖혔다. 그리고 교과서 대신 가방에 들어 있던 은색 정장을 꺼내 입었다. 그때부터 친구들은 나를 패션 테러리스트라고 불렀다. 은색 정장에 머리를 빡빡 밀고, 교복을 입은 친구들 사이에 섞여 있으니 크고 작은 시비에 휘말리는 일이 잦아졌다. 괜히 알지도 못하는 어른들에게 핀잔을 듣는가 하면, 동네 선배들과 다툼이 생기기도 하였다. 그럴수록 나는 더 완고해졌다. 오늘도 또 내일도, 누구든지 나를 건들기만 하면 결코 가만히 있지 않겠다는 것이 매일 아침 눈을 뜨며 했던 다짐이었다. 지금 생각해 보면 그때의 나 자신에게 참 많이 미안하다. 하루도 빠짐없이, 그런 긴장과 불안을 겪게 했으니 말이다.

꽃으로도 때리지 말라는 말은 괜히 있는 게 아니다. 꽃으로 때리는 것도 습관이 되기 때문이다. 은색은 아니지만 언제부턴가 정장을 입는 게 내게 습관이 되었다. 어른이 되어서도 밖에 나갈 때면 거의 늘 정장을 입고 다녔다. 친구들과 번화가에 놀러 나갈 때도 정장을 입었다. 하루는 친구들이 이렇게 불평했다. "우리가 이성들과 한 번을 제대로 못 놀아보는 것은 아무래도 다 너 때문인 것 같다. 네 꼴을 좀 봐라. 모두가 쉬는 날에도 그렇게 올백 머리에 정장을 입고 앉아 있으니 누가 우리랑 놀고자 하겠냐. 너는 어떻게 된 게 중학생 때나 지금이나, 여전히 패션 테러리스트냐." 또 하루는 의상 디자인을 전공한 아내가 내게 이렇게 말했다. "자기야, 나 만나기 전에 자기가 연애를 많이 못 해본 건 아무래도 패션 때문이 아니었을까 싶어."

나는 대학에 들어가서도 정장을 입고 다녔다. 가끔 대학 동기나 선후배들을 만나면 '도대체 그때 왜 그러고 다녔느냐'고 묻는 이들이 있다. 학생이 아니라 교수님인 줄 알았다면서 말이다. 그러면 나는 딱히 할 말이 없어 배시시 웃기만 할 뿐이다. 살면서 가끔은 학생주임 선생님의 '나무 이야기'가 생각났다. 이성과 논리로 한 말은 짧게나마 인간을 납득시킨다. 반면에 감정과 가슴으로 한 말은 오래도록 그 마음에 여운을 남기는 법이다. 어느덧 중학교를 졸업하기까지 살았던 날보다 중학교를 졸업한 뒤에 살아온 날이 더 많아졌다. 그리고 그동안에 많은 일들이 있었다. 다행히 깡패가 되지는 않았다. 대신 남편이 되었고 아빠가 되었다. 또 나도 그 시절의 학생주임 선생님처럼 누군가의 선생이 되었다. 이 시점에서 학생주임 선생님의 '나무 이야기'를 다시 한번 곱씹어본다. 그는 과연 어떤 의미를 전달하고 싶었던 걸까.

공자는 이렇게 말했다. **'군자는 조화를 이루지만 똑같아지지는 않고, 소인은 똑같아지기를 좋아하지만 조화를 이루지는 못한다.'** 이 대목에서 공자가 말하는 군자의 덕목이 저 유명한 '화이부동(和而不同)'의 정신이다. 내가 생각하기에 그래도 학생주임 선생님은 내게 애정이 있었던 것 같다. 한쪽은 매를 들며, 또 한쪽은 매를 맞으며 마냥 증오만 싹텄을 리는 없다. 그것도 사제지간에 말이다. 아마 선생님은 내가 소인의 길을 걷기보다는 군자, 즉 대인의 길을 걸었으면 좋겠다고 생각했을는지도 모른다. 그래서 그는 운동장 저편의 나무를 가리켰던 게 아닐까. 내게 화이부동의 덕을 일러주고 싶은 바로 그 마음에서 말이다.

나 혼자만 튀고 싶다는 생각

『논어』「학이」편에는 공자의 제자인 유자(有子)의 말이 실려 있다. 유자는 공자의 제자 중에 가장 어린 축에 속했던 유약(有若)을 말한다. 안회나 자로 등 뛰어났던 공자의 제자들은 대개 공자보다 먼저 세상을 떠났다. 또 안회나 자로 등 공자 초년의 제자들은 소위 '『논어』 세대'도 아니었다. 거듭 말하지만 『논어』는 공자가 사망한 뒤에 후대들에 의해 편집된 책이다. 안회나 자로 등 초대 제자들은 어쩌면 『논어』와 같은 책을 만들어야 할 필요성을 크게 느끼지 못했을 수도 있다. 그들 세대까지는 공자의 사상을 대개 공자로부터 직접 배울 수 있었으니 말이다. 이런 이유로 아마 『논어』의 편집에는 유약의 제자쯤 되는 세대들이 깊게 관여했던 것 같다.

그래서 『논어』에는, 공자의 초기 제자들에게는 존칭인 자(子) 자를 생략하면서도, 그보다 훨씬 어린 제자인 증삼(曾參)이나 유약을 자(子) 자를 써서 추존하는 약간의 아이러니가 있다. 아마 이제 소개할 대목은 유약의 제자였던 누군가에 의해 쓰였을 가능성이 높다. 그래서 그는 자신의 스승인 유약을 유자라고 높여 부른 것이다. 이미 돌아가시어 얼굴 한번 뵌 적 없는 스승의 스승보다는 직접 나를 지도하신 스승이 어디까지나 내게는 제일일 테니 말이다.

유자는 '**예지용(禮之用) 화위귀(和爲貴)**'라고 하였다. '예를 다함에는 조화로움이 귀하다'는 뜻이다. 또 유자는 '**유소불행(有所不行) 지화이화(知和而和) 불이례절지(不以禮節之) 역불가행야(亦不可行也)**'라고 하였다. '하지 말아야 될 것이 있으니 조화로움이 좋다는 것만 알아서 조화로움만을 추구하고, 예로써 절제하지 않으면 또한 실천할 수 없게 된다'는 뜻이다. 공자와 유자의 말은 그 맥을 같이한다. 조화로움이 좋다는 것을 알아서 조화로움을 추구하는 게 '화이'라면, 예로써 절제하는 것은 '부동'이다.

예로부터 우리 동양에서는 조화로움의 가치를 최상으로 여겨 숭

상해왔다. 이를 조화로울 화(和) 자를 써서 '화' 사상이라고 한다. 우리 속담에서도 '모난 돌이 정 맞는다'고 하였다. 단순히 지나치게 튀지 말아야 함을 강조하는 말이 아니다. 이 속담에는 조화로움이 귀하다는 뜻이 내포되어 있다. 중학생 시절의 나는 무엇이 문제였을까 돌아본다. 나는 다른 학생들과의 조화로움만을 강요하는 학교가 싫었다. 똑같은 헤어스타일이 싫었고, 똑같은 교복이 싫었다. 그래서 머리를 길렀다 잘랐다 하였고, 교복을 늘였다 줄였다 하였다. 하지만 조화란 꼭 같은 학교의 학생들하고만 이루는 것이 아니다. 조화란 늘 온 세상과 전 우주를 염두에 두고 고민해야 마땅할 큰 개념이다. 그리고 나는 다른 학생들과 똑같은 것이 싫어서 선생들과 또 세상과의 조화까지 내팽개쳐버렸다.

나는 조화로움이 마냥 싫기만 하여 조화로움을 배척만 할 뿐 예로써 절제하는 법을 몰랐다. 예란 '나도 주인공 그리고 너도 주인공'의 마음이라고 하였다. 어쩌면 나는 '나만 주인공'이 되고 싶다는 생각에, 다른 친구들과 선생들 역시 그들의 삶에서는 그들이 주인공이라는 사실을 외면하고 있었는지도 모른다. 학생인권조례가 생기면서 이제는 두발이나 복장을 일률적으로 제한하는 풍습이 많이 완화되었다. 이제는 학교도 또 선생들도 학생들에게 예를 지키고자 노력한다. 반면에 학생들은 점차로 예를 잃어가는 것 같다. 그래서 이제 우리 사회의 숙제는 학생들에게 조화로움을 가르치는 것이 되었다.

조화를 이루되 휩쓸리지 않기 위하여

'예'란 무엇인가를 설명하는 『예기』의 「악기」편에서는 소리를 성(聲), 음(音), 악(樂)의 세 가지로 구분한다. '성'은 우리의 귀로 들을 수 있는 모든 자연의 소리를 말한다. 개 짖는 소리, 바람 부는 소리, 장작이 불에 타는 소리, 시냇물이 졸졸 흐르는 소리 등이 모두 '성'이다.

'음'이란 쉽게 말해 성들의 결합으로써 특정한 의미를 지니게 된 인간의 소리다. '안녕'처럼 인사의 의미가 있거나, 또 우리가 즐겨 듣는 작곡이나 클래식 등이 모두 '음'의 범주에 들어간다. 이처럼 '음'의 가장 큰 특징은 일정한 약속과 법칙에 기반한다는 것이다.

'악'이란 곧 조화를 뜻한다. 『예기』는 '악'이야말로 군자의 소리라고 하였다. 예컨대 네 사람이 어우러져 한바탕 장단을 맞추는 사물놀이는 언제나 '악'의 경지를 추구한다. 먼저 정신없이 수다 떨길 좋아하는 꽹과리가 있다. 또 꽹과리 혼자 민망할까, 꼬박꼬박 대꾸를 해야만 비로소 저 자신도 편안한 마음 좋은 장구도 있다. 어쨌든 할 말은 해야 직성이 풀리는 북이 있는가 하면, 평소엔 과묵하지만 한번 입을 열면 그 말에 무게가 있는 징도 있다. 이들은 모두 함께 모여 조화를 이루지만 결코 똑같아지려고 하지는 않는다.

조화로움을 최고의 경지로 여기는 건 서양 음악에서도 마찬가지다. 서구인들은 조화를 일러 '하모니(harmony)'라고 한다. 피아노 연주자가 독주를 할 때 바이올린 연주자는 잠시 손을 멈춘다. 또 플루트가 소리를 높일 땐 트럼펫은 소리를 낮추기도 한다. 이들 역시도 조화를 추구하지만 결코 같은 소리를 내고자 하지는 않는다. 같은 이유로 우리네 판소리와 사물놀이도 군자의 소리며, 서구의 필하모니와 오케스트라도 역시 군자의 소리다.

세상도 이와 같다. 진심으로 조화를 이루고자 하는 소리꾼과 고수, 지휘자가 많은 세상은 군자의 세상이다. 그러나 서로가 서로를 좇아 어떻게든 똑같아지려고만 하고, 그래서 조화롭지 못한 세상은 소인의 세상이다. 『중용』에서 공자의 제자인 자로는 공자에게 강함을 묻는다. 그러자 공자는 '화이불류(和而不流)'를 강한 사람의 첫 번째 특징으로 꼽는다. '조화를 이루되 휩쓸리지는 않는다'는 뜻이다. 예컨대 어떤 학생이 선생에게 예를 다하지 않았다고 가정해보자. '나도 저래도 되겠구나' 싶은 마음에 휩쓸려 똑같이 예를 잃는 학생은 군자가 아니다. 하지만 예를 잃은 학생이 다시 조화를 이룰 수 있도록 돕는 학생이 있다면 그는 강한 사람이며 또 군자다. 선생도 마찬가지다. 어떤 선생이 학생에게 예를 지키기 않았을 때, '명색이 우리가 선생인데, 뭐 그럴 수도 있지' 싶은 마음에 휩쓸리는 사람은 선생 자격이 없는 소인이다. 그러나 예를 잃은 선생이 다시 조화를 이룰 수 있도록 깨치는 선생이 있다면, 그는 강한 군자며 참스승이다.

이제 나는 학생주임 선생님이 나무를 가리켰던 이유를 조금은 알 것도 같다. 나무에 달린 가지들이 모두 똑같을 순 없지만, 그래도 가지들이 서로 조화를 이루는 나무는 좋은 나무다. 반면에 나무에 달린 가지들이 모두 비슷한 듯하지만, 서로 아무런 조화를 이루지 못하는 나무는 아름다울 수 없다. 긴 가지가 있으면 짧은 가지도 있고, 두꺼운 가지가 있으면 얇은 가지도 있다. 너무 긴 가지는 다듬어줘야 짧은 가지도 충분히 자랄 수 있다. 너무 두꺼운 가지는 치우든가 방향을 바꿔줘야 얇은 가지도 움츠렸던 고개를 펼 수 있다. 선생님은 학교도 나무와 같다고 생각한 듯하다. 그리고 기왕이면 우리 학교가 좋은 나무가 되기를 진심으로 바랐던 것 같다. 그래서 그는 자신에게 주어진 정원사의 역할에 그렇게 기꺼이 최선을 다했는지도 모를 일이다.

마음대로 풀리지 않는 세상을
자유롭게 살아가는 법

자왈子曰.

"가여공학可與共學 미가여적도未可與適道

가여적도可與適道 미가여립未可與立

가여립可與立 미가여권未可與權."

- 「자한子罕」편 제29장

공자께서 말씀하셨다.

"함께 배울 수는 있지만, 함께 도에 나아갈 수는 없고

함께 도에 나아갈 수는 있지만, 함께 설 수는 없으며

함께 설 수는 있지만, 함께 저울질할 수는 없다."

대부분 꿈과 상관없는 삶을 살아간다

예전에는 배우고 싶지만 그럴 수 없는 사람들이 많았다. 당장 우리

어머니부터 그랬다. 어머니는 육 남매 가운데 장녀로 태어났다. 그런데 불행히도 외할머니가 일찍 돌아가시고 말았다. 엎친 데 덮친 격으로 외할아버지의 사업마저 무너졌다. 어머니는 장녀로서 하는 수 없이 학업을 중단했다. 어머니는 매일 아침마다 교복을 입고 학교에 가는 친구들이 제일 부러웠다. 그런 친구들과 마주치기 싫은 마음에 일부러 등교 시간을 피해 더 일찍 일하러 나섰다. 어머니 말에 따르면, 어머니는 학교를 그만두기 전까지 공부를 무척 잘했다고 한다. 그래서 어머니는 아직도 '내가 공부를 계속했더라면 법조인이나 대학교수가 될 수도 있었을 텐데'라는 식의 푸념을 늘어놓을 때가 있다.

실제로 내가 아는 어머니는 성실함과 꾸준함을 겸비한 사람이었다. 십 대 때부터 가족을 부양했던 어머니는 매일 같이 야근하고 착실하게 저축하며 생활을 꾸려나갔다. IMF 사태로 호기롭게 확장했던 어머니의 사업이 한순간에 와르르 무너지기 전까지 우리 가족은 어머니 덕분에 부족함 없는 나날을 보내기도 했다. 간혹 그때를 회상할 때면 어머니는 이렇게 말하곤 한다. "돈이라는 게 참 묘하지. 한번 벌리기 시작하니까, 원 주체를 할 수 없었더랬다. 감당이 안 될 정도로 그렇게 쏟아져 들어오더라고. 근데 이놈의 게 한번 빠져나가기 시작하니 완전히 손에 쥔 불덩이더라. 어디로 떨어졌는지, 그렇게 어느 날 갑자기 온데간데없이 사라져 버리더라 이거야."

어머니가 내게 이런 이야기를 들려주지 않았더라면 어땠을까. 나는 기를 쓰고 나를 공부시키고자 했던 어머니의 마음을 죽을 때까지도 이해할 수 없었을 것이다. 큰돈을 벌어도 봤지만 또 삽시간에 빚더미에 앉아보기도 했던 어머니로서는, 어쩌면 돈을 버는 길보다는 공부를 해서 안정적인 직장을 얻는 길이 더 바람직해 보였을지도 모른다. 그리고 어머니 말마따나 실컷 배웠더라면 어머니는 정말로 법조인이나 선생님이 되었을지 모른다. 물론 한껏 배웠더라도 그 꿈을 이루지 못했을 수도 있다. 누구나 원하는 대학에 진학하고, 누구나 원하는 직장에 취업할 수 있는 건 아니니 말이다. 실제로는 대부분의 사람이 꿈과 상관없는 삶을 살아간다. 특히 요즘엔 더욱 그러한 것 같다.

여기서 나는 공자의 말을 떠올린다.

아무리 가르쳐도 버릴 수 없는 욕심

일찍이 공자는 '함께 배울 수는 있지만, 함께 도에 나아갈 수는 없다'고 하였다. 공자가 말하는 도(道)란 쉽게 말해 '나도 행복하고 또 다른 사람들도 함께 행복할 수 있는 길'을 의미한다. 이렇게 도의 본질은 나의 행복과 밀접한 관련을 맺고 있다. 아무리 남들이 입을 모아 부럽다고 이야기하는 뭔가를 이뤘다고 할지라도, 스스로 행복하다고 생각하지 못하는 사람은 실패자다. 진수성찬을 눈앞에 두고도 부족한 것은 없는지 근심하는 사람이 있다. 반면에 콩 한 쪽, 쌀 한 톨도 나눠 먹기에 충분하다며 기뻐하는 사람이 있다. 행복한 사람은 스스로 만족할 줄 아는 사람이며, 불행한 사람은 늘 스스로 충분하지 못하다고 여기는 사람이다. 그래서 도에 나아가고자 하는 사람에게 는 먼저 스스로 넉넉하다고 느낄 수 있는 마음의 여유가 필요하다.

또 공자는 '함께 도에 나아갈 수는 있어도, 함께 설 수는 없다'고 하였다. 여기서 공자가 말하는 '서다'의 의미는 도를 깨닫고, 나아가 깨달은 도를 독립적으로 실천할 수 있는 능력을 뜻한다. 실제로 선다 는 뜻의 '립(立)' 자에는 독립의 의미가 내포되어 있다. 배움과 깨달 음의 가장 큰 차이는 그 주체가 독립적인가, 그렇지 못한가에 있다. 배움은 억지로 주거나 수동적으로 받을 수도 있다. 하지만 깨달음은 늘 능동적이고 주체적이며 독립적으로 이뤄지는 것이다. 깨달았다 고 해서 모두 그 깨달음을 실천할 수 있는 것은 더더욱 아니다. 깨달 음을 이해하는 일과 깨달음을 실천하는 일은 전혀 별개의 차원이다. 그래서 공자는 함께 깨달을 순 있지만, 각자의 삶에서 깨달은 바를 실천하고 또 적시 적소에 깨달은 바를 적용하는 일은 함께하기에 어 렵다고 하였다.

마지막으로 공자는 '함께 설 수는 있어도, 함께 저울질할 수는 없 다'고 하였다. 저울의 기능은 무게를 다는 데 있다. 무게를 정확히 달 기 위해서는 저울에 아무것도 올려져 있지 않아야 한다. 우리 마음도 마찬가지다. 서로 마음이 잘 맞는 지기를 만나 때때로 같은 깨달음을 함께 실천할 순 있다. 하지만 그러기 위해서는 무엇보다도 서로의 마 음에 사사로운 욕심이 없어야 한다. 욕심이 깃들면 마음의 저울은 제

기능을 다하지 못하고, 깨달음은 갈 곳을 잃게 된다.

일찍이 북송의 철학자 사마광은 『치지재격물론(致知在格物論)』에서 이렇게 말했다. "사람의 감정이란 선한 것을 좋아하고 악한 것을 미워하며, 바른 것을 지향하고 잘못된 것을 부끄러워한다. 그러나 착한 사람과 바른 사람은 적고, 악한 사람과 잘못을 저지르는 사람은 많으니 왜 그런가? 모두 욕심이 그들을 유혹하고 그들의 마음을 짓누르기 때문이다. 세상에 도둑질이 부끄럽다는 사실을 모르는 사람은 없지만, 부끄러움을 무릅쓰고 도둑질을 하는 사람이 있는 것은 욕심이 그들의 마음을 가렸기 때문이다. 친구를 배반하고 의리를 저버리는 것이 부끄럽다는 사실을 모르는 사람은 없지만, 어쩔 수 없이 그러는 까닭 역시 욕심이 그 마음을 짓누르기 때문이다. 이는 비유하자면 짐승을 쫓는 포수가 태산을 보지 못하고, 참새를 겨눈 활잡이가 이슬비에 옷 젖는 줄 모르는 것과 같다. 물이 아무리 맑아도 진흙과 모래가 물을 흐리면 물에 비친 그림자를 볼 수 없고, 촛불이 아무리 밝아도 손으로 그것을 가리면 바로 옆 사람의 눈썹과 눈을 분간할 수 없다. 하물며 욕심이 사람의 마음을 가린 경우에야 더 말해서 무엇하겠는가?"

함께 배울 수는 있다. 또 함께 도에 나아가 깨달음을 얻을 수도 있고, 드물지만 그렇게 얻은 깨달음을 함께 실천할 수도 있다. 하지만 마음의 저울을 비우는 일, 즉 마음의 욕심을 비우는 일만큼은 누구도 대신해줄 수 없다. 그래서 공자는 역시 「자한」편에서 **'삼군가탈수야**

(三軍可奪帥也) 필부불가탈지야(匹夫不可奪志也)'라고 하였다. '큰 군대의 장수는 빼앗을 순 있지만, 일개 남자의 뜻은 빼앗을 수 없다'는 뜻이다. 욕심도 마찬가지다. 예컨대 큰 기업의 유능한 인재를 빼낼 순 있다. 하지만 결코 일개 직원의 욕심을 빼낼 순 없다.

다시 「자한」편에서, 공자는 이렇게 말했다. '묘이불수자유의부(苗而不秀者有矣夫) 수이불실자유의부(秀而不實者有矣夫)'. '싹은 났으나 자라지 않는 것도 있으며, 자라긴 했으나 열매를 맺진 못하는 것도 있다'는 뜻이다. 공자의 이 말은 『성경』에 등장하는 예수의 비유와도 무척 닮아있다. 「마태오복음」에서 예수는 말했다. "씨 뿌리는 사람이 씨를 뿌리자 어떤 씨들은 길에 떨어졌다. 그러자 새들이 와서 그것들을 먹어버렸다. 또 어떤 씨들은 흙이 많지 않은 돌밭에 떨어졌는데, 가까스로 싹은 틔웠지만 흙이 깊지 않았던 탓에 뿌리가 약해 해가 뜨자 말라버리고 말았다. 또 어떤 씨들은 가시덤불에 떨어졌는데 가시덤불이 자라며 씨들의 길을 막아버렸다. 하지만 어떤 씨들은 좋은 땅에 떨어져 열매를 맺었는데 어떤 것은 백 배, 어떤 것은 예순 배, 어떤 것은 서른 배가 되었다." 이는 저 유명한 예수의 '씨 뿌리는 사람의 비유'다.

세상에는 함께 배울 수조차 없는 사람들이 있다. 그런 사람들은 마치 길이나 가시덤불에 떨어진 씨앗과 같아서 싹을 틔울 새도 없이 새들의 먹이가 되거나, 스스로 숨이 막혀 죽고 만다. 그리고 세상에는 함께 배울 수는 있지만 함께 도에 나아갈 수는 없는 사람들도 있다.

그런 사람들은 마치 돌밭에 떨어진 씨앗과 같아서 얕은 흙 속에 얕은 뿌리를 내리고 어렵사리 싹은 틔우지만, 날이 밝으면 곧 사그라들 뿐이다. 반면에 세상에는 함께 설 수도 있고, 함께 도에 나아갈 수도 있는 사람들이 있다. 이런 사람들은 좋은 땅에 떨어진 씨앗과 같아서 함께 서른 배, 예순 배의 열매를 맺는다. 이렇게 함께 서서 함께 저울질할 수 있는 세상을 예수는 천국이라 하였고, 공자는 '대동(大同)'이라 하였다. 하늘나라와 대동세계에서는 모두가 함께, 백 배, 천 배, 만배의 열매를 맺을 수 있다. 어쩌면 하늘나라와 대동세계는 저 멀리 있는 게 아니라, 우리 모두가 욕심을 버리고 마음의 저울을 비우는 바로 그곳에 있을는지도 모를 일이다.

마음의 저울을 비우면 무엇을 해도 어긋남이 없다

우리 어머니는 올해로 일흔이 되었다. 가끔 어머니 손을 잡고 동네를 거닐다 보면, 어머니가 이런 소리를 한다. "에휴, 이 좋은 자리에 왜 저걸 차려놨다니. 그러니 장사가 안되지. 나한테 한 달만 맡겨주면 좋으련만. 업종도 좀 바꾸고 인테리어도 싹 다시 해서 손님이 바글바글하게 만들어놓을 텐데 말이다." 내가 어머니를 가만히 쳐다보면 금세 딴소리를 한다. "그래, 내 말이 그 말이야. 이거야 원, 배운 게 도둑질이라고 나이 칠십에 아직도 장사를 하고 싶으니." 나는 대답한다. "어머니, 그래도 도둑질은 한 적 없잖아요. 그리고 나는 지금도 어머니가 가게 차리면 뭐든 대박 날 것 같아요."

공자는 「위정」편에서 **칠십이종심소욕불유구(七十而從心所欲不踰矩)**'라 하였다. '일흔 살에는 마음이 가는 대로 해도 도에서 벗어남이 없었다'는 뜻이다. 여기서 '구(矩)'란 사물의 기울기를 잴 때 쓰는 직각자를 의미하기도 한다. 저울로 무게를 달든, 직각자로 기울기를 재든 중요한 것은 정확한 무게와 정확한 기울기를 계산하는 것이다. 빈 저울만이 정확한 무게를 달 수 있고, 굽지 않은 자만이 정확한 길이를 잴 수 있다. 일흔 살 공자의 마음 역시 마찬가지 아니었을까. 공자의 마음에는 욕심이 없었기 때문에 공자의 저울은 오류를 내지 않았고, 공자의 자질에는 오차가 없었다.

내게는 우리 어머니가, 함께 무엇까지를 할 수 있는 사람인지 분간할 재간이 없다. 하지만 마음의 저울을 비우고자 노력하고, 세상을 보다 잘 저울질하는 일은 함께할 수 있다. 일흔이 된 어머니와 서른이 된 아들. 이제는 우리 모자가 욕심을 내려놓고, 마음의 저울을 비우는 일에 협력할 수 있기를 간절히 바라본다.

세상에 선한 영향력을 전하는
건강한 몰입

자왈子曰.

"광이부직狂而不直

동이불원侗而不愿

공공이불신悾悾而不信

오부지지의吾不知之矣."

– 「태백泰伯」편 제16장

공자께서 말씀하셨다.

"미친 듯이 잘 몰두하지만 정직하지 않고,

뜻은 크지만 성실하지 못하며,

마음이 간절하지만 미덥지는 못한 사람은

내 알 바가 아니다."

보이지 않는 것에 마음을 쏟는 사람들

사람은 누구도 경험으로부터 자유로울 수 없다. 같은 상황에서도 다른 느낌을 받고, 같은 형편에서도 다른 생각을 갖게 되는 것은 대개 각자의 경험이 다르기 때문이다. 내가 중독을 공부한다고 하면 이렇게 묻는 사람들이 있다. "저도 뭔가에 중독된 것 같아요. 제가 이러 저러한데 저 중독 맞지요?" 대개 중독인지 아닌지는 자기 자신이 가장 잘 안다. 자기의 일을 남에게 물어보는 사람은 어리석은 사람이다.

내게 상담을 가르쳐주신 선생님이 계시다. 그분은 늘 이렇게 말씀하셨다. "근거 있는 점이 상담이고, 근거 없는 상담이 점이다." 실력이 출중한 상담가와 훌륭한 무당은 상담을 받으러 왔거나 점을 치러 온 사람의 마음을 편안하게 해준다. 그래서 그런 상담가와 무당을 찾은 사람은 위로와 격려를 받고 용기와 희망을 얻는다. 무속이 됐든 종교가 됐든 모든 신앙의 주된 기능은 이처럼 인간에게 용기와 희망을 주는 것이다. 하지만 욕심에 눈이 먼 이들도 있다. 그들은 불안해서 찾아온 사람들에게 오히려 더한 불안감을 조장하고 큰돈을 요구한다. 우리는 이런 사람들을 이단, 혹은 사이비라고 한다.

이단(異端)이란 말 그대로 '그 끝이 조금 다르다'는 뜻이다. 예컨대 원뿔이 있다고 생각해 보자. 그 끝이 뾰족하지 않다면 우리는 그것을 원뿔이라고 부르지 않는다. 이단도 마찬가지다. 대체로 원뿔의 꼴을 갖춘 것 같기는 하지만, 그 끝이 뾰족하지 않다면 어쨌든 그것은 원뿔이 아니다. 그래서 공자는 「위정」편에서 **공호이단(攻乎異端) 사해**

야이(斯害也己)'라고 하였다. '이단에만 힘을 쏟으면 해로울 따름이다'라는 뜻이다.

또 『맹자』에는 다음과 같은 공자의 말이 등장한다. '**오사이비자**(惡似而非者) **오유**(惡莠) **공기란묘야**(恐其亂苗也) **오녕**(惡佞) **공기란의야**(恐其亂義也) **오리구**(惡利口) **공기란신야**(恐其亂信也) **오정성**(惡鄭聲) **공기란악야**(恐其亂樂也) **오자**(惡紫) **공기란주야**(恐其亂朱也) **오향원**(惡鄉原) **공기란덕야**(恐其亂德也)'. '나는 비슷한 듯하지만 아닌 것이 싫다. 잡초가 미운 것은 그것이 곡식의 싹까지 어지럽힐까 걱정되기 때문이다. 아첨하는 사람이 미운 것은 그가 의로운 사람까지 어지럽힐까 걱정되기 때문이다. 이리저리 둘러대는 사람이 미운 것은 그가 미더운 사람까지 어지럽힐까 걱정되기 때문이다. 정나라의 음란한 음악이 미운 것은 그것이 아름다운 음악까지 어지럽힐까 걱정되기 때문이다. 자줏빛이 미운 것은 그것이 붉은빛까지 어지럽힐까 걱정되기 때문이다. 백성 속이는 일을 좋은 정치로 포장하는 사람이 미운 것은 그가 나라의 덕을 위해 힘쓰는 사람까지 어지럽힐까 걱정되기 때문이다'라는 뜻이다. 이처럼 사이비란 겉으론 비슷한 듯하지만, 실상은 아닌 것을 말한다.

이단과 사이비가 무서운 까닭은 세상에 혼란을 초래하기 때문이다. 세상이 혼란스러우면 가장 큰 피해를 입는 이는 힘없는 약자들이다. 동양 철학의 목적은 어떤 신비한 현상을 탐구하는 것이 아니다. 동양에서 철학의 주체는 항상 인간이다. 그래서 공자는 「옹야」편에서 지혜로움을 묻는 제자 번지(樊遲)에게 이렇게 말했다. '**무민지의 (務民之義) 경귀신이원지(敬鬼神而遠之)**'. '사람들을 의롭게 만드는 데 힘쓰며, 귀신은 공경하되 멀리하라'는 뜻이다. 또 「술이」편에는 이렇게 기록되어 있다. '**자불어괴력란신(子不語怪力亂神)**'. '공자는 일찍이 괴이한 것, 힘센 것, 어지러운 것, 귀신에 관한 것은 말하지 않았다'는 뜻이다. 여기서 귀신이란 유령(ghost)이 아니다. 공자가 말하는 귀신이란 인간의 힘으로 설명할 수 없는 모든 현상을 말한다.

공자의 가르침을 받기 위한 세 가지 조건

중독학을 공부해보니, 많은 현대인이 중독과 몰입을 헛갈리는 것 같다. 공자는 '미친 듯이 잘 몰두하지만 정직하지 않은' 사람이 있다고 하였다. 미친 듯이 몰두한다는 점에서 중독과 몰입은 똑같다. 어떤 사람은 바른 마음으로 정직한 일에 몰두한다. 이런 사람은 몰입하는 사람이다. 반면에 어떤 사람은 비뚤어진 마음으로 정직하지 못한 일에 몰두한다. 이런 사람은 대개 중독의 늪에 빠진다. 중독의 가장 큰 특징은 나 자신을 해치고, 나아가 남을 해롭게 한다는 것이다. 그래서 중독은 건강하지 못한 몰두다. 하지만 몰입은 나 자신을 이롭게 하고, 나아가 세상도 이롭게 한다. 즉 몰입은 건강한 몰두인 셈이다.

이렇게 공자는 건강하지 못한 몰두만을 일삼는 사람을 내 알 바가 아니라고 하였다. 대개 공자는 가르칠 수 없는 사람을 일컬어 '알 바 아니다'라고 말한다. 대개 공자의 제자들은 공자의 가르침에 미친 듯이 몰입했던 사람들이다. 그래서 공자는 그들에게 늘 정직함을 강조했다. 제자들이 정직하지 못하면, 다름 아닌 공자 자신의 가르침이 이단과 사이비로 전락할 수도 있기 때문이다.

공자는 '뜻은 크지만 성실하지 못한 사람'도 내 알 바 아니라고 하였다. 때때로 평범한 내 자신이 초라하게 느껴질 때가 있다. 그러나 위대한 가치들은 늘 평범한 일상 속에 깃들어 있다. 그래서 평범한 사람이 위대한 길로 나아가기 위한 첫 번째 숙제는 먼저 자신의 평범함을 인정하고, 매 순간 최선을 다해 그 평범함을 살아내는 것이다. 그러면 그 평범함이 모여 위대해지고, 조금씩 세상과 다른 사람들도 나를 인정하게 된다. 공자는 이상만 클 뿐 주어진 현실에 충실하지 않은 사람을 바람직하지 못하다고 여겼다. 그래서 성실하지 못한 사람은 가르치고자 하지 않았다. 공자에게 있어 성실한 사람은 꾸준하되 묵묵하게, 포기하지 않는 사람이었다.

마지막으로 공자는 '마음은 간절하지만 미덥지는 못한' 사람을 내 알 바 아니라고 하였다. 누구에게나 자신이 배워 믿게 된 가르침이 있다. 우리는 이것을 일러 '신념'이라고 한다. 꼭 종교가 아니더라도 사람들은 누구나 무언가를 믿는다. 그리고 사람들은 누구나 무언가를 의심한다. 세상엔 아무것도 믿지 않는 사람도 없고, 또 모든 것을 믿는 사람도 없다. 그래서 사람의 신념에 개입하는 일은, 때때로 태산을 옮기는 것보다도 더 어렵다. 그러니 예컨대, 도를 전하고 가르침을 베풂에 있어 얼마나 큰 간절함이 필요한지는 말할 나위도 없다.

간절함의 다른 말은 '쉬지 않고 그것을 생각한다'는 것이다. 그래서 공자는 「자한」편에서 **미지사야**(未之思也) **부하원지유**(夫何遠之有)'라고 하였다. '생각하지 않을 뿐이다. 간절하다면 어찌 먼 곳이 있겠는가?'라는 뜻이다. 간절한 마음으로 공자에게 배우고 싶었던, 그래서 공자의 제자가 되고 싶었던 사람들은 많았다. 하지만 공자는 자신의 학문이 중독적인 몰두가 되지 않게끔 하기 위해서, 또 현실이 아닌 이상만을 위한 이단이 되지 않게끔 하기 위해서, 간절함만 있고 신뢰를 주지는 못하는 사이비가 되지 않게끔 하기 위해서, 그들 모두를 제자로 수용할 순 없었다. 그래서 공자는 간절한 마음은 있지만, 미덥지는 못한 사람은 가르칠 수 없다고 하였다.

세상을 피해
숨어버리고 싶은 당신에게

자왈 子曰.

"포식종일飽食終日 무소용심無所用心 난의재難矣哉.

불유박혁자호不有博奕者乎?

위지유현호이爲之猶賢乎已."

– 「양화陽貨」편 제22장

공자께서 말씀하셨다.

"배불리 먹고 하루를 마치도록 마음 쓰는 곳이 없다면 곤란하다.

주사위나 바둑이라도 있지 않은가?

그거라도 하는 게 그래도 하지 않는 것보단 나을 것이다."

어떻게 보이는지가 중요한 요즘 세상

식사를 마치면 할머니, 할아버지들은 대체로 이렇게 묻는다. "아가, 배불리 먹었니?" 나만 보더라도 그렇다. 명절이 되면 할머니를 뵈러 지방에 내려가곤 했는데, 할머니도 늘 그렇게 물었던 것 같다. "내 강아지, 많이 먹었냐?" 우리네 조부모들이 살았던 시대엔 배불리 많이 먹는 게 무엇보다 중요했던 모양이다. 그리고 이제 가끔 외식을 하면 우리 부모님은 이렇게 묻는다. "애야, 맛있게 먹었니?" 우리네 부모님 세대는 맛을 찾는다.

『장자』「추수(秋水)」편에는 이런 내용이 있다. "우물 안 개구리에게 바다에 대해 말해줘도 알지 못하는 것은 공간의 구속을 받고 있기 때문이다. 여름벌레에게 얼음에 대해 말해줘도 알지 못하는 것은 시간의 제약을 받고 있기 때문이다. 마음이 비뚤어진 선비에게 도를 말해줘도 알지 못하는 것은 자신이 배운 가르침에 속박을 받고 있기 때문이다." 모든 사람은 공간과 시간과 지식에 구애를 받는다. 세대, 지역, 젠더 등 날이 갈수록 심해지는 사회 갈등의 원인도 모두 이 때문이다.

어린 시절을 가난하게 보냈던 우리 어머니는 늘 이렇게 물었다. "학교 급식은 어때? 먹을 만해? 많이 먹었어? 배는 불러?" 어머니는 또래 친구들의 부모님들보다 훨씬 나이가 많았다. 그래서 어렸을 적 어머니 손을 잡고 다니면 어머니를 할머니로 오인하는 친구들도 있었다. 그래서일까. 어머니는 언제나 내게 조부모의 물음과 부모의 물음을 함께 던져 주었던 것 같다.

어쨌든 조부모 세대는 음식의 양을, 부모 세대는 음식의 맛을 중요하게 생각했다. 이는 대체로 사실인 것 같다. 그리고 우리 세대에 들어서는 양과 맛에 꼴이 추가됐다. 양이 많은 것도 좋고 맛이 있는 것도 좋지만, 일단 그 음식의 꼴이 먹음직스럽지 않으면 우리 세대는 손을 대지 않는다. '보기 좋은 떡이 먹기도 좋다'에서 '먹기엔 사나워도 보기엔 좋아야 한다'로 생각이 바뀐 셈이다. 그도 그럴 것이 우리 세대에겐 뭐든지 남에게 어떻게 보여지는지가 초미의 관심사다. 양도 맛도 형편없는 음식이지만 SNS에 근사하게 올릴 만한 사진 한 컷만 건질 수 있다면, 우리 세대는 충분한 마음의 보상을 받고도 남는다.

함께하면 마음도 담아낼 수 있다

공자는 배불리 먹고도 하루 종일 마음 쓰는 곳이 없다면 곤란하다고 하였다. 일단 배불리 먹어야 함을 강조했으니 아무래도 공자는 우리 할머니, 할아버지와 가장 죽이 잘 맞았을 듯하다. 실제로 공자 당시에는 먹을 것이 무척 귀했다. 그래서 굶어 죽는 사람이 허다했고 일반 백성들의 가장 큰 관심사는 그저 하루하루 끼니를 잘 때우는 것뿐이었다.

공자의 고향인 노나라는 작은 나라였다. 그래서 공자는 벼슬을 얻기 위해 이 나라 저 나라를 떠돌아다니며 유세하는 데 오랜 세월을 보냈다. 자신의 큰 뜻을 마음껏 펼치기 위해서였다. 아무래도 큰 뜻을 펼치기 위해서는 큰 나라에서 벼슬을 하는 게 유리했다. 수많은 제자와 함께 세상을 유랑하기란 쉬운 일이 아니었다. 먹을 입이 많다는 것은 말도 많고 근심도 많음을 의미하기 때문이다. 자신을 따라다니며 날로 초췌해지는 제자들을 보며 공자는 더한 자괴감을 느꼈을지도 모른다.

공자를 필두로 하는 유가 철학의 핵심은 훗날 증자가 편집한 것으로 알려진 『대학』 경문(經文)의 3강령 8조목에 가장 잘 드러나 있다. 3강령이란 명명덕(明明德), 친민(親民), 지어지선(止於至善)을 말한다. 명명덕은 '밝은 덕을 밝힌다'는 뜻이고, 친민은 '뭇사람들과 친하게 지낸다'는 뜻이며, 지어지선은 '지극한 착함에 내 마음을 머무르게 한다'는 뜻이다. 8조목은 격물(格物), 치지(致知), 성의(誠意), 정심(正心), 수신(修身), 제가(齊家), 치국(治國), 평천하(平天下)를 말한다. 격물이란 '세상의 이치를 투철히 헤아림'을 뜻하고, 치지란 '앎을 이룸'을 뜻한다. 성의란 '거짓 없이 진실한 뜻'을 뜻하며, 정심이란 '바른 마음'을 뜻한다. 수신이란 '몸과 마음을 닦음'을 뜻하며, 제가란 '집안을 바로잡음'을 뜻한다. 치국이란 '나라를 잘 다스림'을 뜻하며, 평천하란 '온 세상을 평화롭게 함'을 뜻한다.

3강령 8조목이 유가 철학의 핵심이라면 유가 철학의 방법론은 단계별 학습에 있다. 예컨대 세상의 이치를 절실하게 파악하지 못한 사람은 앎을 이룰 수 없고, 진실한 뜻이 없는 사람은 바른 마음을 가질 수 없으며, 몸과 마음을 힘써 닦지 않는 사람은 집안을 바로잡을 수 없다. 그래서 우리 속담에서도 '하늘은 스스로 돕는 자를 돕는다'라고 했던 것이다. 유가적 관점에서 스스로를 도울 수 없는 사람은 결코 남도 도울 수 없다. 누구보다 자신을 믿고 따랐던 가장 가까운 제자들의 배조차 불려주기 어려웠던 공자다. 이는 공자 입장에서는 참으로 한스러운 일이었다. 설식으로 끼니를 때우기 일쑤인 공자를 보고 어떤 사람들은 이렇게 말하기도 하였다. "자기 자신은 물론이거니와 제자들도 쫄쫄이 굶기기 일쑤인 자가 어떻게 남을 돕고 세상을 구제하겠단 말인가." 실제로 공자는 평생을 이러한 조롱과 비난으로부터 자유롭지 못했다.

일단 배불리 먹자는 공자의 말에는 간단한 진리가 깃들어 있다. 아무 생각 말고 일단 살고 보자는 것이다. 무엇을 하며 하루를 보낼지 고민하는 일도 일단 하루를 살아낼 수 있다는 전제가 없다면 성립할 수 없기 때문이다. 공자는 하루를 살아갈 힘을 얻었다면 그다음엔 마음 쓸 곳을 찾아야 한다고 말했다. 무엇을 배불리 먹을 수 있다는 점에서 인간과 짐승은 다르지 않다. 또 배불리 먹은 다음에는 인간도 일을 하지만, 소나 말도 역시 일을 한다. 인간과 여느 짐승의 가장 큰 차이점은 자신의 행위에 마음을 담을 수 있는가 없는가에 있다. 우리는 흔히 인간을 고등동물이라 한다. 가장 하등의 동물은 배부르게 먹을 줄만 알 뿐, 그 이외의 일에 마음을 쏟을 줄 모르는 동물이다.

그래서 공자는 어느 정도 배를 채웠다면 하다못해 주사위 놀이나 바둑이라도 하라고 하였다. 오늘날 공자가 살아 돌아온다면 아마 이렇게 말할 것이다. "밥 다 먹었으면 가만히 있지 말고 PC방이나 만화방이라도 가거라." 그러면 누군가는 이렇게 대답할지도 모른다. "저는 아무것도 하지 않고 가만히 있는 것처럼 보이지만, 사실 곰곰이 생각하고 있습니다. PC방이나 만화방 따위와는 비교도 되지 않을 정도로 중요한 생각입니다." 그러면 공자는 다시 이렇게 대답할 것이다. **"혼자서는 생각만 할 수 있지만 함께라면 마음도 담을 수 있다."**

생각과 마음은 비슷한 듯하지만 다르다. 생각은 굳이 주고받을 대상이 필요하지 않지만, 마음은 언제나 주고받을 대상이 필요하다. 그래서 보통의 토론가는 자신의 생각을 주장하지만, 훌륭한 연설가는 자신의 마음을 전달한다. 중독을 공부하다 보니 중독에 대처하는 여러 가지 방법과 그 방법이 잘 적용된 사례들에 대하여 배울 기회가 많았다. 외국의 한 시설에서는 중독에 빠진 사람들에게 약물 치료를 권하는 대신 3개월 동안 노동에 참여하도록 도와준다고 한다. 예컨대 중독자들이 함께 생활하며 밭을 일구고 청소도 하며 또 뭔가를 짓거나 만들기도 하는 것이다. 그렇게 하는 까닭은 혼자만의 생각을 멈추고 그동안 소홀했던 마음을 챙길 수 있도록 돕기 위함이다.

사람은 반드시 세상 속에서 살아야 한다

인간이 사회적 동물임은 누구도 부인할 수 없는 사실이다. 공자 역시 이 사실을 누구보다 잘 알고 있었다. 「미자」편에는 이런 대목이 등장한다. 장저와 걸닉이라는 사람이 함께 밭을 갈고 있었다. 공자가 그 모습을 보았다. 공자는 제자인 자로를 시켜 그들에게 나루터가 어디인지 물어보도록 하였다. 자로가 장저와 걸닉에게 다가가 나루터를 묻자 장저가 말했다. "당신을 보낸 저 사람은 누구요?" 자로가 답했다. "공구라 합니다." 공구는 공자의 본명이다. 그러자 장저가 다시 말했다. "아, 저 유명한 노나라의 공구로구먼. 그렇다면 나루터는 그가 더 잘 알 것이오." 장저가 나루터를 가르쳐주지 않자 이번엔 자로가 걸닉에게 물었다. 그러자 걸닉이 말했다. "당신은 누구요?" 자로가 답했다. "중유라고 합니다." 중유는 자로의 본명이다. 그러자 걸닉이 다시 물었다. "당신은 노나라 공구의 제자요?" 자로가 답했다. "그렇습니다." 걸닉이 말했다. "도도하게 흐르고 또 흐르는 것은 원래 그러한 세상의 이치거늘 누가 무엇으로 세상을 바꿀 수 있단 말인가? 그러니 사람을 피하는 공구를 따르지 말고 우리처럼 세상을 피하는 선비를 따르시오." 장저와 걸닉은 말을 마치곤 다시 쟁기질을 시작했다. 자로가 공자에게 돌아와 장저와 걸닉의 말을 전했다. 그러자 머쓱해진 공자는 이렇게 말했다. "조수불가여동군(鳥獸不可與同群)." '짐승들과 함께 무리 지어 살 순 없다'라는 뜻이다.

자로가 나루터를 묻자 장저는 공자를 비웃었다. 세상을 바꾸겠다며 떠돌아다니는 공자가 나루터가 어딘지도 모른다면 무슨 수로 세상을 바꾸겠느냔 것이다. 또 자로가 나루터를 묻자 걸닉은 자로를 회유했다. 당시에 공자는 노나라의 삼환(三桓)을 피해 떠돌고 있었다.

삼환이란 맹손씨, 숙손씨, 계손씨의 세 대부를 말한다. '사람을 피해 도망 다니는 공자를 따를 바에야 차라리 우리처럼 세상을 피해 사는 은자가 됨이 어떻겠냐는 게 걸닉의 제안이었다. 자로의 말을 들은 공자는 장저와 걸닉이 이미 깨달은 사람들이란 사실을 대번에 알아차렸다. 어쩌면 공자 자신이야말로 누구보다 세상을 피해 은둔하고 싶었을지도 모른다. 순간 공자의 마음에는 '모든 걸 내려놓고 이들과 함께 여기에 머물렀으면 좋겠다'는 충동도 일었을 것이다. 공자라고 해서 '나 혼자 이렇게 고군분투한다고 과연 세상이 바뀔까?' 싶은 의문이 없었을 리 만무하다.

그러나 공자는 이내 마음을 고쳐먹는다. 그리고 이렇게 말한다. **"나라도 하는 게 그래도 아무도 하지 않는 것보단 나을 것이다."** 짐승들과 함께 무리 지어 살 수 없다는 공자의 말은 결코 자연을 벗 삼아 사는 은자의 삶이 고상하지 않다는 의미가 아니다. 다만 작은 희망조차 없어 보이는 세상에서라도, 끝까지 인간에 대한 희망을 버리지 않겠단 굳은 의지를 천명했을 뿐이다. 또 공자는 결코 주사위 놀이나 바둑이 보잘것없는 일임을 말하고자 했던 것이 아니다. 설령 그 목적이 오락일지라도, 사람은 반드시 세상과 사회 속에 머물러야 함을 강조했을 따름이다. 그것이 사람이, 인간으로 나아갈 수 있는 유일한 길이기 때문이다.

실제로 사람과 인간은 다르다. 무인도에 홀로 사는 사람도 분명히 사람은 사람이다. 하지만 그는 인간은 아니다. 인간이란 말 그대로

'사람 사이'다. 사람들 사이에 있지 않으면, 사람은 될 수 있지만 인간은 될 수 없다. 중독자 시절의 나를 돌이켜 보면 인간관계가 가장 어려웠던 것 같다. 그래서 술을 마셨다. 맨정신으로는 다른 사람들과 관계를 맺을 자신이 없었기 때문이다. 하지만 술에 의존하니 오히려 관계가 더 망가졌다. 사실 모든 중독은 '혼자서도 잘 살 수 있다'는 교만으로부터 비롯된다. 예컨대 술만 있다면, 인터넷만 있다면, 약물만 있다면, 도박만 있다면, 설령 아무도 없더라도 나 혼자 잘 살 수 있다는 생각이 중독의 시작이다.

그래서 자신만의 생각에 빠져, 자신만의 세상에 사는 사람은 모두 중독자다. 말하자면 우물 안 개구리는 공간에, 여름 한 철만 사는 벌레는 시간에, 그리고 마음이 비뚤어진 선비는 지식에 중독된 셈이다. 중독자들에게 집단생활과 단체 노동을 권장하는 일 역시 중독자가 인간이 될 수 있도록 돕기 위함이다. 순전히 노동이 필요한 것이라면 책을 읽거나 그림을 그리고 글을 쓰는 등 혼자서도 가능한 노동이 얼마든지 많다. 또 육체노동 대신 정신노동을 위주로 하더라도 그만이다. 하지만 그렇게 해서는 중독으로부터 벗어나기 어렵다. 서로 교류하며 생각뿐 아니라 마음까지 주고받을 대상이 없기 때문이다. **인간답게 살고자 한다면 어떤 방식을 쓰든 무조건 세상 속으로 발을 내디뎌야 한다.**

상처받는 게 두렵고 관계가 어렵더라도 괜찮다. 사람에게 받은 상처는 사람만이 치유할 수 있다. 또 인간관계란 모든 사람에게 있어서 원래 어려운 법이다. 때때로 우리네 삶에는 '그래도 안 하는 것보단 낫겠지'의 마음도 필요하다. 세상도 마찬가지다. 그래도 용기와 희망을 품고 매 순간 세상 속으로 몸을 던지는 것이 혼자만의 시간과 공간과 지식에 갇혀 있는 것보단 훨씬 인간답다. 인간 세상에는 아픔과 슬픔도 있지만, 동시에 위로와 격려도 있기 때문이다.

자존감에 대한
세 사람의 고찰

안연계로시顔淵季路侍 자왈子曰.

"합각언이지盍各言爾志?"

자로왈子路曰.

"원거마의경구願車馬衣輕裘 여붕우공與朋友共 폐지이무감敝之而 無憾."

안연왈顔淵曰.

"원무벌선願無伐善 무시로無施勞."

자로왈子路曰.

"원문자지지願聞子之志."

자왈子曰.

"노자안지老者安之 붕우신지朋友信之 소자회지少者懷之."

－「공야장公冶長」편 제25장

안연과 계로가 공자를 모시고 있는데 공자께서 말씀하셨다.

"어찌 너희 각자의 뜻을 말하지 않느냐?"

그러자 자로가 말했다.

"수레와 말을 타는 것과 가벼운 갖옷 입기를 친구들과 함께하다가, 그것들이 망가지고 해어지더라도 유감이 없겠습니다."

안연이 말했다.

"잘한 것을 자랑하지 않고, 수고한 것을 과시하지 않으렵니다."

자로가 말했다.

"선생님의 뜻을 듣고 싶습니다."

공자께서 말씀하셨다.

"늙은이는 편안케 해주고, 친구들은 미덥게 해주며, 젊은이는 그리워하도록 해주겠다."

내가 속해 있다는 사실만으로도 충분한 마음

2018년은 유독 기억에 남는다. 호기로운 마음으로 철학 공부에 첫 발을 내디뎠던 터다. 빨리 학교에 가고 싶은 마음에 어서 아침이 오기를 기다렸던 적도 그때가 처음이었다. 무엇보다 짧아진 통학 거리가 가장 마음에 들었다. 학부생 시절을 보낸 학교는 경기도 수원에 있었다. 매일같이 왕복 서너 시간 정도를 학교를 오가는 데 써야만 했다. 오전 아홉 시 수업이 있는 날엔 늦어도 여섯 시 반엔 일어나야 했다. 졸린 눈을 비비며 고속도로를 달리는 시외버스의 차창을 바라

보고 있자면, 솔직히 이런 생각이 들기도 했다. '남들 다 할 때 나도 공부 좀 제대로 할걸.'

내가 철학을 배웠던 대학은 종로구 명륜동에 있었다. 집에서 명륜동까지는 전철을 타면 30분도 채 걸리지 않았다. 일고여덟 시에 일어나더라도 오전 수업을 듣기에 충분했다. 돌이켜 보면 나는 그저 아침잠을 좀 충분히 자고 싶었던 것 같다. 현대인 대다수가 잠이 부족하고 삶에 여유가 없음을 당시의 나는 알지 못했다. 여유로운 마음을 가질 수 있는 능력은 나이나 성별, 교육 수준이나 경제 수준 등의 조건과는 사실 무관하다는 것도 알지 못했다.

학부생 시절엔 그래 봐야 한 시간 정도를 더 자는 집 가까운 대학 다니는 친구들이 마냥 부러웠다. 또 직장을 다니거나 사업으로 돈벌이를 하는 사람들은 그래도 모두 나보단 여유롭겠거니 막연히 생각했다. 나보다 낫다고 생각되는 사람들을 보며 나는 미래에 대한 희망을 품었던 것 같다. '언젠가는 나도 저렇게 되겠지. 점점 편해질 거야. 참고 견디면 좋은 날도 있겠지.' 스스로를 다독이기도 했다.

이름 있는 대학에 들어가자 누구보다 기뻐했던 사람은 어머니다. 비록 어렸을 때부터 노래를 불렀던 서울대 법대는 아니었지만 그래도 어머니의 행복함이 느껴졌다. 부모는 자식이 기쁘면 좋고 자식은 부모가 행복하면 즐겁다. 어머니의 행복이 내 마음에도 약간의 여유를 가져다주었다.

그러나 사실 이름 있는 대학과 아닌 대학을 구분한다는 것 자체가 천박한 생각이다. 입학 성적이 높은 대학과 낮은 대학은 존재할 수 있지만, 우수한 대학과 열등한 대학은 존재할 수 없다. 가장 위대한 교육은 배우는 사람이 순전히 배움에만 매진할 수 있게끔 돕는 교육이다. 그래서 훌륭한 부모와 유능한 선생은 좋은 대학에 가라고 하지 않는다. 그들은 네가 다니는 대학이 좋은 대학이라고 가르친다. 이는 단순히 대학에만 적용되는 이야기는 아니다. 직장도, 사는 지역도, 만나는 사람도 다 마찬가지다.

그저 내가 다닌다는 사실 하나만으로 내가 다니는 학교가 최고라 여길 수 있다면 그 사람은 얼마나 행복할까. 그 사람은 공부가 절로 잘될 것이다. 다름 아닌 내가 사는 까닭에 이곳이 최고의 지역이라 여길 수 있다면, 그 지역은 얼마나 살기에 좋을까. 그 지역에 사는 사람들은 절로 힘이 날 것이다. 이 사람은 나를 만났기에 최고, 또 나는 이 사람을 만났기에 최고라 여기며 사는 부부가 있다면 그 가정은 얼마나 화목할까. 아마 그런 가정엔 근심과 걱정, 불안이 깃들 틈조차 없을 것이다.

세상에서 가장 큰 질병, 시샘과 질투

과거 미국의 한 대통령은 아내와 함께 아내의 고향을 찾았다. 그곳에서는 젊은 시절 아내와 교제했던 전 남자친구가 농장에서 일을 보고 있었다. 대통령은 순간의 질투심에 이렇게 말했다. "만일 나와 결혼하지 않고 저 남자와 살았더라면 당신은 평생을 농장에서 소젖이나 짰겠군. 그런데 나를 만나 영부인까지 됐으니 당신의 안목에 존경을 표하오." 그러자 영부인이 답했다. "만일 내가 저 남자와 살았더라면 당신이 아닌 저 사람이 대통령이 됐겠지요." 나는 이 일화를 듣고 그 영부인의 자존감이 부러웠다.

우리 조부모 세대에게는 나라를 해방시키고 침략으로부터 지켜냈다는 자존감이 있었다. 우리 부모 세대에게는 한강의 기적을 일으켜 나라 경제를 발전시켰다는 자존감이 있었다. 그러나 우리 세대에겐 아무런 자존감이 없다. 같은 세대가 온 세상을 열광시키며 전 세계를 K-열풍의 도가니 속으로 밀어 넣어도, 어디까지나 먼 나라 이웃 나라 얘기일 뿐이다. 먼저 스스로를 존중할 수 없기에, 다른 이들의 성과와 노력에도 존중은커녕 오히려 상대방을 헐뜯고 깎아내린다. 거짓으로 비방하고 교묘한 술책으로 궁지에 빠뜨리는 일도 다반사다.

일찍이 사상 의학을 창시한 동무(東武) 이제마는 세상에서 가장 큰 질병을 '투현질능(妬賢嫉能)'이라고 하였다. 투현질능은 세종 때 편찬된 『고려사(高麗史)』에 등장하는 말로 '어질고 능력 있는 사람을 시샘하고 미워한다'는 뜻이다. 일찍이 공자는 「이인」편에서 이렇게 말했다. '**부여귀시인지소욕야**(富與貴是人之所欲也) **불이기도득지**(不以其道得之) **불처야**(不處也) **빈여천시인지소오야**(貧與賤是人之所惡也) **불이기도득지**(不以其道得之) **불거야**(不去也)'. '부귀는 사람들이 다 바라는 바지만, 정당한 방법으로 얻지 않았다면 갖지 않는다. 빈천은 사람들이 다 싫어하는 바지만, 정당한 길을 걷다 그렇게 됐다면 버리지 않는다'라는 뜻이다. 당당하고 떳떳한 방법으로 얻은 자존감이 아니라면 그것을 갖는 것은 무의미하다. 양심껏 성실하게 살다가 자존감이 떨어졌다면 그것은 어쩔 수 없는 일이다. 군자는 떨어진 내 자존감을 회복하고자 정도에서 이탈하지 않는다. 하지만 소인은 내 자존감을 회복하기 위해 수단과 방법을 가리지 않는다. 그래서 투현질능은 소인의 어쩔 수 없는 특성이다.

나름의 계획과 뜻을 품고 시작했던 '이름 있는 학교에서의 철학 공부'를 잠시 접고 다른 대학의 사회복지학 석사 과정에 재입학하였다. 석사 동기들이 박사 과정에 진학할 때, 나는 전공을 바꿔 석사 공부를 다시 시작했다. 결국 석사 공부를 마치는 데 남들보다 배 이상의 시간이 소요됐다. 지난했지만 새롭게 얻은 깨달음도 있었다. 진짜 좋은 학교란 학교 구성원 모두가 한마음 한뜻으로 지성인을 지향하는 학교라는 깨달음이었다.

진짜 자존감은 상대방을 위하는 마음에서 비롯된다

하루는 안회와 자로가 공자를 모시고 있었다. 모신다(侍)는 말은 수발을 든다는 뜻이라기보다는 따른다는 의미에 더 가깝다. 아마 안회와 자로, 그리고 공자는 나란히 걷거나 어딘가에 걸터앉아 쉬고 있었던 듯하다. 공자가 물었다. "너희 둘이 가진 인생의 지향을 한번 들어봤으면 좋겠다." 자로가 먼저 대답했다. "제 수레나 말을 다른 사람들도 함께 타고, 제 옷도 다른 사람들과 함께 입고, 또 제 신발도 다른 사람들과 함께 신는 그런 세상이 됐으면 좋겠습니다. 그러다 수레나 말이나 옷이나 신발을 설령 다른 사람이 망가뜨리더라도 유감이 없고자 합니다."

자로는 많이 가지는 데 집착하지 않았다. **인간 세상이란 많든 적든 있는 것을 함께 나누며 살아갈 때 사람 냄새가 나지 않겠느냐는 자로의 말에는 '사람이 근본'이라는 생각이 담겨 있다.** 수레도 좋고 말도 좋지만, 또 명품 옷도 좋고 한정판 신발도 좋지만, 인간 세상에 사람보다 더 귀한 것이 있겠느냐는 뜻을 내비친 것이다. 이처럼 자로는 인본주의자였다. 또 자로는 공자의 제자 가운데 누구보다 의리를 중시했다. 훗날 맹자는 의(義)의 단서를 '수오지심(羞惡之心)'으로부터 찾을 수 있다고 하였다. 수오지심이란 '스스로 부끄러워할 줄 아는 마음'이다. 수레나 말, 옷과 신발보다 사람이 중요하다고 외치며 혹시 누군가 수레나 말, 옷이나 신발 따위의 것들을 망가뜨렸다고 하여서 유감스러워 한다면, 그는 이미 사람보다 물질을 더 귀하게 여기는 자다. 자로는 무릇 인간이라면 마땅히 이런 마음을 부끄럽게 여겨야 한다고 생각했다. 이처럼 자로는 자신의 인생 지향을 '인본 정신'이라고 밝혔다.

이번엔 안회가 말했다. "잘했더라도 자랑하지 않고, 수고했더라도 생색내지 않겠습니다." 안회는 '있어 보임'만을 추구하는 삶이 공허하고 무의미함을 지적했다. **자랑과 생색의 목적은 모두 칭찬과 보상에 있다. 하지만 온 세상이 칭찬해도 스스로 자신을 칭찬하지 못하는 사람은 공허하다.** 마찬가지로 온 세상이 보상을 주고자 해도 스스로 자신을 보상하지 못하는 사람은 삶에서 의미를 느끼지 못한다. 잘하고서 자랑하는 게 못하는 것보단 나을 수도 있다. 또 수고하고서 생색내는 게 수고할 생각조차 없는 것보단 나을 수도 있다. 그러나 남이 해주는 칭찬과 물질적 보상만을 바랄 뿐 정작 스스로 자기 자신에게는 인색하다면, 이런 사람은 자존감이 낮은 사람이다. 자존감이 낮은 사람은 쉽게 공허해지며 또 쉽게 삶이 무의미하다고 느끼기 때문에 불행하다. 안회는 많은 것이 '있어 보이는' 사람보다는 실제로 자존감 '있는' 사람이 되고자 한다는 포부를 갖고 있었다.

질문을 받았으면 질문을 하는 게 예의다. 이번엔 자로가 물었다. "선생님의 뜻은 어디에 있습니까?" 공자가 답했다. **"늙은 사람들은 편안하게 해주고, 친구들에게는 믿음을 주고, 젊은 사람들은 진리를 그리워하게끔 해주고 싶다."** 공자가 진정으로 원했던 세상. 그리고 공자가 가졌던 삶의 지향. 공자의 이 한마디는 자존감이라고는 눈곱만큼도 가질 수 없었던 시절의 내게 큰 위로와 격려가 되었다. 실제로 전공을 바꾸고 학교를 옮기자 동기들과 선후배들로부터 많은 전화가 걸려왔다. "그동안의 시간이 아깝지 않느냐.", "아무리 공부는 많이 할수록 좋다지만, 너처럼 비효율적으로 하는 법은 없다." "과정도 중요하지만, 결과도 중요하다." "학교는 늘 이 자리에 있으니, 언제든 돌아오라." 등등. 전화를 끊고 나면 마음이 갈대처럼 흔들렸다. 그럴 때마다 내 마음을 살포시 잡아줬던 건 공자가 말했던 삶의 지향이었다. 공자는 자신을 기준으로 나이가 많은 세대는 그 마음을 편안하게 해드리고 싶다 하였다. 또 자신을 기준으로 비슷한 또래 세대에게는 믿음을 주고 싶다 하였다. 여기서 믿음이란 서로가 서로를 의심하는 세상이 아니라 서로가 서로를 믿을 수 있는 세상을 뜻한다. 공자는 자신을 통해 세상에 믿음이 회복되기를 바랐고, 믿을 만한 세상을 이룩하는 데 자신이 앞장설 수 있기를 바랐다.

마지막으로 공자는 자신을 기준으로 나이가 어린 세대는 진리를 그리워하게끔 해주고 싶다 하였다. 공자에게 있어 진리란 인(仁), 즉 '이 세상은 나 혼자 사는 세상이 아니라 더불어 사는 세상이라는 사실을 잊어버리지 않는 것'이었다. 먼 길을 돌아 석사 과정을 마칠 때쯤엔 내게도 삶의 지향이 생겼다. 지면을 빌어 나의 지향을 한번 읊어본다.

"나는 내가 배운 철학을 사회복지 현장에 힘껏 실천해야겠다. 그래서 장년과 노년 복지에는 스스로가 편해질 수 있는 여유를 위로로써 전하고 싶다. 그리고 청년과 중년 복지에는 서로가 서로를 의심하지 않아도 괜찮다는 믿음을 용기로써 전하고 싶다. 마지막으로 청소년과 아동 복지에는 세상은 더불어 살 때 아름답다는 진리를 희망으로써 전하고 싶다."

'이 정도면 됐다'는
안일한 생각의 경고

자왈 子曰.

"도지이정 道之以政 제이이형 齊之以刑,

민면이무치 民免而無恥.

도이지덕 道之以德 제이이례 齊之以禮,

유치차격 有恥且格."

– 「위정爲政」편 제3장

공자께서 말씀하셨다.

"인도하기를 정치적 기술로써 하고, 질서 잡기를 형벌로써 하면,

백성들은 형벌을 면하려고만 하고 부끄러워함은 없다.

인도하기를 덕으로써 하고, 질서 잡기를 예로써 하면

백성들은 부끄러워함이 있고 마음 씀씀이를 바르게 할 것이다."

내 인생을 망친 최악의 실수

2015년 겨울은 내게는 잊을 수 없는 계절이다. 당시 내 알코올 중독은 잠시 소강상태였다. 실제로 2015년 늦여름부터 근 석 달을 아예 술을 입에 대지 않았다. 하지만 모든 중독이 그렇다. 술도, 담배도, 마약도, 도박도 다 마찬가지다. 3개월이 아니라 3년, 30년을 끊었다고 할지라도 결코 중독에 끝은 없다. 일단 중독이 되면 언제든지 재발할 수 있다.

곰곰이 생각해 보면 이 세상에 완치란 없다. 몸과 마음의 질병, 모두 마찬가지다. 완벽하게 나았다고 자신하는 일은 언제나 금물이다. 당시의 나도 그랬다. 완치되었다는 허황한 착각을 불러일으킨 주인공은 다름 아닌 나 자신이었다. 그도 그럴 것이, 무려 3개월 동안이나 술을 한 방울도 마시지 않았던 것은 그때가 처음이었다. 물론 평생을 술이라고는 입에도 대지 않는 사람도 있지만, 어쨌든 3개월 동안의 단주는 내게는 무척 고무적이었다.

살아보니 가장 위험한 착각 가운데 하나가 '이 정도면 됐다'는 생각이다. 우리네 삶 자체가 끝날 때까진 결코 끝난 게 아니기 때문이다. 그날도 그랬다. 오래간만에 싱가포르에서 함께 유학했던 친구들을 만났다. 약속 장소인 강남역으로 향하면서 내 머릿속에는 온통 이 생각뿐이었다. '내 인생에서 중독은 이제 끝났다.'

친구들과 나는 강남역에 있는 큰 술집에 들어갔다. 나는 물과 음료를 마시고, 친구들은 술을 마셨다. 대체로 술을 마신 사람에게는 없던 장난기가 발동한다. 친구들도 그랬던 모양이다. 내가 잠시 화장실에 다녀온 사이, 한 친구가 내 잔에 몰래 술을 탔다. 나는 아직도 그 친구를 만나면 "그때 네가 탄 술은 중독자인 내게는 독약을 탄 것이나 다름없었다"라고 말하며 뒤끝을 부린다.

물을 마시자 알싸한 술맛이 대번에 혀를 감치고 돌았다. 그와 동시에 문득 이런 생각이 들었다. '삼 개월을 끊었으니 이 정도면 됐다. 기왕 술이 입에 들어간 김에 몇 잔만 마시자.' 3개월 동안 처절했던 노력이 눈 깜짝할 새 물거품이 되는 순간이었다. 일찍이 한비자는 그의 책 「유로」편에서 이렇게 말했다. **'천장지제이루의지혈궤(千丈之隄以螻蟻之穴潰) 백척지실이돌극지연분(百尺之室以突隙之煙焚)'.** '천 길 둑도 땅강아지와 개미구멍에 무너지고, 백 척 집도 굴뚝 틈새의 불똥에 타 버린다'는 뜻이다. 이처럼 공든 탑이 무너지는 것은 늘 한순간이다.

언제 술을 끊은 적이 있었냐는 듯 부어라 마셔라 고주망태가 되어갈 때쯤, 갑자기 술집 주방에서 검은 연기와 함께 불길이 치솟았다. 술집은 지하에 있었기 때문에 헐레벌떡 자리에서 일어나 친구들과 함께 술집 밖으로 나왔다. 술집 밖에는 이미 우리보다 먼저 대피한 사람들이 우왕좌왕하고 있었다. 소방서에 화재 신고를 하고, 아직 술집 안에 있는 사람들이 대피할 수 있도록 도와야겠다는 생각은 조금도 들지 않았다. 큰불이 나서 많은 사람이 다치거나 죽기라도 하면 어쩌나 싶은 생각도 들지 않았다. 내 머릿속에는 오로지 술을 더 마서야겠다는 생각뿐이었다.

한동안 마시지 않던 술을 급하게 마신 탓인지 광기에 가까운 취기가 오르기 시작했다. "야, 그러지 말고 우리 다른 동네로 넘어가자고. 이 동네는 너무 시끄러워. 어디 조용히 앉아서 그냥 술만 좀 진탕 마실 수 있는 데로 가자고." 함께 있던 친구들이 슬슬 꽁무니를 뺐다. 언제부턴가 친구들은 내가 어느 정도 술에 취하면 나를 피해 달아나기 일쑤였다. 나는 점차로 화가 났다. "뭐? 집에 간다고? 이거야 원, 그래 전부 꺼져. 그리고 너만 남아." 나는 내가 화장실에 간 사이 내 물에 술을 탔던 친구의 목덜미를 움켜쥐었다. "오늘은 너 때문에 술을 마신 셈이니 너만은 끝까지 책임을 져야지."

중독자에게는 두 가지 큰 공통점이 있다. 첫째, 중독에 빠진 자신을 특별하게 생각한다는 것이다. 그래서 중독자들은 중독에 빠지지 않은 사람들을 별 볼 일 없는 사람으로 매도하기 일쑤다. 둘째, 늘 남탓을 한다는 것이다. 중독에 빠진 사람은 스스로를 중독으로 몰아간 주체가 다름 아닌 자기 자신이라는 사실을 좀처럼 인정하지 않는다. 그들은 늘 누군가 나를 중독시켰다고 말한다.

나는 친구를 거의 끌다시피 하여 강남역 택시 승강장으로 향했다. 맨 앞 택시의 문을 열었는데 기사님이 보이지 않았다. 나중에 알고 보니 기사님은 시장기가 돌아 근처 포장마차에서 어묵을 먹고 있었다. 두 번째 택시를 타려고 하는데 기사님이 말했다. "순서대로 출발해야 돼요. 앞에 기사님은 잠깐 화장실에 가셨거나, 뭐 그럴 거예요.

조금만 기다려보세요." 나는 화가 났다. 내 머릿속에는 온통 빨리 술을 더 마시고 싶다는 생각뿐이었다. 결국 나는 맨 앞 택시의 조수석에 친구를 태운 뒤 운전석 문을 열었다. 그러고는 있는 힘껏 가속 페달을 밟았다.

그다음은 어떻게 되었는지 잘 기억이 나질 않는다. "멈춰. 이 차 택시야. 그리고 너 술 마셨잖아. 세워. 제발 아무 데나 세워." 내 마음의 부르짖음이었는지, 친구의 절규였는지 모를 외마디 비명만이 어렴풋이 뇌리를 스칠 따름이다. 이 사건으로 친구와 나는 재판을 받게 되었다. 죄목은 두 사람이 함께 범행을 저지른 특수절도였다. 친구와 나는 집행유예를 선고받았다. 법정을 나서는데 문득 이런 생각이 들었다. '그래도 이 추위에 감방에 들어가지 않은 게 천만다행이다.'

이 정도는 아무것도 아니라는 교만한 생각

공자는 정치적 기술로써만 사람을 이끌고, 형벌로써만 사회 질서를 잡게 되면 사람들이 나처럼 생각하게 된다고 하였다. 일단 위기를 모면하는 순간 '이 정도면 됐다' 싶은 생각에 사로잡히게 될 뿐이란 것이다. '이 정도면 됐다'는 생각 속에는 뉘우침과 개선의 의지보다 어쨌든 위기를 벗어났다는 안도감이 더욱 짙게 깔려 있다. 위기를 모면하는 경험이 많아질수록 '이 정도면 됐다'는 생각은 '이 정도는 아무것도 아니다'는 생각으로 탈바꿈하게 된다.

그래서 공자는 정치적 기술을 동원해서만 사람을 인도하고자 하고, 형벌을 동원해서만 사회 질서를 잡고자 하면, 백성들은 어떻게든 위기와 형벌을 면하려고만 할 뿐 부끄러움은 모르게 된다고 하였다. 때때로 나는 사회복지사로서 교정(矯正) 복지의 실천 현장에 서기도 한다. 또 중독을 공부하는 학생으로서 불법 약물이나 도박, 주폭(酒暴) 등으로 교도소에 수감된 경험이 있는 사람들을 만나기도 한다. 그들이 입을 모아 하는 말이 하나 있다. "걸리지만 않았다면 딱이었을 텐데."

누군가 그랬다. "감방이라는 데가 그래. 거기는 잘못을 뉘우치러 들어가는 데가 아니야. 다음 번엔 어떻게 하면 안 걸릴 수 있을지를 고민하러 들어가는 데지. 더 효과적이고 능률적으로 범죄를 저지르는 방법을 배우러 가는 데랄까?" 돌이켜 보면 나도 그랬다. 법정에서 반성문을 읽고 경찰서에서 조서를 꾸미는 내내 나는 내가 지을 수 있는 가장 부끄러운 표정을 짓고 있었다.

하지만 내가 정녕 부끄러운 표정을 짓고, 또 진정으로 부끄러움을 느꼈어야 할 대상은 따로 있었다. 가게에 예기치 못한 불이 나서 큰 손해를 입고 주말 장사를 허탕 쳤을 술집 사장님. 탄원서를 받으러 간 친구와 내게 "나는 태어나서 한 번도 술을 마셔본 적이 없어. 그래서 솔직히 학생들이 이해가 가진 않아. 근데 어쨌든 원래 나쁜 학생들은 아닌 것 같아. 택시에 있던 돈에는 손도 안 댔더라고. 그러다 혹시 사람을 쳤거나 사고를 냈으면 어쩔 뻔했어. 정말 하늘이 도왔어.

학생들은 평생 하늘에 감사하며 살아. 그나저나 내가 글을 제때 못 배워서 판사님이 내 글씨를 알아보실 수 있을는지 모르겠네.”라는 말과 함께 ‘엄벌 대신 선처를 바란다'는 탄원서를 삐뚤빼뚤한 글씨로 적어주시던 택시 기사님. 그리고 친구의 물잔에 술을 조금 탔다는 그 이유 하나만으로 인생에 큰 오점을 남기게 된 친구. 그들이야말로 내가 진정 죽도록 부끄러워해야 마땅한 이들이었다.

공자는 사람을 덕으로써 인도하고 예로써 질서 잡을 수 있다면, 세상 사람들은 스스로 부끄러움을 알고 결국엔 마음 씀씀이를 바르게 할 것이라고 하였다. 나아가 정치의 본질은 정치적 술수에 있지 않음을 강조했다. 정치적 술수만이 난무하는 세상을 살아가는 백성들은, 그 정치적 술수에 자신들의 꾀로써 맞대응한다. 이렇게 되면 세상은 결국 서로가 속고 속이는 데 여념이 없는 형편없는 곳으로 전락하고 만다. 이런 세상에 사는 사람들은 매 순간 꾀를 내는 데만 급급한 나머지 자신의 마음을 진중하게 돌아볼 기회마저 잃게 된다. 이런 세상은 ‘이 정도면 됐다', ‘이 정도는 아무것도 아니다'라는 생각이 판치는 세상이다.

질서를 잡는 방법에 있어서도 마찬가지다. 오직 형벌을 통해서만 질서를 잡으려는 세상은 어떻게든 형벌을 피할 방법, 그것만을 궁리하도록 부추기는 세상과 다를 바 없다. 또 예로부터 형벌에는, 강자에게는 너그럽고 약자에게는 가차 없다는 특성이 있다. 그래서 『예기』「곡례(曲禮)」편에서는 **‘예불하서인(禮不下庶人) 형불상대부(刑不**

上大夫)'라 하였다. '예는 서민들에게까지 내려가지 않고, 형벌은 대부들에게까지 올라가지 않는다'는 뜻이다. 예불하서인을 오늘날의 자본주의에 대입시키면 무전유죄, 형불상대부는 유전무죄다.

이러한 까닭에 후대에 한비자 등을 위시로 한 법가 철학에서는 '법불아귀(法不阿貴) 유불요곡(繩不撓曲)'을 주장하였다. '법은 귀한 사람의 편을 들지 않고, 자는 나무가 굽었다고 하여서 같이 휘지 않는다'는 뜻이다. 이런 영향을 받았는지는 확언할 수 없으나 중국은 1997년 공산당 강령에 오직 법에 의거하여 국가를 다스린다는 뜻의 '의법치국(依法治國)'을 명시했다. 그러나 우리가 당면한 현실 앞에서 '법불아귀 유불요곡'은 여전히 요원하며 '의법치국'이란 말은 여전히 무색하다.

진정 부끄러움을 아는 사람들이 살아가는 세상

동양 철학의 목적은 세상을 큰 안목으로 바라볼 수 있는 지혜의 형성에 있다. 물론 강한 리더십을 동반한 카리스마 있는 정치와 또 엄정한 법질서는 무척 중요하다. 하지만 공자는 이 역시 인간으로 하여금 부끄러움을 느끼도록 돕는 하나의 장치에 불과하다고 하였다. 그래서 백성 이끌기를 덕과 예로써 해야 한다고 말했다. 여기서 덕이란 쉽게 말해 '남을 품어줄 수 있는 능력'이다. 덕(德)을 파자하면 '다리를 절며 걷는 사람도[彳], 굽지 않았다고[直], 여기어줄 수 있는 마음

[心]'이 된다.

　다리를 저는 사람의 환심을 사기 위해 당신의 다리는 멀쩡하다고 말해주는 것은 어디까지나 정치적 술수에 불과하다. 다리를 저는 사람에게 정녕 필요한 것은 다리를 저는 사람의 굽은 다리를 마치 곧은 다리처럼 대해줄 수 있는 마음이다. 이 덕을 실천하기 위해서는 먼저 예로써 자신의 마음을 질서 잡아야 한다. 예란 '세상에 나도 주인공 그리고 너도 주인공'의 마음이라고 하였다.

　곧은 다리로 살아가는 나도 주인공이지만, 저는 다리로 살아가는 저 사람도 주인공이란 마음이 있는 사람은 저는 다리를 품어줄 수 있다. 공자는 저는 다리를 곧은 다리처럼 품어줄 수 있는 마음으로 사람들을 이끌어 가는 정치가 최상의 정치라고 하였다. 이러한 정치가 실현되려면 세상의 질서를 '나도 주인공 그리고 너도 주인공'의 마음으로 잡아야 한다고 하였다. 공자는 이런 세상에 사는 사람들은 다만 부끄러운 척만을 함에 그치는 게 아니라, 진정으로 부끄러워할 줄 알게 될 것이란 믿음을 가지고 있었다. 또 이런 세상에 사는 사람들은 스스로 자신의 마음씨를 바르게 할 것이란 희망이 있었다.

　공자는 세상을 고치고 싶은 의사였다. 그리고 공자 역시도 이 세상을 결코 완치시킬 수는 없다는 사실을 잘 알고 있었다. 훌륭한 의사는 완치가 불가능함을 알지만, 그렇다고 완치에 대한 지향과 어떻게든 완치시키고야 말겠다는 의지까지를 포기하지는 않는다. 세상이라는 환자를 다만 의술과 권위에만 의존하여 치료하는 척할 것인가,

아니면 덕과 예의 마음까지 적극적으로 동원하여 완치시킬 것인가 함께 고심하는 일은 우리 모두의 몫이다.

나 혼자 사는 세상이 아니다

자왈子曰.

"인원호재仁遠乎哉?

아욕인我欲仁 사인지의斯仁至矣."

— 「술이述而」편 제29장

공자께서 말씀하셨다.

"인이 멀리 있는가?

내가 인을 하고자 하면 곧바로 인에 이른다."

어색한 미소를 배웠던 날

가끔 고등학교 입학식 날이 떠오른다. 봄이 왔다고 했으나 여전히 추위가 가시지 않은 날이었다. 친구들은 모두 운동장에 모여 교장의 훈화를 듣고 있었다. 대열을 맞추어 옹기종기 서 있는 친구들을 가로 질러 나는 교무실로 향했다. 드르륵 소리와 함께 교무실 문이 열리자

몇몇 선생이 의아한 표정으로 나를 쳐다봤다. 밖에서 한창 입학식이 거행 중인데 여기서 무얼 하느냐는 눈빛이었다. 그렇게 나는 고등학교 입학식 날 학교를 그만두었다. 그리고 싱가포르행 비행기에 몸을 실었다.

이국땅의 낯섦도 잠시, 나는 이내 싱가포르가 좋아졌다. 잔소리하는 부모도 없었고, 교복이 어떠니 또 머리가 어떠니 트집 잡는 선생도 없었다. 밤이 늦도록 술을 마시고 길거리에서 보란 듯이 담배를 뻑뻑 피워도 누구 하나 뭐라 하지 않았다. 주변에는 늘 좋은 친구들이 있었다. 당시의 내게 좋은 친구들이란 돈을 물 쓰듯 하는 친구들이었다. 그때까지만 해도 해외 유학길에 오른 친구들은 대개 집안에 여유가 있었다. 나처럼 부모를 무리하게끔 만들면서까지 유학을 나온 사람은 거의 없었다.

아직도 유독 기억에 남는 밤이 있다. 하루는 친구가 생일 파티를 열었다. 친구의 아버지는 한국에서 큰 사업체를 운영하고 있었다. 그야말로 부잣집 아들의 생일이었다. 부잣집 친구는 차린 것이 많으니 몸만 오라고 신신당부했다. 그래서 나는 평소 가깝게 어울렸던 대만 친구들까지 전부 데리고 그 생일 파티에 참석했다. 한창 분위기가 무르익었을 때, 부잣집 친구가 갑자기 앉은 자리에서 벌떡 일어났다. 그러고는 자신의 몸에 술을 쏟아부으며 이렇게 외쳤다.

"기분이다. 우리 다 같이 건배하고 겔랑으로 가자. 오늘은 내가 제대로 한턱낼게!"

겔랑은 싱가포르의 거리 이름으로 젊은이들에게 홍등가로 유명했다. 친구의 말이 끝나자마자 여기저기서 환호성이 터져 나왔다. 그렇게 우리는 늦은 밤 겔랑으로 향했다. 겔랑에 도착한 부잣집 친구는 어떤 성인 남성과 마주 서서 한참 대화를 나눴다. 그는 우리를 자그마한 방들이 죽 늘어서 있는 어느 건물로 안내했다. 친구들이 하나둘 자취를 감췄고, 나 역시 그 자그마한 방 하나로 들어갔다. 두 평이 채 안 되어 보이는 방 안에는 작은 침대 하나만이 덩그러니 놓여 있었다. 나는 하릴없이 그 침대 끝에 살그머니 걸터앉았다.

남자 중학교를 나온 나는 그때까지 이성 교제를 해본 바가 없었다. 여자라고 하면 으레 떠올랐던 사람 역시 어머니와 누나뿐이었다. 문 밖으로 간간이 여성들의 웃음소리와 함께 발소리가 들려왔다. 발소리가 가까이 왔다가 다시 멀어질 때마다 내 심장은 그야말로 미친 듯이 뛰었다. 차마 말로는 다 표현할 수 없는 두려움과 설렘, 그리고 죄의식과 충동 등이 한꺼번에 파도처럼 밀려왔다. 손만 뻗으면 닿을 거리에 있는 작은 문을 박차고 당장에라도 몸을 일으켜 뛰쳐나가고 싶기도 했다. 동시에 앞으로 전개될 상황에 대한 묘한 기대감으로 한순간에 온몸이 발끝까지 내려앉는 듯도 했다.

그때 나로 하여금 그런 선택을 하도록 이끌었던 감정이 무엇이었는지는 여전히 잘 모르겠다. 나는 태어난 지 일 년도 채 안 되어 천주교에서 세례를 받았지만, 당시엔 오랫동안 성당을 다니지 않고 있었다. 나는 아무도 없는 낯선 방의 침대 위에서 무척 오랜만에 성호(聖

號)를 그었다. 성호를 그음과 거의 동시에 똑똑 노크 소리가 들렸다. 문을 열고 손에 작은 바구니를 든 한 여성이 들어왔다. 젊다기보다는 앳돼 보였다.

태국인지 말레이시아인지 모를 어딘가에서 나처럼 고향을 떠나 싱가포르로 왔을 그 여성은, 나와 눈이 마주치자 생긋 웃어 보였다. 그 미소에 나는 거친 손사래로 화답했다. 나는 짧은 영어로 괜찮다, 됐다,라는 말만 수차례 반복했다. 그 여성은 어리둥절한 표정을 짓더니 이윽고 침대 한편에 가만히 걸터앉았다. 어색한 공기 속에서 한동안 무거운 침묵이 흘렀다. 그 여성과 나는 한마디 말도 없이 애꿎은 벽만을 하염없이 바라보았다. 그렇게 얼마간의 시간이 흘렀다. 문밖에서 귀에 익은 친구들의 목소리가 하나둘씩 들려왔다. 나는 조용히 침대에서 일어났다. 그리고 그 작은 공간의 문을 열어젖히고 마침내 밖으로 나왔다.

거리로 나와 밤하늘을 올려다보니 별이 반짝반짝 빛나고 있었다. 친구들 여럿이 그 별빛 아래 모여 있었다. 그들은 마치 무용담을 늘어놓듯 방금의 일을 떠벌렸다. 대만 친구가 내게 물었다. 대만 친구들은 늘 나를 부를 땐 이름 대신 성을 불렀다. "쭈거, 넌 어땠어? 말 좀 해봐." 쭈거(Zhuge)란 중국말로 '제갈'이라는 뜻이다. 나는 진실을 말하기도, 또 거짓말을 하기도 뭐해서 그저 허허 웃고 말았다. 불과 몇 분 전에 한 여성으로부터 배웠던 바로 그 어색한 미소였다.

인간이 평등하게 살아가길 바라는 하늘의 지향

훗날 나는 일본 작가 미시마 유키오의 『금각사』라는 소설을 읽게 되었다. 그 소설에는 이런 대사가 등장한다. "몸 파는 여자들은 결코 손님을 사랑해서 받는 게 아니야. 노인이든, 거지든, 애꾸눈이든, 미남이든, 모른다면 문둥이라도 손님으로 받겠지. 평범한 사람이라면 이러한 '평등성'에 안심하고 여자를 사겠지. 하지만 내게는 이 평등성이 마음에 들지 않았어." 이 대목을 읽으며 문득 저 옛날 싱가포르의 밤이 떠올랐던 이유는 무엇이었을까. 미시마 유키오는 등장인물의 입을 빌려 자신은 그 평등성이 싫다고 하였다.

가만 돌이켜 보면 나도 그랬던 것 같다. 당시에 내가 성호를 그었던 까닭은 싫은 무언가로부터 나를 지켜주십사 간절히 비는 하늘을 향한 애원이었다. 인간에게는 인성과 인격과 인품이 있다고 하였다. 인성이 본성이라면, 인격은 성격이며, 인품은 환경에 가깝다. 그리고 인(仁)의 본질은 인성과 인격과 인품 가운데 어느 것 하나에만 존재할 수 없다. 물론 그때의 나는 이런 사실을 전혀 몰랐다. 그럼에도 인을 실천하고자 하는 마음이 하늘의 도우심으로 깊은 곳에서 우러나와 침대 끝에 앉은 나와 그 여성 사이를 지키게 해주었다. 덕분에 나와 그 여성은 돈에 의한 평등성에 지배되지 않고, 동등한 인격체로서의 평등성을 얻을 수 있었다.

어떠한 경우에도 인간성 그 자체는 돈으로써 사거나 팔 수 없다. 인간성을 부여한 주체는 인간이 아니라 하늘이기 때문이다. 세상에 자신의 것이 아닌 무언가를 팔 수 있는 사람은 아무도 없으며, 또 그 사람의 것이 아닌 무언가를 그 사람으로부터 살 수 있는 사람은 아무도 없다. 적어도 인간성에 있어서 만큼은 하늘은 모든 인간에게 평등하다. 그러므로 평등한 인간성의 보전은 인간의 책무이기 이전에 하늘의 지향이다. 인간들이 평등하게 살아가길 원하는 하늘의 지향은, 어찌 보면 지극히 당연한 자연의 섭리며 이 세상의 작동 원리다.

모든 인간이 평등한 세상은 세상 모든 이가 '다른 사람들과 함께 살아가고 있다는 사실'을 단 한순간도 잊지 않는 세상이다. 다시 말해 평등한 세상은 모든 인간이 '나 혼자 사는 세상이 아니란 사실'을 정확히 알고 실천하는 세상이다. 인한 세상이란 인간성의 평등을 보전하고자 하는 자연의 섭리, 그것을 거스르는 인간이 아무도 없는 세상이다. 인한 마음은 하늘의 마음이며, 인한 인간은 하늘의 지향에 자신의 삶을 일치시킨 인간이다.

인한 마음으로부터 예약의 마음이 나온다. 앞서 예약의 핵심은 '세상에 나도 주인공 그리고 너도 주인공'의 마음에 있다고 하였다. 예가 나도 주인공 너도 주인공의 마음으로 죄는 것이라면, 악은 나도 주인공 너도 주인공의 마음으로 푸는 것이다. 나만 주인공이고 너는 조연이라는 마음은 내 집안만 주인공이고 너희 집안은 조연이라는 마음으로 확장되며, 이는 또 내 나라만 주인공이고 너희 나라는 조연이라는 마음으로 나아간다. 이런 과정 중에 '우리'는 결국 설 곳을 잃어버리고 만다. 그리고 만일 우리가 없다면 더불어 사는 인한 세상 역시 존재할 수 없게 된다.

불인을 경계하는 것만으로도 충분하다

공자는 인은 결코 멀리 있는 것이 아니라고 하였다. 또 인간이 정말 인을 실천하고자 한다면 누구라도 당장 인에 이를 수 있다고 하였다. 인한 마음을 품는 것과 예악의 정신을 챙기는 것은 남녀노소를 불문하고 누구나 할 수 있는 일이다. 그저 '세상은 더불어 사는 곳이란 사실'을 단 한순간도 잊지 않기 위해 노력하면 누구든 인한 사람이 될 수 있다. '세상에 나도 주인공 그리고 너도 주인공이라는 사실'을 단 한순간도 잊지 않기 위해 노력한다면, 누구든지 예악의 달인이될 수 있다.

공자는 「이인」편에서 이렇게 말했다. **'아미견호인자**(我未見好仁者) **오불인자**(惡不仁者) **호인자**(好仁者) **무이상지**(無以尚之) **오불인자**(惡不仁者) **기위인의**(其爲仁矣) **불사불인자가호기신**(不使不仁者加乎其身) **유능일일용기력어인의호**(有能一日用其力於仁矣乎) **아미견역부족자**(我未見力不足者) **개유지의**(蓋有之矣) **아미지견야**(我未之見也)'. '나는 아직 진실로 인을 좋아하는 사람과 불인을 미워하는 사람을 본 적이 없다. 인을 좋아하는 사람은 더할 나위 없이 좋다. 하지만 불인을 미워하는 사람도 언젠가는 인으로 나아가게 될 것이다. 그들은 불인한 것들이 자기에게 다가오지 못하도록 노력하기 때문이다. 단 하루만이라도 자신의 온 힘을 인에 쏟는 사람이 있는가? 나는 아직 힘이 모자라서 그러지 못하는 사람은 보지 못했다. 아마도 어딘가는 그런 사람이 있겠지만, 나는 아직 본 적이 없다'라는 뜻이다.

온 힘을 인에 쏟아붓지 못하는 건 공자 자신도 그랬다. 목놓아 인을 외치고 예악을 부르짖었지만, 공자도 어디까지나 인간이었다. 인류의 성인이라는 공자도 그랬거늘, 우리야 오죽하랴. 어쩌면 우리네 삶에는 인의 마음과 예악의 정신을 기억하는 순간보다 그러지 못하는 순간이 훨씬 많을지도 모른다. 그렇기 때문에 우리는 모두 살면서 크고 작은 실수와 또 잘못을 저지른다.

어떤 사람은 성매매 업소를 들락거리고, 어떤 사람은 남을 속이고 해치며, 어떤 사람은 남의 것을 훔치고, 어떤 사람은 스스로 자신의 목숨을 빼앗기도 한다. 언제부턴가 사람들은 인의 마음과 예악의 정신을 잊어버림에 그친 게 아니라 아예 포기한 듯하다. 냉정하게 말하면 단 한순간도 인의 마음에서 떠나지 않을 수 있는 존재는 오직 하늘, 즉 신뿐이다. 하지만 마음이 있는 인간이라면 누구나 실천할 수 있는 게 인과 예악이기도 하다. 그리고 마음이 없는 인간이란 존재하지 않는다. 공자 역시 마음이 없어서 인과 예악을 실천하지 못하는 인간은 없다고 하였다. 물론 인간이 신과 같아질 수는 없다. 그러나 어쩌면 우리는 모두 조금씩만 노력하면 천국에 가까워질 수 있는 세상을 마치 지옥과도 같은 세상으로 내버려두고 있는지도 모른다.

공자는 인으로 나아갈 수 있는 좋은 방법까지 제시해준다. 그 방법이란 적어도 불인(不仁)한 것들이 나에게 다가오지 못하도록 계속해서 경계하는 것이다. '인간 세상은 더불어 살아가는 곳이란 사실'을 거의 매 순간 기억하는 사람이 있다면 그는 단연코 최상의 인간이다. 하지만 '그저 나 혼자 잘 먹고 잘살면 그만이라는 생각'을 지우고자 노력하는 사람이 있다면 그의 삶에도 인을 실천하는 순간은 늘어날 수 있다.

끝으로 공자는 인간에 대한 희망을 말했다. 공자는 인간 세상이 천국이 될 수 없음을 누구보다 잘 알고 있었다. 그럼에도 끝까지 인간에 대한 낙관적인 태도를 잃지 않았다. "어딘가 그런 사람이 있을 수 있지만, 다만 내가 아직 못 봤을 따름이다"라는 공자의 말에는 인간 세상에 대한 무한한 희망과 사랑, 그리고 인내가 담겨 있다. 어쩌면 공자의 마지막 한마디는 "아무도 없다면 당신이 한번 그런 사람이 되어보시라"는 간곡한 요청일지도 모를 일이다. 이 요청에 귀를 기울이는 사람이 많아질수록 이 세상은 보다 살맛 나는 세상으로 변화할 것이다.

누구도 뒤처지지 않는
대동세계를 향하여

자화시어제子華使於齊 염자위기모청속冉子爲其母請粟 자왈子曰.

"여지부與之釜."

청익왈請益曰.

"여지유與之庾."

염자여지속오병冉子與之粟五秉. 자왈子曰.

"적지적제야赤之適齊也 승비마의경구乘肥馬衣輕裘.

오문지야吾聞之也 군자君子 주급불계부周急不繼富."

원사위지재原思爲之宰 여지속구백與之粟九百 사辭. 자왈子曰.

"무毋. 이여이인리향당호以與爾隣里鄕黨乎!"

－「옹야雍也」편 제3장

자화가 공자를 위해 제나라에 심부름을 가게 되자, 염자가 자화의 어머니를 위해 곡식을 청했다. 공자께서 말씀하셨다.

"부(釜:6斗4升)를 주어라."

더 줄 것을 요청하자 말씀하셨다.

"유(庾:16斗)를 주어라."

염자는 자화에게 오병(五秉:800斗)을 주었다. 공자께서 말씀하셨다.

"적(자화)은 제나라에 갈 때 살찐 말을 탔고, 가벼운 갖옷을 입었다.

군자는 급한 사람을 두루 돌봐주지, 부유한 자를 계속 돌봐주지는 않는다고 하더라."

원사가 공자의 가신이 되자 공자께서 그에게 곡식 구백을 주니 원사가 사양하였다. 공자께서 말씀하셨다.

"사양 말라. 그것을 네 이웃이나 마을 사람들에게 주면 되지 않겠느냐!"

사사로운 마음으로 재정을 낭비하지 말라

자화(子華)와 염자(冉子)는 춘추시대 노나라 사람으로 모두 공자의 제자다. 자화는 성이 공서(公西), 이름은 적(赤)이다. 염자의 본명은 염구(冉求)다. 염구는 자유(子有), 내지는 염유라는 이름으로도 잘 알려져 있다. 공자는 『논어』 「공야장」편에서 공서적을 이렇게 평가했다. '속대입어조(束帶立於朝) 가사여빈객언야(可使與賓客言也)'. '허리띠를 갖추어 매고 조정에 서서 빈객들과 함께 대담을 나누게 할 만하다'란 뜻이다. 이로 미루어 볼 때 공서적은 말을 잘하고 예절에 밝아 교섭에 능했던 듯하다.

또 공자는 염구를 이렇게 평가했다. '천실지읍(千室之邑) 백승지가

(百乘之家) 가사위지재야(可使爲之宰也)'. '천 채 집이 있는 고을이나, 백 대 전차를 가진 집에서 재상 노릇을 할 만하다'란 뜻이다. 공자 당시에 천 채의 집이 있는 고을은 대도시에 속했다. 또 백 대의 전차를 보유할 수 있는 집안은 높은 관직을 가진 왕족과 귀족들 뿐이었다. 염구가 정사를 돌보는 일과 재리에 밝았음은 익히 잘 알려진 사실이다.

한번은 공서적이 사신의 역할을 맡아 제나라를 방문하게 되었다. 공서적이 사신으로 발탁되었을 때, 염구는 계강자(季康子)의 가신(家臣)이 되어 노나라의 재정을 담당하고 있었다. 계강자는 공자 당시에 노나라의 실권을 장악했던 인물이다. 훗날 많은 학자가 공서적은 공자의 사신으로 제나라에 가게 된 것이라 해석하였다. 하지만 당시에 공서적은 노나라의 실세였던 계강자의 사신으로 제나라를 방문했다고 보는 것이 더 타당하다.

공서적과 염구는 오랫동안 같은 스승 밑에서 공부한 동문이다. 그래서 염구는 자신과 각별한 사이였던 공서적에게 이 기회를 빌어 한몫 챙겨주고 싶었다. 계강자를 찾아가 얼마의 세금을 지원하겠다고 알리기만 하면 끝날 일이었다. 하지만 염구의 마음에 스승인 공자가 걸렸다. 평소 공자는 사사로운 마음을 내세워 나라의 재정을 낭비하지 말라고 가르쳤기 때문이다.

염구는 공자를 찾아가 은근슬쩍 공자의 마음을 떠보기로 하였다. 공서적에게는 늙은 어머니가 계신다는 그럴듯한 명분도 만들었다. 염구는 공자를 찾아가 이렇게 말했다. "선생님, 이번에 공서적이 사신으로 제나라를 가게 되었습니다. 아무래도 경비가 필요할 텐데 얼마가 적당할까요?" 공자가 답했다. "부(釜)면 적당하겠다." 여기서 부란 일종의 부피 단위로, 오늘날로 치면 쌀 한 가마니 정도에 해당한다.

공자가 말한 쌀 한 가마니는 경비로서는 최소한의 것이었다. 예상했던 대로 공자가 협조적이지 않자 염구가 다시 말했다. "선생님께서도 잘 아시다시피 공서적의 집에는 늙은 어머니가 계십니다. 공서적이 제나라에 다녀올 동안 그의 어머니가 잘 계실 수 있을지 걱정됩니다. 조금 더 주도록 허락해주십시오." 공자가 답했다. "그렇다면 유(庾)를 주어라." 유는 부의 세 배 정도로, 오늘날로 치면 쌀 세 가마니 정도에 해당한다.

공자로부터 원하는 대답을 듣지 못한 염구는 결국 공자 앞에서 물러났다. 그리고 공서적의 경비로 오병(五秉)을 내주었다. 병은 유의 열 배를 세는 단위다. 염구는 공자가 허락한 것보다 오십 배에 달하는 경비를 공서적에게 책정한 셈이다. 이 소식을 들은 공자는 자신의 뜻을 외면한 염구에게도 실망스러웠지만, 사양하지 않고 받은 공서적도 역시 못마땅했다.

세상에 자식 이기는 부모 없고, 제자 이기는 스승 없다고 하였다. 이미 자신의 품을 떠난 제자들이 자신의 말을 거스른다고 해도 공자가 할 수 있는 일은 없었다. 제자들이 자신의 가르침으로부터 완전히 벗어나지 않도록, 그래서 출세한 제자들이 백성들에게 피해를 끼치는 일만은 없도록 간곡히 타이르는 게 공자가 할 수 있는 전부였다.

그래서 공자는 이렇게 말했다. "공서적은 제나라로 가면서 살찐 말을 타고 가벼운 갖옷을 입었다. 내가 들으니 군자는 급박한 사람들을 두루 돌보지, 부유해진 사람들까지 계속 돌보지는 않는다고 하더라."

사신은 한 나라를 대표하여 다른 나라를 방문하는 사람이다. 사신은 곧 그 나라의 얼굴이며, 그 나라의 국격을 대변한다고 보아도 무방하다. 공자는 결코 공서적이 훌륭한 말을 타고 좋은 옷을 입었다며 비난하지 않았다. 오히려 그런 제자의 모습은 공자에게도 무척 자랑스럽게 느껴졌다. 부모와 스승의 마음은 똑같다. 그래서 자식이 출세하면 부모도 함께 기쁘고, 제자가 좋은 대우를 받으면 스승도 덩달아 즐겁다.

다만 이미 명품 옷을 입고 훌륭한 차에 올라 한 나라와 백성을 대변할 정도로 입신출세한 제자가 권세와 욕심에 눈이 멀어 보다 큰 안목을 발휘하지 못함이 걱정스러웠다. 그래서 공자는 공서적과 염구에게 진정 백성을 위하는 마음, 즉 출세의 목적을 돌아보라고 촉구하였다. **또 하루를 벌어 하루 먹고살기 바쁜 백성들의 피땀으로 이미 배부른 고관대작들의 배를 더 불리는 일은 군자의 도리가 아님을 지적했다.**

약자는 돌보고 강자는 배불리지 않는다

사회복지란 '사회적 약자에 대한 공적인 대응'이다. 그러므로 사회복지의 초점은 사회적 약자들에게 맞춰져 있다. 공자의 언어로 사회적 약자란 '급박한 사람들'이다. 대체로 사람들은 사회적 약자로 분류되는 것을 꺼린다. 사회적 약자란 말은 일종의 사회적 낙인처럼 들리기 때문이다. 하지만 냉정하게 말하면 우리는 모두 사회적 약자다. 부귀한 사람도 다치면 장애를 가질 수 있고, 실패하면 빈천해질 수 있기 때문이다. 결국 우리 모두에게는 자신의 노력이나 의지와는 무관하게, 언제든지 급박한 상황에 놓이게 될 가능성이 열려 있다.

사회복지는 부자들의 돈을 빼앗아 가난한 사람들에게 나눠줘야 한다고 주장하지 않는다. 그러나 급박한 사람들을 두루 돌보는 대신, 부유해진 사람들의 배만 더 불리는 시스템에는 의문을 제기한다. 공자가 말하는 군자의 도리란 사회복지의 근본정신이며 기본 가치이기도 한 것이다. 공적인 대응을 위해 마련된 재원을 우리는 세금이라고 한다. 당시에 염구의 주된 일은 세금을 바르게 조성하고 사용하는 것이었다. 그러므로 염구가 공서적을 위해 마련한 어마어마한 경비는 사회적 약자들을 수탈하여 지금은 사회적 약자가 아닌 이들의 배를 불려준 것이나 다름없었다.

일찍이 『대학』에서는 이렇게 말했다. **'여기유취렴지신(與其有聚斂之臣) 녕유도신(寧有盜臣)'.** '세금 거둬들이는 신하를 둘 바에야 차라리 도둑질하는 신하를 두는 편이 더 낫다'는 뜻이다. 도둑질하는 신하가 훔칠 수 있는 돈에는 한계가 있다. 기껏해야 자기 한 몸과 집안을 배부르게 할 따름이다. 하지만 사회적 약자들을 대상으로 가혹한 세금을 거둬들이는 신하는 나라의 근간인 백성들의 삶을 송두리째 흔든다. 이는 급박한 사람들을 두루 돌볼 뿐, 부유해진 사람들까지 계속 돌보진 않는다는 군자의 도리를 정면으로 배척하는 셈이다.

공서적, 염구와 마찬가지로 공자의 제자였던 원사(原思)는 군자의 도리를 잃지 않고자 노력했던 인물이다. 원사의 본명은 원헌(原憲)이다. 원헌은 비록 찢어지게 가난했지만 군자의 절개만큼은 목숨처럼 중요하게 생각하였다. 그래서 공자는 원헌을 자신의 가신으로 삼았다. 공자의 입장에서 원헌은 사회적 약자였다. 물론 공자의 가신으로 발탁된 이래 원헌에게는 사회적 지위가 생겼다. 그러나 어디까지나 경제적 약자였다. 공자는 그런 원헌에게 구백에 달하는 곡식을 녹봉으로 주도록 하였다.

하지만 원헌은 이를 사양했다. 공자의 가신으로 발탁됐다고 해서 백성들의 세금으로 마련된 곡식을 한꺼번에 구백이나 받는 것은 옳지 않다는 생각에서였다. 이번에는 공자도 물러나지 않고 백성들의 피땀을 훔칠 수 없다며 손사래 치는 제자를 조용히 타일렀다. "얘야, 사양하지 말거라. 그것은 너의 녹봉이다. 많다고 생각되면 그것을 가져다 네 이웃이나 마을 사람들에게 주면 되지 않겠느냐?"

군자의 도리에 의한 자발적 복지

공자는 『논어』「위령공」편에서 이렇게 말했다. '**당인(當仁) 불양어사(不讓於師)**'. '인에 해당하는 일은 스승에게도 양보하지 않는다'는 뜻이다. 인(仁)이란 '세상 나 혼자 사는 게 아님'을, 그래서 '세상은 늘 더불어 사는 곳임'을 단 한순간도 잊지 않는 것이라고 하였다. 원헌과 공자는 모두 인을 추구했다. 다만 원헌과 공자가 인을 실천하기로 결심한 방법이 달랐다. 그래서 원헌은 곡식을 받지 않겠다 하였으나 공자는 져주지 않았다. 대신 자신이 생각하는 더 좋은 인의 실천 방법을 알려주었다. 그것은 다름 아닌 베풂과 나눔이었다. 공자가 바랐던 인한 세상이란 사회적 약자들에게 베풂과 나눔을 줄 수 있는, 그런 군자의 도리가 기능하는 세상이었다. 나아가 공자는 모든 인간이 꼭 물질이 아니더라도 '남보다 내게 더 있는 그 무언가'를 서로 베풀고 나눌 수 있기를 바랐다. 이것이 바로 공자가 이상 세계로 생각했던 대동(大同)세계였다.

최근 우리 사회는 보편 복지로 갈 것이냐, 선별 복지를 유지할 것이냐를 두고 첨예하게 대립하고 있다. 비단 우리나라만의 문제는 아니다. 전 세계가 각자의 나라에 맞는 복지 시스템을 구축하고자 보편 복지와 선별 복지를 더 나은 방향으로 혼합하여 설계하고 있다. 철학자, 정치가, 음악가, 장례 지도사 등 일찍이 공자에게는 직업이 많았다. 공자가 오늘날 태어났다면 공자를 사회복지사로 분류하는 일 역시 가능했을 것 같다. 그렇다면 공자는 '군자의 도리에 의한 자발적 복지'를 강조하지 않았을까. 약자는 돌보고 강자는 배 불리지 않는 사회, 세상 모두가 자발적으로 베풂과 나눔을 실천하는 세상, 공자가 꿈꾼 인한 세상이었다.

흔들리는 내 인생을 위한 첫 『논어』 인문학
내일을 어떻게 살 것인가

초판 1쇄 발행 2024년 1월 12일
초판 1쇄 발행 2024년 1월 24일

지은이 제갈 건
펴낸이 신의연
책임편집 이호빈
펴낸곳 마이디어북스
등록 2022년 4월 25일(제2022-000058호)
전화 070-8064-6056
팩스 031-8056-9406
전자우편 mydearbooks@naver.com
인스타그램 @mydear__b

ⓒ 제갈 건 2024
ISBN 979-11-93289-08-2 (03140)